Das Buch

Im Jahr 2009 pilgerten fast 146.000 Menschen nach Santiago de Compostela – darunter auch ein schlecht gelaunter, gestresster, atheistischer Japaner aus Hamburg. Mit viel Skepsis und wenig Gepäck machte sich der Autor auf den langen und beschwerlichen Fußmarsch gen Westen. Gar nicht so einfach, wenn man sich vor Hunden, körperlichen Anstrengungen und Small Talks fürchtet.

Der Pilger

Maori, geboren 1981 in Gelsenkirchen und diplomierter Kommunikations- und Mediendesigner, lebte acht Jahre in Hamburg.

Er wurde mittlerweile eingebürgert, ist verheiratet und arbeitet als freiberuflicher Texter in Dortmund.

Maori Kunigo

Vom Schisser zum Glückspilz in sechsundzwanzig Etappen

Noch ein Reisebericht vom Jakobsweg

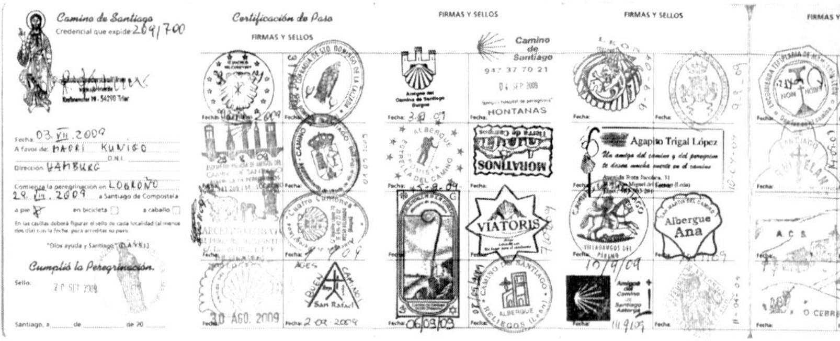
Camino de Santiago
Credencial que expide 209/700
Fecha: 03. VII. 2009
A favor de: MADRI KUNIGO
D.N.I.
Dirección: HAMBURG
Comienza la peregrinación en LOGROÑO
29. VII. 2009 a Santiago de Compostela
a pie   en bicicleta   a caballo
"Dios ayuda y Santiago"
Cumplió la Peregrinación.
Sello:
Santiago, a ___ de ___ de 20 ___
Certificación de Paso
FIRMAS Y SELLOS
FIRMAS Y SELLOS
FIRMAS Y SELLOS
FIRMAS Y
Camino de Santiago
HONTANAS
MORATINOS
Agapito Trigal López
VIATORIS
Albergue Ana
30 AGO. 2009
O CEBREIRO

Für Chris und Marcos.

6. Auflage

Umschlagsgestaltung, Satz, Grafik, Fotos: Maori Kunigo
Herstellung und Verlag: BoD - Books on Demand, Norderstedt
Printed in Germany | ISBN 978-3-8391-6212-5

Einnahmen durch den Verkauf dieses Buchs werden vollständig und ausnahmslos an soziale Einrichtungen gespendet. Genauere Informationen, Berichte über aktuelle Projekte des Autors sowie Foto- und Videoaufnahmen zur Pilgerreise finden Sie auf **Weltgeschichte.org**. Weitere Reiseberichte sind auf **maori.in** verfügbar.

Twitter: @Maori | Instagram: @maori.in

Bibliografische Information der Deutschen Nationalbibliothek
Die Deutsche Nationalbibliothek verzeichnet diese Publikation in der Deutschen Nationalbibliografie; detaillierte bibliografische Daten sind im Internet über http://dnb.d-nb.de abrufbar.

Intro

Das Leben ist wie die große Liebe.

Zunächst ist es dir fremd, und von allein ändert sich daran nichts. Es wird dich vor ungeahnte Herausforderungen stellen. Es wird dir schlaflose Nächte bereiten. Es wird dir so manches Rätsel aufgeben. Es wird deine Nerven bis zum Äußersten strapazieren.

Du musst dich anstrengen, um seine Aufmerksamkeit zu erregen. Du musst dich aus tiefster Überzeugung auf es einlassen.

Aber wenn du es erobert hast, wird es dich lieben, so wie du es lieben wirst. Es wird dir mehr geben als alles andere, und du wirst bereit sein mehr zu geben als für alles andere. Es bedeutet Leid. Es bedeutet Glück.

Das Leben ist die große Liebe.

Der Weg

Samstag, 29. August 2009

Angesichts dessen, was mich in den kommenden vier Wochen erwartet, verspüre ich erstaunlich wenig Nervosität. Vielleicht liegt es aber auch nur daran, dass ich gerade schweinemüde bin. Hinter mir liegt eine etwas zu kurze Nacht mit nicht einmal vier Stunden Schlaf. Bis nachts um halb zwei habe ich mich meinem Gepäck gewidmet, einem wunderbar leichten, schwarz gemusterten Rucksack mit erstaunlich wenig Inhalt. Meine Persönlichkeit setzt sich größtenteils aus den beiden Komponenten Angst und Bequemlichkeit zusammen. Daher möchte ich nichts Überflüssiges mitnehmen, nur alles Notwendige. Von Anfang an war mir klar, dass ich auf jeglichen Luxus verzichten möchte. Nicht, dass ich etwas Grundlegendes gegen Luxus einzuwenden hätte, allerdings würde er mein gesamtes Vorhaben ad absurdum führen. Schließlich möchte ich mir nicht nur beweisen, wie viele Strapazen ich mir antun kann, sondern auch, wie wenig Materielles ich benötige, um mit mir und der Welt im Reinen zu sein. Apropos rein, vor einer Sache habe ich besonders große Angst: Bettwanzen. Aus zahlreichen Pilgerberichten ist herauszulesen, dass man nicht überall auf dem Camino mit einwandfreier Hygiene rechnen darf. Deshalb habe ich mir auf den letzten Drücker ein imprägniertes Moskitonetzlaken gegen Ungeziefer gekauft.

Vor lauter Absicherungen gegen die böse Welt hatte ich ganz vergessen, meine Eltern über den kleinen Selbstfindungstrip in Kenntnis zu setzen. Meine Familie wohnt im Ruhrgebiet, und seitdem ich nach Hamburg gezogen bin, stehen meine Eltern nicht mehr ständig auf der Matte. Ich möchte nicht verhehlen, dass das seine Vorteile hat, aber man kommt doch entschieden seltener ins Gespräch. Das letzte Mal, als sie mich besucht haben, bin ich zwecks Wandertraining einmal um den Hamburger Flughafen gelaufen. Da ich damals einfach nicht auf die Idee gekommen bin, meinen Eltern den Grund mitzuteilen, müssen Mutter und Vater mich für bekloppt gehalten haben. Um nicht einfach spurlos zu verschwinden und so eine groß angelegte Suchaktion auszulösen, habe ich gestern Nacht noch folgende E-Mail Richtung Heimat abgeschickt: »Hallo Mama, ich hatte keine Zeit anzurufen, viel zu tun auf der Arbeit. Ich werde vier Wochen in Spanien sein, deshalb nicht per Telefon zu erreichen, sondern nur unter dieser E-Mail-Adresse. Am 27.09. bin ich wieder da. Yeah!« Das gibt sicher Ärger, aber da muss ich jetzt durch.

Nun ist es kurz nach sechs, und Sebastian fährt mich zum Flughafen. Seb habe ich in Dortmund kennengelernt, wo wir beide Kommunikations- und Mediendesign studiert haben. 2006 ist er mir nach Hamburg gefolgt, seitdem hat sich unsere Freundschaft immer weiter vertieft. An meiner neu gewonnenen Wanderleidenschaft ist er nicht ganz unschuldig, denn vor exakt einem Jahr hat er seine Reise Richtung Nordspanien angetreten. Als er nach einem Monat zurückkehrte, hatte er plötzlich Haare auf dem Kopf und ein glückseliges Funkeln in den Augen. Hier sei erwähnt, dass er davor jahrelang mit Glatze rumgelaufen ist. Alles, was gefunkelt hat, war sein blankrasierter Skalp. Bereitwillig und völlig euphorisiert erzählte er mir all seine Erlebnisse auf dem Jakobsweg, dem Camino de Santiago. Bei mir hat das Gespräch einen nachhaltigen Eindruck hinterlassen.

Um einen kurzen geschichtlichen Abriss einzustreuen, sei erwähnt, dass sich schon vor Ewigkeiten Menschen auf den Weg nach Westen machten, bis sie irgendwo am Ende der Welt in den Atlantik fielen. Die Idee an sich, nach Westen zu laufen, stammt also nicht von einem kreativen Christen. Allerdings bewies König Alfonso II. von Asturien Marketinggeschick, als er zu Beginn des neunten Jahrhunderts unserer Zeitrechnung irgendwo am Rande der Iberischen Halbinsel eine Wallfahrtskirche erbauen ließ. Und das kam so: Einer der zwölf Apostel Jesu, Jakobus der Ältere, soll nach dessen Himmelfahrt in der römischen Provinz Hispania missioniert haben. Nach mäßigem Erfolg kehrte er nach Palästina zurück, wo seine Tätigkeit auf noch weniger Begeisterung stieß: Er wurde geköpft.

Jahrhunderte später, mit sanfter Gewaltandrohung, konnten sich die Spanier dann doch noch für den christlichen Glauben begeistern. Schon bald überlegten sie, wie sie aus der neuen Religion den maximalen Profit erwirtschaften könnten. Die Lösung: Sie mussten Pilger nach Spanien locken. Passenderweise wurde gerade die Wallfahrt nach Jerusalem immer gefährlicher, die europäische Christenheit dürstete förmlich nach einem Wallfahrtsort im sicheren Westen. Plötzlich fand man heraus, dass Jakobus' Leichnam nach dessen Hinrichtung auf einem Schiff von Palästina nach Spanien gebracht worden war. Ja, wohin auch sonst? Selbstverständlich wurde das verschollene Grab mithilfe einer Lichterscheinung schleunigst wiederentdeckt, woraufhin König Alfonso II. an der Fundstelle besagte Kirche bauen ließ. Um sie herum bildete sich eine kleine Siedlung, die Kirche wurde irgendwann durch eine größere Kirche ersetzt, die größere Kirche schließlich durch die Mauren zerstört. Nach der Reconquista, der Rückeroberung der Iberischen Halbinsel von den Mauren durch spanische Truppen, bei der Jakobus auch noch als heilige Erscheinung mitgekämpft haben soll, ließ Alfonso VI. im Jahre 1077 mit dem Kathedralbau beginnen. Durch die Verbreitung der Geschichte, Jakobus der Ältere habe praktisch im Alleingang die Araber besiegt, wuchs die Popularität einer Pilgerreise zu dessen Grab rasant, und Santiago de Compostela erlebte eine Blütezeit. »Santiago« ist die spanische Form von »heiliger Jakob«, abgeleitet aus der lateinischen Form »Sanctus Iacobus«. Entgegen anderslautender Behauptungen, und auch mein Wanderführer von Cordula Rabe bildet keine Ausnahme, ist die Wortherkunft von »Compostela« ungeklärt. Die weit verbreitete, weil wohlklingende Erklärung, das Wort stamme von *campus stellae* (deutsch: Sternenfeld) ab, wird von vielen Etymologen angezweifelt. Jedenfalls sei hier erwähnt, dass nur der Camino Francés, der von den Pyrenäen quer durch Nordspanien nach Santiago de Compostela führt, als »Jakobsweg« bezeichnet wird. Alle weiteren Wege, die sich über ganz Europa erstrecken, werden offiziell »Wege der Jakobspilger« genannt, da sie – anders als der Camino Francés – nicht allein durch den Pilgerstrom nach Santiago de Compostela entstanden sind. Seit etwa zwanzig Jahren erlebt der Camino eine Renaissance, und aus verständlichen Gründen kurbeln die Spanier das Pilgergeschäft professionell an. Dass der Anteil der deutschsprachigen Pilger in den letzten Jahren überproportional wächst, ist bekanntermaßen Hape Kerkelings Übererfolg »Ich bin dann mal weg« zu verdanken.

Niemand bricht grundlos nach Santiago de Compostela auf. Bei mir kommen gleich mehrere Gründe zusammen. Der erste: Obwohl mich schon immer das Fernweh geplagt hat, habe ich mich nie getraut, auf mich gestellt und ohne jede Begleitung zu verreisen. Insgeheim war ich schon immer neidisch auf all die frühreifen Kosmopoliten um mich herum. Während meine Mitschüler ein Austauschjahr in den Staaten verbrachten oder sich als Backpacker durch den australischen Busch schlugen, hockte ich überwiegend zu Hause vor dem Rechner. Dort war es ja auch schön gemütlich. Ich konnte fremde Welten entdecken, ohne mich bewegen oder gar Fremdsprachen erlernen zu müssen. Der zweite Grund klingt etwas profaner: Ich brauche eine Auszeit. Dringend. Mein letzter Urlaub liegt zwei Jahre zurück, und der verlief alles andere als erholsam. Mein Vater und ich besuchten Verwandte und Freunde in Japan. Wenige Tage vor dem Rückflug stürzte mein Vater unglücklich und erlitt schwere Kopfverletzungen. Er landete auf der Intensivstation einer Spezialklinik, ich flog allein nach Deutschland zurück. Direkt nach diesem Horrorurlaub trat ich meine neue Stelle in der Werbeagentur an, in der ich heute angestellt bin. Passenderweise bezieht sich der dritte Grund auf meine aktuelle Lebenssituation: Ich arbeite meine acht bis zehn Stunden pro Tag ab, abends lasse ich mich vom Fernseher berieseln und gehe um Mitternacht schlafen. Null Abwechslung, null Antrieb, null Ehrgeiz. In letzter

Zeit habe ich immer häufiger nachts wachgelegen und gedacht: So habe ich mir mein Leben nicht vorgestellt.

Am Flughafen verabschiede ich mich von Seb. Ich sehe ihm an, dass er am liebsten mitkommen würde. Jetzt gilt es also, die überteuerten Flüge nach Bilbao anzutreten. Als ich sie vor drei Monaten buchen wollte, war mir mitgeteilt worden, meine Kreditkarte lasse keine Abbuchungen zu. Es stellte sich heraus, dass Unbekannte knapp dreihundert Euro von meinem Konto abgezweigt hatten. Zum Glück zeigte sich meine Bank kulant und erstattete mir das Geld. Leider hatten sich in der Zwischenzeit die Ticketpreise um insgesamt dreißig Euro erhöht. Sollte es doch eine höhere Macht geben, dürfen sich jetzt ein paar Ganoven auf einen dauerhaften Zwangsurlaub in der Flammenhölle freuen.

Während ich in Brüssel völlig gerädert auf den Anschlussflug warte, werde ich plötzlich ausgerufen. Der Grund: Offensichtlich hat Brussels Airlines zu viele Holzklassentickets verkauft. Daher werden nun vier Passagiere in die Business Class hochgebucht, unter ihnen auch meine Wenigkeit. Eigentlich sieht die Business Class bei Brussels Airlines genauso aus wie die Economy Class, nur dass wir uns dank eines filzigen Vorhangs den gemeinen Pöbel nicht ansehen müssen. Zudem bekommen wir gratis Getränke und einen kleinen Snack serviert. Das verstehen Fluggesellschaften also heutzutage unter »Business«: essen, trinken, den Pöbel ignorieren. Oh, du schöne Zweiklassengesellschaft.

In der Provinzhauptstadt von Bizkaia angekommen, hoffe ich inständig, dass die meinen Rucksack in Brüssel in den richtigen Flieger verfrachtet haben. Wäre schon selten dämlich, sich ohne Rucksack gen Santiago aufzumachen, während der sich auf den Malediven am Strand amüsiert. Mein Unbehagen wächst, als die anderen Passagiere rechts und links neben mir nach und nach ihre Gepäckstücke vom Band herunterpicken und verschwinden. Immerhin bin ich einer der wenigen noch lebenden Menschen, die einmal das Glück hatten, dass ihr Gepäck als erstes kommt. So geschehen auf einer Geschäftsreise nach Stuttgart; die einzige positive Erinnerung an den Trip. Und an die Stadt. In meiner Hüfttasche stecken sämtliche Wertsachen, Tickets, das Notizbüchlein für meine Tagebuchaufzeichnungen, Wanderführer (Cordula Rabe: »Spanischer Jakobsweg«, Bergverlag Rother), Kugelschreiber und Pilgerpass. Den Pilgerpass, auf Spanisch *credencial del peregrino*, habe ich in Deutschland von der St. Jakobusbruderschaft Trier erhalten. Auf deren Website www.sjb-trier.de findet man nicht nur zahlreiche Informationen rund um die Tätigkeiten des Vereins, sondern auch Pilgerberichte und Adressen von Herbergen rund um Trier. Außerdem wird dem Besucher sorgfältig erklärt, wie er an einen offiziellen Pilgerpass kommt. Dieser wird vom Pilgerbüro in Santiago de Compostela ausgegeben, ist hochwertig und bietet Platz für vierzig Stempel. Wer mehr Platz benötigt, heftet sich einfach ein Blatt Papier hinein oder kauft sich unterwegs einen weiteren Pass. Auf der Rückseite sind grobe Routenpläne verschiedener Wege der Jakobspilger aufgezeichnet, mit schönen Rechtschreibfehlern wie »Lüberck« oder »Müster«. Außerdem sind noch einmal sämtliche Regeln auf Spanisch aufgeführt. Nur mit einem Pilgerpass darf man die offiziellen, kostengünstigen Pilgerherbergen am Weg nutzen. Theoretisch könnte ich also auch ohne Rucksack los, ich bin bestens gerüstet. Ich müsste lediglich hier in Bilbao die komplette Ausrüstung nachkaufen. Wie lautete noch mal das spanische Wort für »schnelltrocknende Funktionswäsche«? Endlich, nach etlichen, äußerst zähen Minuten, kommt mein Rucksack um die Ecke geholpert.

Die Busfahrt in die Innenstadt dauert nicht besonders lang. Von hier aus fahren Reisebusse in alle Ecken Spaniens, so auch zum Startpunkt meines Camino: Logroño. Der Ticketkauf funktioniert nur mit Händen und Füßen, die werte Dame am Schalter spricht weder Englisch noch sonst irgendeine Sprache. Sie spricht einfach nicht, stattdessen blickt sie mich erwartungsvoll an. Und mit »erwartungsvoll« meine ich »gelangweilt«. Dank meines mickrigen Spanischkurses, »Starterkurs Spanisch« von Langenscheidt, kann ich mir den mindestens ebenso mickrigen Busfahrplan übersetzen.

Die knapp fünfzehn Euro haben sich jetzt schon gelohnt – olé!

Da mir bis zur Abfahrt des Busses noch ein wenig Zeit bleibt, schlendere ich hinüber zum Fußballstadion des baskischen Kultvereins Athletic Club Bilbao, dem Estadio San Mamés. Das Gebäude ist extrem heruntergekommen, als gehörte es zu einem längst verlassenen Industriegelände. Nachdem ich ein Erinnerungsfoto geschossen habe, kehre ich zum Busbahnhof zurück. Als der Bus endlich auftaucht, finden sich etwa ein Dutzend Fahrgäste ein; weitere Pilger kann ich jedoch nicht entdecken.

Erste Erkenntnis in Logroño, der Hauptstadt der Region La Rioja: Sämtliche Hotels der Stadt sind vorbildlich ausgeschildert, nur die Herbergen nicht. Weit und breit sind keine Pilger zu sehen, aus dem Bus ist auch keiner gestiegen, der mir optisch weiterhelfen könnte. Also muss ich wohl oder übel meinen völlig überforderten, leicht benebelten Kopf benutzen, und das in dieser unmenschlichen Hitze. Weswegen bin ich noch mal hier? Ach, richtig, in dieser Gluthitze werde ich ab morgen zig Kilometer laufen. Schön. Aber zuerst muss ich den Weg finden, ich muss ja wissen, *wo* ich zu laufen habe. In meinem Wanderführer ist ein Stadtplan von Logroño abgedruckt, allerdings befindet sich der Busbahnhof außerhalb des Kartenausschnitts. Ganz ruhig, Maori. Ein genauerer Blick auf die Karte verrät immerhin, dass der Busbahnhof südlich des Stadtplanausschnitts liegt. Da zeigt ein Bus-Piktogramm eindeutig nach unten. Im Umkehrschluss bedeutet es also, dass ich vom Busbahnhof aus nach Norden muss, um in die abgebildete Karte hineinzulaufen. Langsam kommen wir der Sache näher. So, und wo ist bitteschön der Norden? Den Minikompass habe ich aus Gewichtsgründen einfach zu Hause gelassen, Mist. Ich bin noch keinen einzigen Kilometer gelaufen und schwitze schon wie Sau. Schwitzen? Hitze? Sonne! Ich orientiere mich einfach am Stand der Sonne. Zu meiner Erleichterung erreiche ich nach wenigen Minuten tatsächlich eine Straßenkreuzung, die ich in meinem Wanderführer wiederfinde. Am Rande einer kleinen Parkanlage entdecke ich ein Tourismusbüro. Der nette junge Herr am Schalter erklärt allerdings etwas zu genau, sodass ich mich prompt verlaufe. Anstatt geradeaus zu gehen, biege ich links ab und umgehe die komplette Altstadt. Nur durch Zufall entdecke ich einen riesengroßen Muschelwegweiser, der in den Boden eingelassen ist. Ausgezeichnet, den Camino habe ich also schon mal gefunden. Jetzt müsste ich eigentlich nur den Wegweisern folgen, schließlich liegt die Herberge direkt am Weg. Allerdings gerate ich nach wenigen Metern in eine spanische und somit temperamentvolle Hochzeitsgesellschaft, um anschließend vor einem Bauzaun zu stehen und festzustellen: Der Camino ist gesperrt. Das geht ja schon mal hervorragend los. Erst nach einem riesigen Umweg und dank der Hilfe eines netten Pilgers finde ich zur städtischen Herberge. Auf dem Hof sitzen weitere Pilger und trinken Dosenbier; der San-Miguel-Automat spuckt im Akkordtempo. Im Erdgeschoss sieht es ein wenig behördlich und trist aus, der Platz des Herbergsvaters erinnert an die improvisierte Kasse für eine Schulaufführung. Ich erkläre dem netten Herbergsvater (spanisch: *hospitalero*, weibliches Pendant: *hospitalera*), dass dies mein erster Tag sei, was eigentlich völlig überflüssig ist, denn mein Pilgerpass ist ja leer. Das wird nun feierlich geändert, und der unkonventionell gekleidete Hippie drückt mir den ersten Stempel in den *credencial del peregrino*. Danach bekomme ich ein Bett zugeteilt. Mir wird erklärt, ich müsse ab morgen meine Schuhe immer außerhalb der Schlafräume abstellen, aus hygienischen Gründen, natürlich. Heute aber darf ich mit meinen jungfräulichen Wanderschuhen in den dritten Stock. Ich weiß nicht so recht, wie alles läuft, fühle mich unbehaglich, um mich herum wuseln die routinierten Pilger aus Saint-Jean-Pied-de-Port, Roncesvalles, Pamplona, jeder Handgriff sitzt, jeder Gruß wird locker aus der Hüfte abgefeuert, ich werde einfach mal ignoriert. Im Schlafraum herrscht klinischer Bundeswehr-Charme, neun quietschende Metallstockbetten, auf den ersten Blick immerhin sauber. Sehr sauber. Jedes Leben wurde aus dem Raum poliert.

Obwohl es bereits kurz nach achtzehn Uhr ist, sind noch einige Schlafplätze frei. Beim Frischmachen im Bad treffe ich einen Fahrradpilger aus Dortmund. Ob ihn mein Schalke-Trikot angezogen hat? Ich erzähle ihm, dass es mein erster Tag sei, er macht mir Mut, wünscht mir Glück und einen schönen Weg, einen *buen camino*. Zurück im Schlafraum, breite ich nichts Böses ahnend meine Sachen auf dem Bett aus. Im nächsten Moment werde ich von einer älteren Dame mit weißem Hut streng ermahnt, ich solle doch bitte meine Wanderschuhe im Erdgeschoss lassen. Erst auf Englisch, anschließend auf Spanisch mit britischem Akzent, was mich gerade einfach mal komplett überfordert. Dass mir der *hospitalero* gestattet hat, mit den noch sauberen Schuhen das Zimmer zu betreten, scheint sie nicht zu interessieren. Als ich aus Mangel an englischer Schlagfertigkeit mit einem lapidaren »Okay, okay« antworte, raunt aus dem Hintergrund ein Deutscher: »Nix okay.« Na, wen haben wir denn da? Einen deutschen Klugscheißer, wie erfrischend. Einen, der auszog, um den ramponierten Ruf des Deutschen in aller Welt mit gnadenloser Entschlossenheit zu betonieren. Obwohl mir mehrere undiplomatische Antwortoptionen durch den Kopf schießen, bremse ich mich und denke mir: Nicht heute. Nicht gleich am ersten Tag. Ich ignoriere sie alle und richte meinen Schlafplatz ein. Im nächsten Augenblick ist die Dame verschwunden, und die anderen tun das, was sie schon vorher und ausschließlich hätten tun sollen: Sie kümmern sich um ihren eigenen Kram. Ich fühle mich gerade komplett fremd hier. Langsam zweifle ich daran, ob das alles wirklich so toll ist, wie alle tun.

Es ist kurz nach neunzehn Uhr, das Stadtbild Logroños wird von exzentrischen Schwulen und einer lautstarken Hochzeitsgesellschaft geprägt. Die letzten Stunden habe ich damit verbracht, ziellos die Altstadtstraßen abzulaufen. Nun sitze ich hier in einer *taberna* vor der Concatedral de Santa María de la Redonda, gönne mir ein Bier und warte auf die *calamares*. Auf ein Pilgermenü mit lauter unbekannten Menschen habe ich keine Lust. Mir ist heute einfach nicht nach Geselligkeit und erzwungenen Gesprächen.

Vor allem sehe ich mich gerade absolut nicht als Pilger. Erstens bin ich bisher keinen einzigen Kilometer auf dem Camino gewandert, zweitens gehöre ich weder seelisch noch optisch zur erhabenen Pilgergemeinschaft, und drittens komme ich mir vor wie ein Fremdkörper, der in einen geschlossenen Kosmos eindringt. Wenigstens sehe ich weit und breit keinen Pilger, der auf die Idee kommen könnte, sich zu mir zu gesellen. Was mir allerdings gerade noch mehr Kopfzerbrechen bereitet: Mir fällt nicht mehr ein, wie man auf Spanisch die Rechnung bestellt. Um nicht wie ein schlecht vorbereiteter Tourist zu wirken, habe ich meine Vokabelnotizen letztendlich zu Hause gelassen. Nach einer halben Stunde vergeblichen Nachdenkens habe ich die Schnauze voll. Ich benutze die internationale Zeichensprache und wedle mit einem Zehner.

Vor etwa zwei Stunden noch lag der Kathedralvorplatz verlassen da, doch jetzt wird jeder Quadratmeter von enthusiastischen, lebensfrohen Einheimischen in Beschlag genommen. Plötzlich tollen kreischende *chicos y chicas* um die Hüften der Erwachsenen, spielen ausgelassen und ändern ihre eigenen Regeln im Fünfminutentakt. Während die untergehende Sonne den Platz, das Gotteshaus, die morschen Häuserfassaden in schimmernd rotes Licht taucht, schlurfe ich gedankenverloren zur Herberge zurück. Ich setze mich in den Hof etwas abseits der anderen und beobachte das Pilgertreiben. Die Tische haben sich inzwischen auf beeindruckende Weise mit leeren San-Miguel-Dosen gefüllt, was selbstverständlich nicht ohne Folgen bleibt. Es wird gescherzt, gekreischt, gelacht. Fast alle Pilger hier sprechen Deutsch. Noch verspüre ich allerdings keinen großartigen Drang, mich als deutschsprachig zu outen. Nach und nach verschwinden die Pilger in den Schlafräumen, und da ich zurzeit noch in der Ich-imitiere-erst-einmal-alles-Phase bin, schließe ich mich ihnen an und lege mich aufs wackelige Bettgestell. Der erste Tag ging erstaunlich glatt. Ich bin gespannt, wie die erste Nacht wird.

Sonntag, 30. August 2009

Ich erinnere mich blass an zwei Dinge. Zum einen ging es gestern Nacht draußen in den Altstadtgassen höllisch laut zu. Keine Ahnung, ob ein Volksfest zugange war oder doch nur eine völlig normale spanische Samstagnacht. Zum anderen turnte auf dem Nachbarbett jemand die ganze Nacht wild herum. Dadurch brachte der Unbekannte gleichzeitig drei weitere Personen zum Wackeln. Glücklicherweise hatte meine Müdigkeit bereits narkotisierende Gefilde erreicht, sodass mich das konstante Schaukeln nicht besonders lang vom Schlaf abhielt.

Ich wache erst auf, als die meisten Pilger längst unterwegs sind. Auf meiner Hüfttasche, die ich am Kopfende ans Bett geschnallt habe, hockt eine fette, vollgepumpte Bettwanze. Als ich sie zerquetsche, läuft eine Menge Blut heraus. Zum Glück aber nicht meins. Dieses imprägnierte Laken hat sich bereits nach einer einzigen Nacht bezahlt gemacht. Mit noch heilem Fleisch und frohen Mutes, allerdings ohne Frühstück oder Wasser, verlasse ich die Herberge. Nach wenigen Minuten treffe ich auf die gesperrte Passage. Eine provisorische Umleitung führt mich über triste Seitengassen ohne Cafés oder Bäckereien, dafür aber mit geschlossenen, undefinierbaren und vor allem hässlichen Geschäften, aus der Altstadt. Die wenigen Pilger, die außer mir heute Morgen unterwegs sind, flitzen an mir vorbei, als würde ich rückwärts gehen. Wie deprimierend. Anschließend laufe ich an breiten, aber nur sporadisch befahrenen Straßen über schnurgerade Bürgersteige aus der Stadt. Ich beschließe, meine nagelneuen Wanderstöcke auszuprobieren. Zunächst nur zaghaft, denn ich finde, das Laufen mit zwei Wanderstöcken sieht bescheuert aus. Wie eine typische Zivilisationskrankheit eben. Doch wider Erwarten bin ich bereits nach wenigen Minuten im Rhythmus, und da mir Sebastian den Einsatz der Stöcke eindringlich empfohlen hat, bleibe ich zunächst einmal dabei.

Seit etwa einer halben Stunde werde ich von vier Pilgern eskortiert, die mal zwanzig Meter vor mir, mal dreißig Meter hinter mir laufen. Nach einer weiteren halben Stunde habe ich mir einen gewissen Vorsprung erarbeitet, sodass ich wieder allein über die offensichtlich von Radfahrern und Joggern heiß geliebte Strecke wandere. An einem recht rücksichtslos in die Natur gehämmerten Freizeitgebäude für Wochenendausflügler kaufe ich mir zwei Flaschen Wasser. Da recht hohe Temperaturen herrschen, lege ich in einem pittoresk schattierten Waldstück eine erste kurze Rast ein. Erwartungsgemäß sehe ich besagte Pilgergruppe erneut an mir vorbeiziehen.

Auf dem Weg nach Navarrete, etwa dreizehn Kilometer von Logroño entfernt, hockt ein Bärtiger namens Marcelino an einem Holzstand und bietet neben einem eigenen Stempel auch noch verfaulte Äpfel und trockene Kekse an. Da er mich zur Mitnahme irgendeines Nahrungsmittels drängt (bisher scheint er nicht sonderlich erfolgreich gewesen zu sein), leihe ich mir einen der verschrumpelten Äpfel aus und gebe ihn wenige Meter weiter der Natur zurück. Die ersten Kilometer meines Camino sind recht hügelig und geprägt von Weinfeldern mit prächtig behängten Reben. Obwohl es ziemlich heiß und staubig ist, fühle ich mich fit und gewappnet – für was auch immer. Nach der Wanderung durch die Natur geht es einige Kilometer entlang der Autovía del Camino de Santiago, der A-12. Hört sich spektakulär an, ist aber an sich nur eine hässliche spanische Autobahn. Eva Herman würde ihr sicherlich etwas Positives abgewinnen, mich begeistert sie nur bedingt. Entlang des Maschendrahtzauns, der den Camino von der *autovía* trennt, hängen Hunderte improvisierter Kreuze aus Zweigen, Papier oder Stroh. Spätestens jetzt merkt man, dass man hier nicht auf irgendeinem beliebigen Fernwanderweg unterwegs ist.

Irgendwann verliere ich die Pilger von vorhin aus den Augen. Mit dem Gefühl, als allerletzter Nachzügler allen anderen Pilgern hinterherzulaufen, geht es über einen staubtrockenen Feldweg nach Navarrete, vorbei an der Ruine eines mittelalterlichen Pilgerhospitals. Als ich aus einer schmalen Gasse trete, treff

Pilgergruppe wieder. Es handelt sich um einen Zusammenschluss von vier Frauen offenkundig unterschiedlichster Herkunft und Altersstufen. Nebeneinander auf einer Bank sitzend lüften sie ihre Schuhe. Ich überlege kurz, sie einfach zu passieren. Die meisten Männer hätten Schiss vor einer vierköpfigen Frauengruppe, oder etwa nicht? Dann fällt mir ein Glückskeksspruch ein, der mir vor zwei Monaten auf einer Geburtstagsfeier in die Hände gefallen ist: »Sie sind sehr reiselustig und kontaktfreudig.« Bin ich eigentlich nicht, ganz im Gegenteil. Vielleicht deshalb muss ich jetzt daran denken. Also gut. Ich werfe meine Ängste über Bord, nehme all meinen Mut zusammen (ich weiß, es klingt übertrieben und ist schwer nachvollziehbar) und spreche sie an. Genau in diesem Moment fällt mir auf, dass die eine ältere Dame einen auffälligen weißen Hut trägt, der mir ziemlich bekannt vorkommt. Das ist doch die strenge Frau Generalin, die meine Schuhe aus dem Schlafraum verbannen wollte! Was für ein merkwürdiger Zufall. Nun ja, in freier Natur macht sie einen viel netteren Eindruck. Avril, so heißt sie, ist dreiundsechzig und kommt aus ... ja, woher denn nun? Ihre Mutter ist Britin, ihr Vater zu fünfzig Prozent deutschstämmig, sie ist in den USA aufgewachsen und lebt jetzt in San Sebastian. Sie spricht neben Englisch ein sehr passables Spanisch, wie ich aus eigener Erfahrung zu berichten weiß, und ungefähr zehn deutsche Wörter, darunter »Scheiße«. Ihr Haar trägt sie grau und kurz, meist bedeckt von ihrem markanten weißen Hut, dazu eine adrette Brille und eine weiße Handtasche. Zweite im Bunde ist Michelle aus Kalifornien, siebenundfünfzig Jahre, US-Bürgerin, ein wenig zerstreut. Sie dokumentiert die gesamte Reise per Kamera und PDA und verschickt jeden Abend einen Camino-Newsletter an Freunde und Bekannte. Ihr Rucksack wiegt stattliche dreizehn Kilogramm, neuneinhalb mehr als meiner. Nummer drei der Damenbande ist Melanie aus der Nähe von Mönchengladbach, siebenundzwanzig Jahre jung, Studentin in Köln, die ich mit ihren langen, dunkelbraunen Locken auf den ersten Blick für eine Spanierin gehalten habe. Außerdem noch dabei: eine junge Koreanerin, deren Namen ich beim besten Willen nicht verstehe. Nachdem ich sechsmal nachgefragt und ihn immer noch nicht verstanden habe, wird es uns beiden peinlich, und wir verstummen. Sie alle wollen in der nächsten Bar frühstücken und bestehen darauf, dass ich mich ihnen anschließe. Mein Magen und ich erklären uns natürlich sofort einverstanden. Ohne Frühstück dreizehn Kilometer durch diese Hitze hätte ich mir vor wenigen Wochen beim besten Willen nicht zugetraut.

Mit meinem ersten *café con leche* (deutsch: Milchkaffee) und meinem ersten *bocadillo* (belegtes Brötchen) gestärkt, geht es weiter Richtung Ventosa. Erneut führt der Weg durch weitläufige Weinberglandschaften. Hier werden die Reben der berühmten wie ausgezeichneten Rioja-Weine angebaut. Den Großteil der Strecke lege ich mit Michelle zurück. Wir laufen in einem ähnlichen Rhythmus und nutzen die Zeit, um uns ein wenig kennen zu lernen. Mit der Pilgerreise, so die Kalifornierin, gehe ein Lebenstraum in Erfüllung. Und so wirkt sie auch: Auf jedem Meter des Weges findet sie garantiert etwas, was sie außerordentlich bewundernswert findet. Permanent zückt sie ihre ziemlich klotzige Digitalkamera und fotografiert. Wie eine meiner Tanten, denke ich. Als wir eine winzige Hütte passieren, die mitten in einem Rebenfeld steht, ertönt aus dem Inneren ein merkwürdig klingendes Blasinstrument. Michelle und ich blicken uns ratlos an und stellen gleichzeitig die Frage: »Was ist das?!« Auf die Idee nachzusehen kommen wir nicht. Stattdessen versuchen wir, mein eingerostetes Schulenglisch in Gang zu bringen.

So schnell geht das: Heute Morgen fühlte ich mich noch fremd und isoliert, lediglich drei Stunden später habe ich mich als ständiges Mitglied einer Pilgergruppe etabliert. Als wären wir seit Tagen gemeinsam unterwegs. Um kurz vor vierzehn Uhr erreichen wir das malerische Dörfchen Ventosa, eine überschaubare Siedlung auf einem Hügel, die von einer markanten Kirche überragt wird. Langsam macht uns die enorme Mittagshitze zu schaffen, es ist weit über dreißig Grad warm. Daher beschließen wir, eine etwas längere Rast einzulegen. Da die Koreanerin keine Lust hat, ihren riesigen Rucksack unnötig durch die Gegend zu schleppen, setzt sie sich vor eine kleine Bar und teilt uns mit, dort auf uns zu warten. Der Rest der Bande erklimmt auf der Suche nach einer kulinarischen Einkehrmöglichkeit den Hügel. Auf der Wiese hinter der liebevoll restaurierten Kirche treffen wir auf die Französin Marie; ich schätze sie auf Mitte fünfzig. Sie spricht beinahe ausschließlich Französisch und scheint eine extrem fröhliche Person zu sein. Avril, Michelle und Melanie kennen sie bereits. Melanie beschließt, auf die Mittagsmahlzeit zu verzichten und sich zu Marie auf die Wiese zu fläzen. Also mache ich mich mit Michelle und Avril auf die Suche nach Futtermitteln. Bald entdecken wir eine seelenlose Kaschemme, eine völlig unpassend eingerichtete Bar am hintersten Dorfende weit weg vom Camino. Mangels Alternativen betreten wir das menschenleere Lokal und nehmen Platz. Kurz darauf taucht eine pummelige Teenagerin auf und überreicht uns die sonnengereiften Menükarten. Während wir diese inspizieren, füllt sich nach und nach die Bar. Ein Pärchen gesellt sich ebenso zu uns wie eine spanische, laut schnatternde Familie. Dabei sind wir auf dem Weg hierher nicht einer Menschenseele begegnet. Sollte sich dieses unscheinbare Lokal als Geheimtipp und Sternerestaurant entpuppen? Ähm. Nein. Denn anstatt uns, die ersten Gäste des Tages, zu bedienen, stürzt sich die Teenagerin lieber auf die finanziell attraktivere Familie. Und das bringt die kleine Person unter dem weißen Hut so richtig zum Kochen. In beängstigendem Ton und mit britischem Akzent zitiert sie die Teenagerin auf Spanisch an unseren Tisch. Meine Güte, dagegen war sie ja gestern zu mir geradezu richtig nett. Ohne weitere Ausführungen beginnt sie, der völlig verunsicherten Jugendlichen wie ein Oberkommandeur der Streitkräfte unsere Bestellungen zu diktieren. »*Patatas fritas*« mit britischem Akzent hört sich übrigens an wie die Ankündigung der nächsten One-Hit-Wonder-Band bei »Top of the Pops«.

Während wir aufs Festmahl warten, kommt kein vernünftiges

Gespräch zustande. Kein Wunder, denn Avrils schlechte Laune wirkt sich auf ihr Kommunikationszentrum aus, und jeden Ansatz von Konversationen oder Diskussionen beendet sie mit einem alle Fragen gleichzeitig beantwortenden Satz. Zack, Thema tot. Mit leerem Magen kann ich richtig unangenehm und irrational werden, zu einem unausstehlichen Werwolf mutieren, die freundlichsten und gutmütigsten Menschen der Welt aufs Übelste beleidigen. Aber eine hungrige Avril ist eine ganz andere Nummer und stellt eine nicht zu unterschätzende Gefahr fürs Allgemeinwohl dar. Wenn ich meinen ersten Pilgertag überleben möchte, halte ich wohl besser den Mund. Bald kommt das Essen, und ich denke: Puh, endlich, alles wird gut. Aber von wegen. Das Essen ist der letzte Scheiß. Die Mädels kämpfen sich durch Unkraut, und ich esse die zweitfettigsten Pommes meines Lebens. Die fettigsten habe ich vor Jahren einmal in der französischen Hafenstadt Le Havre gegessen. Wenn Le Havre etwas zu bieten hat, dann fettige Pommes. Ist das die stille Rache einer vereinsamten Teenagerin oder schlichtweg das Beste, was die Spelunke zu bieten hat? Wir werden es wohl nie erfahren.

Ab Ventosa sind es noch zehneinhalb Kilometer bis Nájera, meinem ersten Etappenziel. Sich am ersten Wandertag gleich über dreißig Kilometer aufzuhalsen geht ja noch, aber diese größtenteils in der Mittagshitze zu laufen – furchtbar! Etwa fünfundvierzig Minuten hinter Ventosa durchqueren wir das berühmte Tal, in dem unzählige Steinmännchen stehen, aufgeschichtet durch ebenso unzählige Pilger. Da ich überwiegend mit Schwitzen und Keuchen beschäftigt bin, verzichte ich darauf, ein eigenes Steinmännchen zu bauen. Die letzten Kilometer nach Nájera lege ich gemeinsam mit Avril zurück. Während sie mir bemerkenswerte Dinge aus ihrem Leben erzählt, versuche ich weiterhin mit Ach und Krach, meine dürftigen Englischkenntnisse aufzupolieren.

»Ich habe immer gedacht, mein Englisch sei viel zu schlecht, um sich vernünftig zu unterhalten«, erkläre ich Avril.

»Unsinn«, winkt sie ab, »Maori, dein Englisch ist fantastisch.«

»Siehst du«, sage ich, »meine Sprachkenntnisse waren nie das Problem. Ich hatte einfach nur Angst davor, etwas Falsches zu sagen.«

»Ganz genau, Maori. Dein Englisch ist nicht perfekt. Aber ich verstehe dich hervorragend. Und wozu sprechen wir? Um uns unserem Gegenüber mitzuteilen. Du musst einfach reden, und wenn dich jemand verstehen will, wird er es auch.«

Klingt schlüssig. Allerdings wissen wir ja alle, dass das Leben voller einleuchtender Aspekte ist, die vergeblich darauf warten, beachtet zu werden. Jedenfalls sind ihre Worte Balsam für meine seit der Schulzeit geschundene Fremdsprachenseele. Und wie es der Zufall will, ist Avril – na klar – Englischlehrerin.

Kurz vor Nájera bekomme ich erste muskuläre Probleme, genauer gesagt empfindliche Schmerzen am linken Mittelfuß. Entsprechend müssen wir unser Lauftempo verlangsamen. Als wir so vor uns hintrödeln, entdecken wir auf einer Mauer am Wegesrand ein deutsches Pilgerlied. Jetzt kann ich mich linguistisch so richtig beweisen und übersetze Avril den gesamten Text. Nur hätte ich das gar nicht tun müssen, denn wenige Meter weiter steht der gesamte Text auch noch auf Englisch und auf Spanisch. Immerhin bescheinigt Avril mir gewisse Dolmetscherqualitäten.

Gegen achtzehn Uhr trudeln wir endlich in Nájera ein. An einer großen T-Kreuzung stoßen wir auf Michelle, Melanie und die junge Koreanerin – ihren Namen konnte ich leider immer noch nicht ermitteln. Michelle nennt sie »Ang Lee«, aber ich mag nicht so recht daran glauben, dass eine junge koreanische Pilgerin genau den gleichen Namen trägt wie ein alter taiwanesischer Filmregisseur. Die drei Damen sitzen vor einer Bar und haben sich bereits mit einem dicken, etwa fünfzigjährigen Spanier und einer zierlichen chinesischen Wirtin angefreundet. Witzigerweise ist der physisch robuste Spanier sturzbetrunken, und sein Versuch, ein Gruppenfoto von uns zu schießen, scheitert kläglich. Nachdem die junge Koreanerin mehrere Minuten lang vergeblich versucht, ihm die Digitalkamera zu erklären, erbarmt sich die Chinesin und übernimmt. Natürlich möchte der seit unserer Ankunft ohne Punkt und Komma sabbelnde Spanier mit aufs Foto, obwohl ich stark bezweifle, dass er es jemals zu Gesicht bekommen wird. Bei dem Versuch sich hinzusetzen, läuft er gegen einen Tisch und geht fast zu Boden. Nur mit vereinten Kräften können wir ihn davon abhalten. Schließlich setzt er sich hin, und zwar genau so, dass er mit seinem massigen Körper die halbe Gruppe verdeckt. Avril und Melanie werden seit Minuten von Lachkrämpfen geschüttelt, während einige Pilger mit verständnislosen Blicken an uns vorbeiziehen. Schließlich gelingt uns ein einigermaßen ansehnliches Foto. Nachdem wir unser Bier ausgetrunken haben, verabschieden wir uns höflich und nehmen den letzten Kilometer unseres heutigen Wandertags in Angriff. Die Altstadt von Nájera unterscheidet sich kaum von anderen westeuropäischen, mittelalterlichen Altstädten. Zwischen restaurierten Backsteinhäusern schlängeln sich schmale Gassen, alles garniert mit einem Schuss Touristen. Mit anderen Worten: Wir könnten uns genauso gut in Frankreich oder Süddeutschland befinden.

In der örtlichen *albergue* (von »Ohlbörg« bis »Ählbörgie« hört man hier die unterschiedlichsten Aussprachen; korrekt: »Allberge« mit Betonung auf der zweiten Silbe und einem leicht gerollten R) duschen wir uns erst einmal ab, bevor Michelle – eine gelernte Krankenschwester – meine zwei Blasen an den Fersen versorgt. Anders als in der gestrigen Herberge werden hier sämtliche Pilger in einem großen Schlafsaal untergebracht. Manchmal erweist es sich doch als großer Vorteil, Allergiker zu sein und nicht gleich alle Details zu riechen. Ohne Abgrenzungen reihen sich die Schlafplätze aneinander, ergo liegt man mit einem Wildfremden praktisch nebeneinander im Bett. Das finden die hübscheren unter den Damen überhaupt nicht erquicklich, die weniger hübschen dagegen … aber lassen wir das.

Nachdem wir uns alle fit genug fühlen, machen Avril, Melanie, Michelle und ich uns auf den Weg in die Altstadt. Offenbar scheint die Koreanerin doch kein fester Bestandteil der Frauengruppe zu sein, sondern lediglich eine liebgewonnene Pilgerbekanntschaft, die immer wieder etappenweise mitläuft. Ein Glück, vielleicht muss ich mir ihren Namen ja gar nicht merken. Namen abspeichern gehörte noch nie zu meinen Stärken. Nach wenigen Metern passieren wir eine *cervecería*, die Dortmunder Union-Bier, König-Pilsener und Hannen Alt anpreist. Es soll ja Leute geben, die ins Ausland fahren, um ausschließlich nach heimatlichen Gewohnheiten Ausschau zu halten. Dabei nehmen viele meiner deutschen Freunde an, ihre Landsleute führten diese Disziplin seit Dekaden unangefochten an. Irrtum. Sowohl der US-Amerikaner, der durch die Verbreitung seiner Junkfoodketten einen klaren Vorteil gegenüber der zentraleuropäischen Konkurrenz genießt, als auch der Japaner stellen im Kampf um die Spitzenposition knallharte Konkurrenz dar. Meine Landsleute sind dafür bekannt, ins Ausland zu fahren und regelmäßig nach »authentischer japanischer Küche« zu fragen. Natürlich wollen sie auch mal die einheimische Kost probieren, aber nichts geht über »echten japanischen Reis«. Als Gastgeber sollte man diesen Idioten einfach irgendeine Reissorte servieren. Allein die Behauptung, diese stamme aus Japan, würde sie vollkommen zufriedenstellen.

Melanie und Michelle erzählen, dass sie auf dem Weg nach Nájera eine Vision hatten. In dieser tauchten Tapas, eine Wasserfontäne, Eis und ein knackiger spanischer Gitarrist auf. Da wir uns in Spanien aufhalten, dürfte das Auftreiben von Tapas eine der leichteren Übungen darstellen. Und so ist es auch. In der wunderschönen Altstadt von Nájera reihen sich mehrere einladende Tapas-Bars aneinander. Es entbrennt eine völlig sinnfreie Diskussion, welche die beste sei. Ja, woher sollen wir das bitteschön wissen? Bald spricht Avril ein Machtwort, dafür haben wir sie ja schließlich, und wir entscheiden uns für das optisch attraktivste Lokal. Wir betreten es von der einen Seite, geben dem Chef freie Hand bei der Auswahl, und verlassen es auf der anderen. Dort finden wir nicht nur unzählige Tische, Stühle und Sonnenschirme unter freiem Himmel vor, sondern auch – sieh mal einer an – eine sprühende Wasserfontäne. Fehlen also nur noch das Eis und der spanische Gitarrist. Auf den bin ich ja besonders gespannt.

Die acht verschiedenen Leckereien, die uns der Chef zusammengestellt hat, sind schlicht und ergreifend zum Niederknien. Nach dem anstrengenden Wandertag, den ich verhältnismäßig erstaunlich blessurenfrei absolviert habe, genießen mein Gaumen und ich den Abend ganz besonders. Zudem kann ich es immer noch schwer glauben, dass ich nach der gestrigen, alles andere als warmherzigen Ankunft mit diesen drei Mädels bei ausgelassener Stimmung meinen ersten Wandertag ausklingen lasse. So verloren ich mich gestern gefühlt habe, so wunderbar aufgehoben, behütet und gemocht fühle ich mich in diesem Augenblick. Um uns herum tobt das typisch spanische Abendprogramm: Kinder tollen umher, Einheimische aller Altersstufen sitzen gemeinsam an den Tischen, essen, trinken und tratschen. So und nicht anders habe ich mir den perfekten Camino-Abend vorgestellt. Ich hoffe, es werden weitere dieser Art folgen.

Um kurz vor neun machen wir uns auf den Rückweg Richtung Herberge. Unterwegs laufen wir doch glatt an einer hell erleuchteten Eisdiele vorbei. Und die bietet eine Riesenauswahl, sodass meine Mädels voll auf ihre Kosten kommen. Da ich kein besonders enthusiastischer Eisfan bin, lasse ich den Damen den Vortritt und halte bereits Ausschau nach dem knackigen spanischen Gitarristen. Vor und in der Herberge herrscht ein Mordsbetrieb. Da freue ich mich ja jetzt schon drauf, die nachher alle schnarchen zu hören. Während Michelle ihre aktuellen Camino-News nach Übersee schickt, beginnen im Aufenthaltsraum zwei junge Damen, beide um die zwanzig, zu singen. Mit ihrem langen, blonden Haar und ihrer nahezu identischen Kleidung wirken sie wie Zwillinge. Begleitet werden sie von einem der beiden *hospitaleros* auf dessen Gitarre. Berücksichtigt man sein Alter, kann man den Endfünfziger mit leichten Abzügen in der B-Note durchaus als knackig bezeichnen. Meine Aufmerksamkeit allerdings genießen die beiden

Mädels. Aufgrund ihrer Gesangsqualitäten, versteht sich.

So haben sich also alle vier Prophezeiungen der heutigen Etappe erfüllt. Die Anhänger von Nostradamus werden sich warm anziehen müssen.

Viele Jakobspilger tragen das Symbol der Pilgerschaft am Rucksack: eine Jakobsmuschelschale. Wann und weshalb sie Jakobus zugeschrieben wurde, weiß man nicht so genau. Klar ist, dass sich zahlreiche, teils absurde Legenden um sie ranken. Im Mittelalter nutzten die Pilger sie als Trinkschale oder zum Wasserschöpfen, heutzutage dient sie lediglich als Erkennungsmerkmal für Jakobspilger. Für Tierfreunde werden mittlerweile sogar Muschelschalen aus Holz verkauft.

In Logroño habe ich beschlossen, mir erst dann eine Jakobsmuschel an den Rucksack zu hängen, wenn ich mich auf dem Camino heimisch fühle. Eigentlich hatte ich mich auf eine einsame Woche eingerichtet, aber manchmal muss man einfach aufhören, sich in Selbstmitleid zu suhlen, und akzeptieren, dass es das Leben nicht immer scheiße mit einem meint. Scheint so, als müsste ich mir morgen eine Muschel kaufen.

Etappe 1: Logroño ⇨ Nájera (30,7 km)

Montag, 31. August 2009

Was für eine schlimme Nacht. Alles begann gestern zu später Stunde mit dem denkwürdigen Auftritt eines verwirrten Italieners. Die Mädels und ich lagen längst in unseren Betten, als sich eine Silhouette unbeholfen ihren Weg durch den Schlafsaal bahnte. Plötzlich blieb sie zwischen Michelle und mir stehen, beugte sich zu meiner Mitpilgerin herunter und rüttelte sie wach. Blöderweise hatte der Mann Michelle mit einer anderen Frau verwechselt. Die von Natur aus friedfertige Dame stand kurz davor, ihn mit ihrem Dreizehn-Kilo-Rucksack zu erschlagen. Nun hätte man erwartet, dass sich der Mann aufmacht, nach der richtigen Frau zu suchen. Aber nein, mitnichten. Lieber verließ er panisch den Saal und flüchtete in den Aufenthaltsraum. Die Ruhe währte nur wenige Minuten, bis der italienische Bulldozer einen erneuten Anlauf unternahm. Und erst einmal mit voller Wucht gegen mein Bett knallte. Die Frau neben mir schoss hoch, die beiden über uns wachten ebenfalls auf. Nur der Italiener ignorierte den Aufstand, er sah ja nichts, und rumpelte und humpelte weiter bis zu seinem Bett. Zumindest hoffe ich, dass er sich in *sein* Bett gelegt hat. Mittlerweile dürfte es halb zwölf gewesen sein. An Schlaf war kaum noch zu denken, schließlich wurde es im Saal heißer und heißer. Letztendlich lag ich schwitzend auf meinem Schlafsack und starrte auf die Matratzenbeule über mir. Sämtliche Fenster lagen knapp unter der Decke, sodass die kalte Luft von draußen nur die oben schlafenden Pilger abkühlte. Da ich den Italiener nicht habe klettern hören, muss er wohl auch unten gelegen haben. Ich hoffe, er hat sich die Seele aus dem Leib geschwitzt. Zumindest ich habe es. Zu allem Überfluss eliminierte der Elf-Stunden-Schlaf der vergangenen Nacht jeden Anflug von Müdigkeit.

Nur drei bis vier Stunden, nachdem ich endlich weggenickt bin, gehen im Saal die Lichter an, und Luciano Pavarotti gibt postum sein Paradestück »Nessun Dorma« aus Puccinis »Turandot« zum Besten. Eine halbe Stunde später sind Avril, Michelle, Melanie und ich auf dem Weg nach Santo Domingo de la Calzada, unserem heutigen Etappenziel. In der Morgendämmerung durch die malerische, weitläufige Landschaft zu trotten ist traumhaft schön. Zwischen Weinbergen und abgeernteten Feldern treibt ein Schäfer seine blökende Herde über den Camino, irgendwo in der Ferne sind mysteriöse Höhlen in die schroffen Felsen geschlagen. Im winzigen Dörfchen Azofra etwa sechs Kilometer hinter Nájera treffen wir die junge Koreanerin wieder. Bei einem *café con leche* und einem absurd trockenen *bocadillo con chorizo* lasse ich mir geduldig ihren Namen aufschreiben: Eun Hee. Wie man das ausspricht, ist dann wieder eine ganz andere Frage. Aber sie erzählt mir, weshalb so viele Südkoreaner auf dem Camino unterwegs sind: In Eun Hees Heimatland lief eine äußerst erfolgreiche TV-Doku über den Jakobsweg. Jedes Land hat seinen Hape, sage ich.

Zwischen Azofra und Cirueña steuern wir einen kleinen Rastplatz an. Umgeben von abgeernteten Feldern und unter einem leicht bewölkten Himmel möchten wir eine kurze Verschnaufpause einlegen, als wir auf einer der Sitzbänke eine kleine Pilgerin entdecken, die uns verdammt bekannt vorkommt: Marie, die Französin aus Ventosa. Wir herzen uns, als hätten wir uns seit Jahren nicht mehr gesehen. Marie-*Chantal*, wie sie mir zuflüstert, will ihren sechzigsten Geburtstag (12. September) auf dem Camino feiern und hat sich selbst das Pilgern zum Jubiläum geschenkt. Es kostet einige Mühen, um sich zu verständigen, denn während in anderen deutschen Schulen neben Englisch als zweites Fremdsprachenfach Französisch oder Spanisch angeboten wird, hält es die Waldorfschule in Gladbeck immer noch für eine extrem clevere Idee, ihren Schülern Russisch beizubringen. Die Weltsprache Russisch. Falls es mich eines Tages einmal nach Russland verschlagen sollte, werde ich wahrscheinlich froh sein, alle kyrillischen Buchstaben zu kennen. Allerdings bin ich der festen Überzeugung, dass ich aus einem Spanischunterricht mehr Substanz mitgenommen hätte. Jetzt müsste man nur noch herausfinden, welche Sprache einem eher das Leben retten würde. Wenn man in Südamerika von FARC-Rebellen entführt würde, könnte man zumindest versuchen, sie auf Spanisch mit Anekdoten und Fußballweisheiten zu besänftigen. Versuch das mal bei einem Russen. Ironischerweise empfand ich meine Russischlehrer Frau Schmidt und Herrn Denzel als besonders engagiert. Leider ist letztendlich sehr wenig haften geblieben, da ich meine Schulzeit als dreizehn Jahre andauernde Unterdrückungsphase wahrgenommen habe. Unser Kunstlehrer beispielsweise kritisierte den Begriff der »entarteten Kunst« während der NS-Zeit aufs Schärfste, lehnte aber alles ab, was nicht in sein beschränktes Kunstverständnis passte. Dabei heißt es doch immer wieder, Waldorfschulen würden besonders die künstlerischen Fähigkeiten des Kindes fördern. Falsch. Wie jede Schule steht und fällt auch eine Waldorfschule mit der Qualität des Personals. Und was das angeht, herrschte an unserer Schule eine gewisse Unterqualifikation. Während der Kunstlehrer mir also die Kunst austrieb, verdarb mir der Deutschlehrer durch Kommentare bezüglich der Herkunft meiner Eltern schnell die Lust an der deutschen Sprache. Vor der versammelten Klasse machte er sich über mich lustig, wenn ich anmerkte, ein bestimmtes Wort nicht zu kennen. Für einen Ausländer, der seit frühester Kindheit mit Rassismus konfrontiert wurde, ein prägendes Erlebnis. Kaum zu glauben, aber bis zu meinem dreiundzwanzigsten Lebensjahr habe ich mich strikt geweigert, ein Buch durchzulesen. Nachdem ich mein Abi in der Tasche hatte, habe ich dem Mann meine ehrliche Meinung ins Gesicht gesagt. Seither grüßt er mich nicht mehr, wenn wir uns zufällig begegnen. Tja, jeder muss sich der Vergangenheit stellen.

Und das tue ich jetzt, indem ich mich ohne Französischkenntnisse auf eine Unterhaltung mit Marie einlasse. Man muss einfach nur die Angst überwinden, richtig? Bei ihr fällt es mir leicht, denn sie besitzt eine ansteckende, unglaublich positive Ausstrahlung. Sie garniert ihr Französisch mit einigen Brocken Spanisch, ich kombiniere mein gebrochenes Spanisch mit Pantomime. Meiner Meinung nach ist das die beste Art der Kommunikation. Man ist automatisch viel aufmerksamer und achtet sehr viel genauer auf sein Gegenüber. Und jedes Mal, wenn ich etwas verstehe oder wenn ich ihr etwas übermitteln kann, freue ich mich. Sie erzählt mir, dass sie jederzeit einzig und allein ihrem Bauchgefühl vertraut. Wenn sie beispielsweise unter freiem Himmel übernachten möchte, sucht sie sich einfach ein nettes Plätzchen irgendwo auf einem Feld und legt sich hin. Wenn ihr nach einer Rast ist, hockt sie sich an den Wegesrand und rastet. Und wenn sie Lust auf Gesellschaft und eine Herberge verspürt, kehrt sie in der nächsten *albergue* ein, egal wie luxuriös oder zerrockt sie wirkt. Ich hoffe doch sehr, dass es mir in dreißig Jahren annähernd so gut geht wie ihr. Oder dass ich zumindest zulassen kann, dass es mir so gut geht.

Etwa vierzig Minuten später folgt ein respektabler Aufstieg von über hundert Höhenmetern. Irgendwann werden meine Mädels und ich von einigen Radpilgern überholt. An einem der Fahrräder entdecke ich ein Alemannia-Aachen-Wappen und rufe dem Fahrer hinterher: »Aaaaalemannia!« Er dreht sich um, entdeckt den Schalker und freut sich. Normalerweise feuere ich keine Schwarzgelben an, aber bei einem pilgernden Alemannen mache ich gern eine Ausnahme. Nachdem das Plateau erklommen ist, wartet auf uns ein schattenloser Rastplatz. Auf den wenigen Betonliegen haben sich die Radpilger breitgemacht. Als sie uns kommen sehen, ruft der Alemanne seinen Freunden zu: »Kommt, Jungs! Macht Platz für die echten Pilger.« Wir plauschen ein wenig über Fußball, bevor die Jungs ihren Weg fortsetzen. Avril und Melanie haben sich längst auf die Betonliegen geflätzt und strecken die Beine aus. Ich dagegen widme mich ausgiebig der Wasserpumpe, die miserabel isoliert ist und bei jedem Pumpvorgang aus mehreren Löchern gleichzeitig spuckt. Ich pumpe und pumpe, und als meine Wasserflasche endlich aufgefüllt ist, stehe ich mitten in einem See.

Etwa zwanzig Minuten später durchqueren wir ein extrem hässliches Neubaugebiet. Und wenn ich »extrem« schreibe, dann nur, weil mir gerade kein stärkeres Wort einfällt. Wir laufen in eine jungfräuliche Vorstadtsiedlung mit vier, fünf unterschiedlichen

Häusertypen. Aus ihnen, die sich auch noch architektonisch hart an der Grenze zu Scheiße bewegen, wurde hier eine ganze Siedlung aus dem Boden gestampft. Nur wenige Häuser sind bewohnt. Trotzdem entstehen immer noch neue. Ich wette, in zehn Jahren wird es hier keinen Deut voller aussehen. Wer will denn bitteschön in diesen gleichförmigen Bunkern irgendwo im Niemandsland leben? Zudem frage ich mich, wie jemand auf die Idee kommen kann, dermaßen unansehnliche Ergüsse in diese wunderschöne Landschaft zu setzen. Ich kann es mir nur so erklären, dass die meisten von uns schnell den Blick für die Schönheit ihrer gewohnten Umgebung verlieren. Wer von uns fährt denn morgens zur Arbeit und genießt die Landschaft, die Bäume am Straßenrand, die ersten Sonnenstrahlen des Tages? Stattdessen mosern wir über den blöden Vordermann in seinem Corsa, hetzen über Bahnsteige, kämpfen innerlich bereits mit unzähligen Terminen des Tages. Bis zum hässlichen Neubaugebiet ist es dann auch nicht mehr weit.

Jedenfalls sitzen wir jetzt in einer äußerst unsympathischen Bar in Cirueña und werden weder bedient noch beachtet. Ist das der Teil, in dem Pilger leiden sollen? Ehrlich gesagt, das Leid hält sich in Grenzen, dafür meldet sich so ein Ding namens Wut. Oh, das Essen kommt.

Abgesehen davon, dass das *bocadillo* miserabel war, gestaltet sich der Abstieg Richtung Santo Domingo de la Calzada äußerst nervenaufreibend: Einerseits treten akute Beschwerden im rechten Knie auf, andererseits wechseln sich unmotivierter Nieselregen und brutaler Sonnenschein ab. Auf der heutigen Etappe häufen sich die Variationen der mehr oder minder gelungenen Steinmonumente, beispielsweise Steinmännchen oder kleine Pyramiden. Auch werden unterschiedlichste Botschaften und Formen am Wegesrand gelegt. Leider hinterlassen viel zu viele Arschlöcher ihren verdammten Müll auf und neben dem Camino, insbesondere leere Wasserflaschen und defekte Fahrradschläuche. Ich bin aber auch schlecht drauf heute.

Zumeist werden wir von weitläufigen, abgeernteten Feldern flankiert. Das Gelände wellt sich wie ein übergroßes, borstiges Laken, flatternd und pfeifend sucht sich der Wind seinen Weg zwischen den Kämmen entlang.

Um etwa sechzehn Uhr herum erreichen wir das vom großen Camino-Förderer Domingo García vor fast eintausend Jahren gegründete Santo Domingo de la Calzada. Die in der leicht überlaufenen Altstadt ansässige Pilgerherberge erinnert mehr an ein Hotel: eine bestens ausgestattete Einbauküche, eine ausreichende Anzahl an Betten, moderne Duschen und ein riesiger Aufenthaltsraum. Das alles bekommt man allerdings nur, wenn man sich für die zweite *albergue* im Ort entscheidet. Betritt man die erste, erwartet einen eine Art Notunterkunft im Zisterzienserkloster. Nicht gerade komfortabel und definitiv nur für Menschen, die ganz bewusst solche Erfahrungen suchen. Manch einer findet es ja albern, wenn sich Wohlstandskinder in solche Unterkünfte begeben. Ich allerdings finde es absolut legitim, sich einen gewissen Grad von Bescheidenheit, der uns besonders in der wohlhabenden Bundesrepublik leicht abhanden kommt, auf die harte Tour einzuverleiben. Aber das muss jeder für sich selbst entscheiden. Ob in die eine oder in die andere Richtung, Fanatiker sind und bleiben mir zuwider. Als erste Amtshandlung in der Luxusherberge kaufe ich mir beim *hospitalero* eine Jakobsmuschelschale. Zwar habe ich auf dem Weg hierher bereits einige Souvenirshops passiert, die welche anboten, aber ich möchte sicherstellen, dass mein Geld bei denen landet, die sich für den Erhalt des Camino und für uns Pilger einsetzen.

Unsere Herberge wird von der Confradía del Santo betrieben und liegt in unmittelbarer Nähe der gotischen Catedral de Santo Domingo de la Calzada, in der die berühmten Hühner nur darauf warten, die Pilgerschar nach Santiago de Compostela zu krähen. Dass sich Hühner in der Kathedrale aufhalten, haben wir dem Hühnerwunder von Santo Domingo zu verdanken. Im vierzehnten Jahrhundert machten sich der achtzehnjährige Hugonell und seine Eltern aus Xanten auf die beschwerliche Reise nach Santiago de Compostela. In Santo Domingo de la Calzada beschlossen sie zu übernachten, und so kehrten sie in einem Wirtshaus ein. Der junge Hugo muss ein Wahnsinnskerl gewesen sein, denn die Wirtstochter, deren Optik nicht überliefert ist, verliebte sich auf der Stelle in ihn. Als er ihre Avancen jedoch aufgrund seiner frommen (so der offizielle Wortlaut) Keuschheit ausschlug, jubelte sie ihm einen Silberbecher unter und schwärzte ihn beim Gericht an. Ehe er es sich versah, fand sich Hugonell am Galgen wieder. Niedergeschlagen zogen seine Eltern weiter nach Santiago de Compostela. Auf dem Rückweg kamen sie wieder nach Santo Domingo de la Calzada und zogen am Galgen vorbei. Plötzlich erwachte der Sohn und erzählte seinen wohl ziemlich schockierten Eltern, dass er gar nicht tot sei, weil Santo Domingo ihn gehalten habe. Nach anders lautenden Überlieferungen soll es Santiago gewesen sein. Was bedeutet, dass Hugonell die ganze Zeit dort herumgebaumelt hat, ohne dass sich jemand seiner angenommen hätte, aber dies nur nebenbei. Anstatt wie jeder einigermaßen vernünftige Mensch mit dem quicklebendigen Sohn das Weite zu suchen, rannten die Eltern voller Aufregung zum Richter und berichteten ihm davon. Der Richter jedoch erwiderte lapidar: *»Vuestro hijo está tan vivo como este gallo y esta gallina que me disponía a comer antes de que me importunarais!«* »Ihr Sohn ist so lebendig wie der Hahn und die Henne, die ich verputzen wollte, bevor ich (von euch) gestört wurde!« Da sprang sein Mahl vom Teller und flatterte davon. Der Sohn wurde freigesprochen und die fiese Wirtstochter aufgehängt. Was die Sache meiner Meinung nach nicht moralisch einwandfrei zu Ende bringt, aber was soll's. Nun hocken also zur Erinnerung an das Wunder ein Hahn und eine Henne (so viel zur Keuschheit) in einem spätgotischen Käfig. Nur wenn sie beim Betreten der Kathedrale krähen, ist eine reibungslose Pilgerschaft garantiert.

Nachdem ich mich frisch geduscht habe, hänge ich mit Michelle im großflächigen Aufenthaltsraum ab. Dort sehe ich zwei bekannte Gesichter wieder: die beiden blonden Mädels, die uns gestern Abend in Nájera mit ihrem Gesang beeindruckt haben. Ich liege einfach nur da, trinke Aquarius aus dem Automaten und döse vor mich hin. Auch wenn wir heute lediglich knapp über zwanzig Kilometer gewandert sind, war die Anstrengung mindestens genauso groß wie gestern. Ich fühle mich extrem ausgelaugt, der rechte Fuß schmerzt. Für eine Sportnull wie mich grenzt es an ein Wunder, überhaupt solche Distanzen zurücklegen zu können. Ohne das regelmäßige Lauftraining vor dem Camino sähe meine physische Verfassung sicherlich ganz anders aus. In meiner Jugend war Fußball die einzige Sportart, die mich begeistern konnte, allerdings zu meiner Zeit an der Waldorfschule verboten, da man (O-Ton) »die ganze Zeit auf den Boden guckt«. Kein Witz. Auf so einen Schwachsinn muss man erst einmal kommen. Anschließend habe ich diverse Sportvereine abgeklappert, die mich aber immer weiter demotivierten. Wenn ich einen Fehler beging, und Kinder begehen nun mal Fehler, wurde ich nicht motiviert oder trainiert, sondern beschimpft und aus den Teams geworfen. Dabei fielen besonders häufig rassistische Beleidigungen, und die Trainer oder Betreuer taten meistens das, was sie am besten konnten: nichts. Wer meint, Rassismus sei hauptsächlich ein ostdeutsches Phänomen, der irrt gewaltig. Im Ruhrgebiet wird man als Japaner permanent rassistisch beleidigt; nicht nur von Deutschen, sondern ganz besonders von Türken und Libanesen. Als einer meiner Freunde drei türkische Rassisten ins Krankenhaus geprügelt hat, war es also witzigerweise ein Statement gegen Ausländerfeindlichkeit. Ich bin Pazifist, aber auch ein Verfechter dessen, sich die Sprache seines Gegenübers anzueignen. Was ich allerdings wesentlich schlimmer finde als ein paar pöbelnde Kleinasiaten, ist die deutsche Boulevardpresse, im besonderen Maße das Schmierblatt mit den vier großen Buchstaben. Immer wieder berichtet es über die deutsche Verantwortung für den Holocaust, hetzt aber zwei Seiten weiter gegen die mordenden Türken, die bombenden Araber, die klauenden Polen oder die perversen Japaner. Jeder, der dieses Drecksblatt kauft, unterstützt die schleichende Etablierung rassistischen Gedankenguts und demonstriert damit seine maßlose Dummheit.

Gerade unter uns Werbern gilt der Müll ja als genial formuliertes und ironisch zu betrachtendes Kultobjekt. So entstehen dann diese ganzen rassistischen, sexistischen und asozialen Werbekampagnen. Sowieso sind viele meiner Kollegen vollgestopft mit Klischees und von moralischen Fragen schnell überfordert. Und wenn Arbeitskollegen mich zuallererst als »Japsen« wahrnehmen und dies auch so äußern, dann sollten sie sich dringend fragen, in welches Jahrhundert sie gehören. Mein Ex-Chef benutzte während eines Meetings für einen großen japanischen Elektronikhersteller diesen Ausdruck. Auch für sonstige Ethnien hatte der Mann nicht viel übrig, wie er immer wieder durchsickern ließ. Aber wie das Leben so spielt, kündigte der Kunde anderthalb Jahre später die Zusammenarbeit mit der Agentur.

Wenn ich jetzt hier im geräumigen Aufenthaltsraum in der Herberge von Santo Domingo de la Calzada über all die Verbohrten nachdenke, kann ich nur zu einem Schluss kommen: Manche Menschen sind einfach nur zu bemitleiden. Ewig gefangen im eigenen limitierten Geiste.

Um kurz nach sechs verlassen wir zu viert die Herberge. Auf der anderen Straßenseite befindet sich ein kleiner Raum, in dem zwei Waschmaschinen und ein Trockner stehen. Diesen Luxus gönnen wir uns beziehungsweise unserer Wäsche. Anschließend trotten wir durch die belebte Altstadt. Ein unzweifelhafter Indikator für die touristische Erschlossenheit einer spanischen Ortschaft ist das Passantenaufkommen vor neunzehn Uhr. Der Spanier an sich denkt überhaupt nicht daran, nachmittags irgendwo draußen herumzulaufen. In Santo Domingo de la Calzada allerdings scheinen genügend viele Gäste unterwegs zu sein, sodass ich mir vorkomme wie in Rothenburg ob der Tauber, nur nicht mit ganz so vielen Japanern. In einem Supermarkt kaufen wir Zutaten für unser heutiges Abendessen. Michelle lässt sich von der plötzlichen Farbenpracht dazu verleiten, in jedes Regal zu greifen.

»Die Kekse könnten wir als Proviant mitnehmen. Den Joghurt

könnten wir später essen. Tee am Morgen wäre nicht schlecht. Haben wir genügend Brot dabei? Wir könnten uns morgen früh Brote schmieren.«

»*What are you doing?*«, bremse ich ihren Eifer. »Alles, was wir nicht essen, müssen wir schleppen, Michelle! Reichen dir deine dreizehn Kilo nicht?«

»Oh, du hast Recht.« Zwar bringt sie nicht alles, aber doch den Großteil zurück.

Auf dem Rückweg in die Herberge beginnt es plötzlich wie aus Kübeln zu regnen. Minutenlang stehen wir in zwei gegenüberliegenden Hauseingängen und beobachten die panisch umherrennenden Touristen. Als der Regen ein wenig nachlässt, eilen wir durch die Gassen zum Waschraum, nehmen unsere klatschnasse Wäsche aus der Maschine und laufen über die Straße in unsere Herberge.

Was nun folgt, regt mich im Nachhinein ein wenig auf. Ob es eine Sache der Erziehung oder der Gewohnheit ist, vermag ich nicht zu beurteilen. Jedenfalls sagen die Mädels einfach nie Bescheid, wenn sie irgendwo hingehen. Sie hauen einfach ab. Das mag eine gewisse Form der Selbstbestimmung sein. Wenn man allerdings darauf wartet, gemeinsam zur Kathedralenbesichtigung aufzubrechen, und beim Abendessen beiläufig erfährt, dass Avril und Melanie bereits dort gewesen sind, dann fühlt man sich schon ein wenig übergangen. Natürlich soll jeder das tun, was er möchte. Aber meine Eltern haben mir beigebracht, stets auf Freunde und Gefährten zu achten. Anders formuliert: Wenn ich vorhabe irgendwo hinzugehen, frage ich die anderen, ob jemand von ihnen mich begleiten möchte. Meiner Meinung nach ist das allein eine Frage des Respekts. Ich kann es ja schon nicht ausstehen, wenn ich mir die Schuhe binden möchte und meine Begleiter einfach weiterlaufen.

Dass ich die Öffnungszeiten des Gotteshauses verpasst habe, wurmt mich sehr. Nicht, dass ich gläubig wäre, ganz im Gegenteil. Aber die Hühner gehören zur Pilgerschaft einfach dazu. Notiz an mich: Wenn ich etwas tun möchte, sollte ich es tun. Sofort und ohne Umschweife.

Zum Abendessen hat Melanie uns einen leckeren Reistopf mit einer ordentlichen Portion Kurkuma gekocht. Ich bin begeistert und schnell besänftigt. Melanie scheint selbst überrascht zu sein, dass das Gericht so gut schmekt. Lachend teilt sie uns mit, sie habe während des Kochens allein auf die Farbe geachtet und dabei vergessen abzuschmecken.

Nach dem Essen kommt Avrils deutscher Teil zum Vorschein. Eigentlich geht es nur darum, Folgendes auszurechnen: Wir haben uns zwei Waschmaschinenladungen und das Essen geteilt, Avril und Michelle zusätzlich noch eine Trocknerladung. Avril hat dreizehn Euro beigesteuert, ich drei Euro fünfzig, Melanie zwei Euro fünfzig und Michelle sieben Euro. Ob Tagesplanung oder Essen, Ausdrucksweise oder der menschliche Umgang – Avril besteht darauf, dass alles korrekt und einwandfrei abgewickelt wird. Also lassen wir sie rechnen, und rechnen, und rechnen. Und rechnen, und rechnen, und rechnen. Und am Ende haben wir plötzlich einen Euro zu viel! Avril kann es nicht glauben, ich schmeiße mich weg vor Lachen, Michelle versucht, den einen Euro noch irgendwo unterzubringen, und Melanie geht erst einmal eine rauchen.

Heute Nachmittag haben Melanie und ich Wolfgang aus der Nähe von Köln kennen gelernt. Wolfgang trägt graumeliertes Haar, ist rank und schlank, Mitte vierzig bis Anfang fünfzig und spricht mit einem breiten kölschen Akzent. Er ist in Saint-Jean-Pied-de-Port losgelaufen und wollte innerhalb von zwei Wochen in Santiago de Compostela ankommen. Nein, er ist kein Extremwanderer. Eigentlich hatte er sich vorgenommen, einige Etappen mit dem Bus zu überbrücken. Allerdings konnte er sich dem Sog, der Faszination des Camino nicht entziehen und einfach in einen Bus steigen. Und so läuft er dieses Jahr nur bis Burgos. Den Rest will er im kommenden Jahr meistern. Auch wenn ich erst zwei Tage unterwegs bin, kann ich Wolfgangs Sinneswandel nur zu gut nachvollziehen. Könnte ich mich morgen in einen Bus setzen, meine gerade gewonnenen Pilgerfreunde zurücklassen, um in Villafranca Montes de Oca oder Burgos eine neue Reise zu beginnen? Wohl kaum. Für mich stand schon vor Reiseantritt fest: Ein fahrbarer Untersatz kommt für mich überhaupt nicht in Frage. Entweder ich laufe mit meinen eigenen zwei Beinen nach Santiago, oder ich breche komplett ab.

Etappe 2: Nájera ⇨ Santo Domingo de la Calzada (20,6 km)

Dienstag, 1. September 2009

Im Mittelalter zerbrachen sich Baumeister vor der Errichtung eines Gebäudes die Köpfe, um etwaige Fehler im Vorfeld auszuschließen. Denn Nachbesserungen konnten damals nur mit viel Aufwand vorgenommen werden. Heutzutage verlassen sich viele Architekten auf Programme, die ihnen scheinbar die meisten lästigen Arbeiten abnehmen. Dass das Denken nicht dazugehört, scheint bei dem einen oder anderen Vertreter der Zunft noch nicht angekommen zu sein. Schon entstehen reihenweise undurchdachte Gebäude, die den ursprünglich erwünschten Anforderungen überhaupt nicht gerecht werden. Wie kommt man bitteschön auf die glorreiche Idee, ein riesiges Glasbausteinfenster zwischen Schlafraum und Flur einzubauen? Zu allem Überfluss arbeitet die Flurbeleuchtung mit Bewegungssensoren, sodass es mir, dessen Bett direkt neben dem Fenster steht, bei jeder kleinsten Regung auf dem Flur mitten ins Gesicht leuchtet. Leider regt sich dort in dieser Nacht einiges. Gestern Abend haben wieder einmal einige Mitpilger schwer über den Durst getrunken; jede halbe Stunde schleicht irgendjemand aufs Örtchen.

Ziemlich gerädert packe ich heute Morgen meine Sachen zusammen. Während die anderen Pilger ihre Habseligkeiten in hundert verschiedene Fächer sortieren, stopfe ich alles in festgelegter Reihenfolge in meinen profanen Rucksack. Zunächst einmal füllt der fünfhundert Gramm leichte Schlafsack den Boden aus. Anschließend folgen Wäsche, Kulturbeutel und Proviant. Ich trage weder einen Erste-Hilfe-Koffer noch eine Isomatte mit mir herum. Erstens könnte jeder Pilger hier in diesem Raum sofort aus dem Stand eine Krankenstation bestücken, und zweitens gehe ich davon aus, immer irgendwo einen Schlafplatz zu bekommen. Vor Reiseantritt habe ich mich durch diverse Internetforen gelesen, mich mit Sebastian beraten und zu guter Letzt auch noch mein eigenes Hirn angeworfen. Relativ schnell wurde mir klar, dass ich auf dem Camino Verzicht üben möchte. Alles, was ich nicht unbedingt benötige, habe ich in meiner Einzimmerwohnung in Hamburg gelassen. So wiegt mein Rucksack ohne Proviant keine dreieinhalb Kilogramm. Klar kann ich mich nach der Wanderung nicht in ein schickes Cityoutfit werfen, aber so etwas brauche ich einfach nicht, meinetwegen kann ich aussehen wie Scheiße. Bisher haben mich meine Mädels nach anderen Maßstäben beurteilt.

Um halb acht verlassen Avril, Melanie, Michelle und ich Santo Domingo de la Calzada. Dass ich nicht in der Kathedrale war, ärgert mich immer noch. Aber ich vertraue dem Weg. Wenn er blöd werden sollte, dann ganz sicher nicht wegen der Hühner. Heute Morgen lasse ich mich ein wenig treiben und einige Meter zurückfallen. Ich bin sowieso kein Morgenmensch, außerdem braucht jeder mal seine Ruhe. Während ich so vor mich hin wandere, versuche ich die Landschaft aufzusaugen, die Atmosphäre in mir aufzunehmen. Aber es will mir einfach nicht gelingen. Noch sind keine Wunder geschehen, der Himmel ist grau, mein Camino noch blutjung. Vermutlich muss ich mir etwas Zeit geben. Leider gehörte Geduld noch nie zu meinen stärksten Tugenden. Von den ausgedörrten und abgeernteten Feldern habe ich bereits jetzt die Nase gestrichen voll. Wenigstens sind einige Höhlen in die Weinberge geschlagen, dass man sich fragen kann, welchem Zweck sie dienen. Mit solchen und ähnlichen, eher trivialen Gedanken nähere ich mich der ersten Ortschaft des heutigen Tages, dem gut sieben Kilometer hinter Santo Domingo de la Calzada gelegenen Dörfchen Grañon.

Dort kehren wir zwecks Frühstücksrast in einer Bar ein. Hier sei erwähnt, dass man in Spanien unter »Bar« weder ein Striplokal noch eine Hafenspelunke versteht. Nein, eine Bar ist lediglich tagsüber so etwas wie ein Café, abends eine Kneipe. Meistens werden einfache Gerichte angeboten, zumindest belegte Brote bekommt man in jedem Fall. Trotz des flauen Wetters sind wir vom Wandern soweit aufgewärmt, dass wir uns draußen vor die Bar setzen. Wir genehmigen uns den morgendlichen Kaffee, ich verputze das obligatorische *bocadillo*. Mit uns sitzt Loraine aus Louisiana am

Tisch, eine feurig rothaarige Mittfünfzigerin mit ausgeprägtem Mitteilungsdrang. Lory, so möchte sie von uns gerufen werden, ist unterwegs auf Gottes Pfaden. Sie lässt sich von der »Spiritualität des Weges leiten« und glaubt an dessen übernatürliche, göttliche Kraft. Bei jeder Anekdote driftet sie schnell in sehr nachdenkliche Töne ab. Ich muss zugeben, ich habe Mühe, sie ernst zu nehmen; und ausnahmsweise passt das Wort »zugeben«, denn sie ist mir alles andere als unsympathisch. Aber für fundamentalistische, religiöse Ansichten bin ich einfach nicht zu begeistern, und Lory scheint mir mit ihrem argumentfaulen Gottgeseier jedes amerikanische Klischee zu bestätigen. Was mir allerdings gefällt, ist ihr *camino sketch book*, eine Art gemaltes Tagebuch. Mit einem ganz eigenen, faszinierenden Stil zwischen perspektivfremder Naivität und farbenprächtiger Detailverliebtheit hält sie die intensivsten Momente ihres Camino fest. Dann plötzlich legt sie die etwas ermüdende Spiritualität ab und fragt in die Runde: »Habt ihr gewusst, dass Johnny Depp auf dem Camino unterwegs ist?«

Das wirkt, denn die Mädels sind schlagartig ganz Ohr. Ich kenne übrigens keine einzige Frau, die Johnny Depp nicht toll findet. Sogleich fragt Michelle ungläubig nach: »Was? Wann? Jetzt?«

»Ja!«, quiekt Lory entzückt, als würde zumindest Johnny sie vom Pfad der Tugend abbringen können. »Er ist auf einem Pferd an mir vorbeigeritten! Hach, toll sah er aus, der Johnny.«

»Komm schon«, interveniert Avril, »das war nicht Johnny.«

Lory lacht und klatscht sich in die Hände. »Natürlich nicht, aber er sah aus wie Johnny.«

Michelle träumt sich gerade zu Johnny aufs Pferd.

Ich denke mir, man sollte Johnny tatsächlich auf ein Pferd setzen und mit versteckter Kamera die Reaktionen gläubiger, erzkatholischer Pilgerinnen einfangen. Der Katholikengott mag mächtig sein. Johnny ist mächtiger.

Ab Villamayor del Río, rund viereinhalb Kilometer vor dem heutigen Etappenziel Belorado, drückt mein rechtes Knie. Aber was soll's, viel wichtiger für mich ist die erstmalige etwas tiefer gehende Unterhaltung mit Melanie, der siebenundzwanzigjährigen Deutschen. Einerseits reden wir ziemlich viel Blödsinn und lachen uns schlapp, andererseits tauschen wir uns auch über diverse persönliche Dinge aus. Sie studiert Englisch und Spanisch und wird nach dem Camino ein Auslandssemester in Madrid absolvieren. Mit siebenundzwanzig hat sie immer noch keinen greifbaren Plan, was sie mit ihrem Leben anfangen möchte. Ihre zwei Jahre jüngere Schwester dagegen ist bereits verheiratet, Mutter, selbstständig, gewissermaßen angekommen, hat ihr Leben komplett im Griff. Was wohl besser ist? Ich denke, beides hat seine Vorteile. Zwar bin ich der Meinung, dass man ab einem gewissen Alter seinen Lebensunterhalt selbst verdienen sollte. Allerdings sieht Melanie wesentlich mehr von der Welt als ihre Schwester, die als Tankstellenpächterin und Mutter ganz anders an ihren Heimatort gebunden ist. Und das mit gerade einmal fünfundzwanzig. Unbekümmertheit birgt Licht und Schatten, aber gerade, da sie sich wieder einmal vor Lachen den Bauch hält, sehe und höre ich eher die Vorteile.

Die Zeit vergeht wie nichts, und schon erreichen wir unser Etappenziel, den Zweitausend-Seelen-Ort Belorado. In meinem Wanderführer wird die letzte *albergue* des Dorfs »Cuatro Cantones« empfohlen. Melanie und ich sind uns einig, dass wir der Empfehlung folgen sollten. Wir hinterlassen Avril, Michelle und Lory eine Nachricht am Wegesrand, da sie weit hinter uns zurückgefallen sind. Schließlich durchqueren wir Belorado, leisten uns noch einen kleinen Abstecher in die Kirche und kehren im »Cuatro Cantones« ein. Ich wiederhole den Namen der Herberge so gerne, weil Avril ihn gestern bei Durchsicht meines Wanderführers etwa sechsmal ausgesprochen hat. Mit ihrem britischen Akzent hat sie einen echten Ohrwurm kreiert. Das Wort »Ohrwurm« übrigens liebt Avril seit ihrem zweimonatigen Aufenthalt in Deutschland heiß und innig. Sie pflegt es eins zu eins übersetzt als *»earworm«* zu benutzen und erntet damit bei ihren Landsleuten reihenweise fragende Gesichter.

Nachdem Melanie in einem deutsch klingenden Spanisch dem *hospitalero* die Ankunft von Avril und Michelle angekündigt hat, erhalten wir unsere Stempel und dürfen uns im dritten Stock breitmachen. Die Einrichtung der Herberge ist rustikal, die sanitären Anlagen sind in einem akzeptablen Zustand, und im Garten lädt ein Pool zum Plantschen ein. Allerdings nicht heute, denn der Himmel ist bewölkt, die Luft erstaunlich frisch. Melanie und ich beschließen, die »Innenstadt« von Belorado zu erkunden. Auf dem großzügig gestalteten Hauptplatz entdecken wir einen Stand mit bunten Hüpfbällen aus Gummi. Wir sinnieren darüber, wie unglaublich bescheuert es doch wäre, damit nach Santiago zu hüpfen. Was soll man dann im *credencial* ankreuzen? *»A pie«* (deutsch: zu Fuß) oder doch *»a caballo«* (zu Pferde)?

Nach unserem ausgiebigen Rundgang kehren wir in die Herberge zurück. Da Melanie mir heute Nachmittag erzählte, dass sie ein Backgammonbrett (!) mit sich herumschleppt (und ich mich wirklich minutenlang köstlich darüber amüsiert habe), fordere ich sie zum Duell heraus. Die Wahrheit ist: Ich kenne nicht einmal die Regeln. Aber ich möchte einfach nicht, dass sie es völlig umsonst siebenhundert Kilometer durch Nordspanien trägt. In kürzester Zeit entwickeln sich epische Schlachten, und dank ihrer großzügigen Hilfe gewinne ich sogar einige Partien. Wie man nur auf die bloße Idee kommen kann, ein Backgammonbrett auf den Camino mitzunehmen, will sich mir immer noch nicht erschließen. Aber nun gut, wir haben viel gelacht, ganz umsonst war die Schlepperei also nicht.

Auch Wolfgang hat sich in unserer Herberge »Cuatro Cantones« eingefunden, ebenso wie Marie, die fröhliche Französin. Ansonsten sehen wir lauter unbekannte Gesichter. Wo die alle plötzlich herkommen? Keine Ahnung.

In einem umzäunten Bereich neben dem Garten laufen einige Hühner herum. Wahrscheinlich dienen sie ausschließlich dazu, alle Pilger zu motivieren, die es aus unerfindlichen Gründen nicht in die Kathedrale von Santo Domingo de la Calzada geschafft haben. Ich jedenfalls betrachte sie als heilige Ersatzhühner, auch wenn sie sich möglicherweise der hohen Erwartungshaltung, die ihnen in diesem Moment entgegengebracht wird, nicht wirklich bewusst sind.

Zum Abendessen werden wir in einen L-förmigen Raum voller gedeckter Tische gebeten. Die Plätze werden uns einfach zugeteilt, sodass Melanie und ich die nächsten Stunden mit zwei Jungs aus der Nähe von Düsseldorf verbringen: Tommy und Philipp. Es folgt ein *menú del peregrino*, das mir wohl länger im Gedächtnis bleiben wird. Der kulinarische Reigen beginnt harmlos mit einem Teller Pasta. Richtig gelesen: Auf dem Camino bildet ein ganzer Teller Pasta mit Tomatensoße lediglich die Vorspeise. Zwar ist die Portion nicht so übertrieben wie in Italien, wo sie einem gleich den halben Schnellkochtopf über den Esstisch kippen, allerdings durchaus stattlich. Kaum ist der Teller geleert, wird uns als Hauptgang eine knusprige Hähnchenkeule mit Kartoffelscheiben und einem frischen Beilagensalat serviert. Mit einer herzerwärmenden Routine flitzen die Helfer der Herberge zwischen den Tischen hin und her und verteilen das Essen. Es schmeckt grandios. Dabei hatte ich schon Alpträume ob der grausigen Erzählungen, die mich im fernen Deutschland vom Camino erreichten. Von trockenem Fleisch war die Rede, von kalten, fettigen Pommes und matschigen Nudeln. Wenn ich die bisherigen Gänge als Maßstab nehme, kann ich das so nicht stehen lassen. Ich kann mich nicht daran erinnern, wann ich das letzte Mal so gut gegessen habe. Als Nachtisch gibt es Flan, anschließend noch einen milden Verdauungsschnaps. Zum *menú* genießen wir einen exzellenten Rioja-Wein, natürlich *all you can drink*. Nachdem der letzte Teller abgeräumt ist und der Korb für die Spende in unserer Mitte steht, erzähle ich meinem Vierertisch, dass es mein erstes Pilgermenü gewesen sei. Prompt werde ich auf die Ausnahmestellung des heutigen Abends hingewiesen. Tommy erzählt, dass er hier und da schon ganz schlimme Erfahrungen gemacht habe: trockenes Fleisch, kalte, fettige Pommes und matschige Nudeln. Aha. Am besten, ich gewöhne mich erst gar nicht ans Sterneniveau.

Später sitze ich im Erdgeschoss inmitten italienischer und spanischer Pilger, um meine Notizen zu ergänzen. Ich kann mich kaum aufs Schreiben konzentrieren, denn die zwei Pilgergruppen sind in eine lautstarke Diskussion verwickelt. Dabei bleiben sowohl die Spanier als auch die Italiener in ihrer jeweiligen Muttersprache. Meine geringen Spanischkenntnisse reichen aus, um zu verstehen, dass sie übers Gepäck reden. Mir erschließt sich der Sinn dieser Debatte nicht, da sie gerade das Gepäckgewicht von Fahrrad- und Fußpilgern vergleichen, aber nun gut. Die Fahrradpilger werfen locker elf, zwölf oder dreizehn Kilogramm in den Raum. Der schlaksige Italiener neben mir kann über solche Zahlen nur müde lächeln. Er reist mit lediglich vier Kilogramm Rückenlast gen Santiago, wie er mit stolz geschwellter Brust verkündet. Die anderen staunen nicht schlecht und löchern ihn mit Fragen.

Irgendwo im Netz habe ich den Satz gelesen: »Jedes überflüssige Gramm, das du auf dem Rücken trägst, wirst du auch spüren.« Wenn ich vor dem Camino etwas beherzigt habe, dann diesen unschätzbar wertvollen, weil so einfachen Hinweis. Mein Rucksack, der GoLite Jam[2], wiegt ohne Inhalt gerade einmal siebenhundert Gramm. Dabei wurde mir von einem Globetrotter-Mitarbeiter zunächst ein anderthalb Kilogramm schwerer Trekkingrucksack mit Gestell und allen Schikanen angeboten. Durch Zufall las ich dann irgendwo, dass so etwas erst ab einem Gesamtgewicht von acht Kilogramm benötigt wird. Zum Glück. Acht Kilogramm, der magische Wert. Viele Pilger sind mit ziemlich genau acht Kilogramm unterwegs. Zwei Kilogramm entfallen auf den Rucksack, viereinhalb auf das eigentliche Gepäck und anderthalb auf den Proviant. Die schleppen tatsächlich mehr Rucksack als Proviant durch die Gegend. Absurd, wie ich finde.

Dabei ist es gar nicht so schwierig, Gewicht zu sparen. Man muss nur konsequent packen, jedes Gepäckstück auf die Küchenwaage legen und ein bisschen mitdenken, Stichwort Backgammonbrett. Beispielsweise habe ich zwei identische Zip-Hosen gekauft, aber nur ein Paar Beinteile mitgenommen, da ich eh die meiste Zeit mit kurzen Hosen laufe. Mein Fleecepulli wiegt zweihundert Gramm, mein Handtuch achtzig, meine Regenjacke keine hundertsechzig. Ich habe weder Bücher noch überflüssige Schlüssel dabei, statt einer schweren Taschenlampe eine leichte LED-Stirnlampe, statt einer schweren Tupperdose eine leichte Ziploc-Tüte. Statt das Geld in einer Geldbörse zu transportieren, stopfe ich es direkt in die Hosen- oder Hüfttasche. Und wenn mir jemand damit kommt, ein Pilger müsse leiden, dem zeige ich direkt mal 'nen Vogel. Schwere Rucksäcke beweisen nichts außer der mangelnden Bereitschaft, auf Überflüssiges zu verzichten oder gewisse Vorhaben vernünftig vorzubereiten. Wer einen vollgestopften Armeerucksack über den Camino schleppen möchte, darf das meinetwegen gern tun. Aber ich lasse mir ganz sicher nicht einreden, weniger zu leisten. Ich habe in meiner Vorbereitung mehr getan, also muss ich jetzt weniger schleppen. Mister Armeerucksack hat in seiner Vorbereitung weniger getan, also muss er eben mehr schleppen. So ist das Leben.

Ich beschließe, mich an der laufenden Diskussion nicht zu beteiligen und mich weiter meinen Notizen zu widmen. Wie sollte ich auch sechs Spaniern, die ausschließlich Spanisch sprechen, und vier Italienern, die ausschließlich Italienisch sprechen, in gebrochenem Spanisch mit einem Schuss Englisch meine Packliste erklären? Abgesehen davon sind auf dem Camino echte Granaten unterwegs. So absurd es klingen mag: Es gibt Leute, die einen Wasserentkalker dabei haben. Laufen sich die Seele aus dem Leib, lassen sich von Bettwanzen anknabbern und fressen fetttriefende Pilgermenüs, aber Hauptsache, das Wasser ist entkalkt. Das Leben liefert nach wie vor die besten Anekdoten.

Bei dem hemmungslosen Gebrüll, das gerade um mich herum tobt, kommt mir ein anderes Thema in den Sinn. Zunächst einmal stelle ich die Behauptung auf, dass die meisten Pilger in Ordnung sind. Sie werden von einem bestimmten Motiv angetrieben, verhalten sich freundlich und rücksichtsvoll und sprechen wenigstens ein paar Brocken Spanisch. Allerdings gibt es wie überall unrühmliche

Ausnahmen, die jegliche Rücksichtnahme vermissen lassen, besonders in Bezug auf ältere oder gläubige Pilger. Ich glaube weder an Gott noch an Jesus Christus, aber ich respektiere jeden Menschen, der mir seinerseits Respekt entgegenbringt. Wer den Camino de Santiago geht, sollte sich der Historie bewusst sein: Es handelt sich um einen christlichen Weg. Christen haben ihn ausgebaut. Christen haben die Infrastruktur geschaffen, die wir nutzen. Christen betreiben die meisten Pilgerherbergen am Camino. Deshalb hat auch niemand das Recht, ihnen die Pilgerschaft zu versauen. Seien es die bereits beginnenden Bettenwettrennen, seien es extreme Frühaufsteher, die um halb sechs mit mächtig Radau ihre acht Kilo schweren Rucksäcke vollstopfen, seien es die Hardcore-Säufer, die man bis spät in die Nacht grölen, anschließend sogar durch die Ohrstöpsel schnarchen hört. Ich jedenfalls habe mich längst von der Vorstellung verabschiedet, Pilger seien ausnahmslos zugängliche, offenherzige Menschen. Viele von ihnen sind anpassungsunwillige Idioten aus der Post-Hippie-Ära, die denken, sie könnten sich hier auf dem Camino aufführen wie bei einem beschissenen Kifferfestival. Arschloch bleibt Arschloch, mit oder ohne Jakobsmuschel am Rucksack.

Etappe 3: Santo Domingo de la Calzada ⇨ Belorado (23,5 km)

Mittwoch, 2. September 2009

Ich leide unter Senkfüßen, weshalb ich normalerweise nach etwa fünf Kilometern starke Schmerzen im Mittelfuß verspüre. Da ich für meinen Camino kein halbes Jahr unterwegs sein wollte, wandte ich mich mit hohen Erwartungen an einen Spezialisten. Leider vergebens. Über mehrere Monate schaffte es der orthopädische Techniker in Hamburg nicht, mir passende Schuheinlagen anzufertigen. Irgendwann hatte ich die Schnauze gestrichen voll von diesem unfähigen Fachidioten und bastelte mir simple Zwischeneinlagen aus Moosgummi. Endlich waren meine Füße in der Lage, längere Distanzen auszuhalten. Allerdings drücken die Einlagen ein wenig an den Fersen, weshalb ich spontan mit meinem Taschenmesser nachbessere.

Ohne Frühstück laufen wir, das übliche Quartett plus Lory, von Belorado aus über staubige Feldwege ins sechseinhalb Kilometer entfernte Villambistia. Hätte ich das vor einem halben Jahr gemacht, ich wäre einfach zusammengesackt. Der morgendliche Spaziergang gestaltet sich bei Temperaturen um zwölf Grad Celsius, kühlen Nebelschwaden und wolkenverhangenem Himmel angenehm und mühelos. Wieder sind wir überwiegend zwischen abgeernteten Feldern unterwegs. Die Kornkammer Spaniens macht ihrem Namen alle Ehre.

Ich bin ein bekennender Morgenmuffel. Vor zwölf Uhr mittags hege ich meine schlechte Laune wie ein liebgewonnenes Haustier. Um den anderen mit meinem lustlosen Gesichtsausdruck nicht die Motivation zu nehmen, lasse ich mich ein wenig zurückfallen. Dabei merke ich allmählich, dass mir das Alleinlaufen besser liegt. Natürlich weiß ich eine gute Unterhaltung mit einer meiner Gefährtinnen zu schätzen, keine Frage. Aber um sich gewisse Gedanken gestatten zu können, braucht man einfach seine Ruhe. Noch allerdings wollen sich bei mir keine weltbewegenden Gedanken einnisten, zu viele Eindrücke müssen verarbeitet werden. Immer wieder ertappe ich mich dabei, wie ich mir bewusst zu machen versuche: Ich laufe den Jakobsweg. Echt jetzt. Ich! Unfassbar. Also zücke ich immer wieder meine Kamera, um das alles hier später mit einem gewissen Abstand betrachten zu können. Wenn ich nämlich jetzt so auf diese Landschaft blicke, kommt bei mir in meinem Innern nichts an. Ich sehe diese Hügel dort mit den Höhlen, ebenso sehe ich klar und deutlich die nicht enden wollenden Felder um mich herum. Aber ich werde mir einfach nicht richtig bewusst, dass ich hier bin und dass das, was ich sehe, meine momentane Realität bedeutet. Mit den Mädels an meiner Seite fühle ich mich bestens aufgehoben, ich sehe mich keineswegs als einen Fremden, der gerade zur falschen Zeit am falschen Ort unterwegs ist. Nur verspüre ich beim Anblick der Landschaft kaum mehr Seele als bei der Begehung einer Filmkulisse. Ich hoffe, dass sich das bald ändert.

Nach etwas über einer Stunde bekomme ich in Villambistia mein wohlverdientes, obligatorisches Frühstück: *café con leche* und *bocadillo*, Standard. Wir hocken uns vor die Bar gegenüber einem verfallenen Haus, strecken die Beine aus und entspannen uns ein wenig. Die Tische und Stühle dieser Bar sind grün und tragen das Logo der Biermarke San Miguel. In der Bar in Grañon waren die Tische und Stühle rot und warben für Coke. Aus Marketingsicht kann sich das für die Firmen nur lohnen. Erstens hält man auf diese Weise den Pilgern permanent vor ihre Pilgerstäbe, was sie trinken sollen. Zweitens werden die Marken mit einem positiven Erlebnis verknüpft. Dadurch werden viele der Jakobspilger auch nach ihrer Rückkehr auf die beworbenen Getränke zurückgreifen, einfach der Erinnerung wegen. Einen ähnlichen Effekt kann man auch bei anderen Rückkehrern beobachten. Man denke an all die Austauschschüler Ende der Neunziger, die nach ihrer Rückkehr permanent zu Starbucks rannten.

Trotz des mäßigen Wetters ist Michelle extrem gut gelaunt, und das hat einen triftigen Grund: Für zwei Etappen lässt sie sich ihren viel zu schweren Rucksack von einem Gepäcktransportservice fahren. Ja, es gibt tatsächlich einen Gepäcktransportservice, so wie zahlreiche weitere Dienstleistungsangebote für den zahlungswilligen Pilger von heute. Angepriesen werden sie auf unzähligen, mies gestalteten Aushängen in den Herbergen. Der Gepäcktransportservice funktioniert folgendermaßen: beim *hospitalero* nachfragen, Zielherberge angeben und möglichst noch am selben Tag dort hinlaufen. Im nächsten größeren Ort, wahrscheinlich Burgos, möchte Michelle einige Ausrüstungsgegenstände aussortieren und nach Hause schicken; so wie unzählige Pilger vor und nach ihr. Nun trägt sie lediglich eine knallgrüne Leinentasche mit einigen Wäschestücken und Proviant bei sich.

Auf dem Weg Richtung Villafranca Montes de Oca am Fuße der Oca-Berge beginnt der tiefgraue Himmel kaum merklich aufzuklaren. Zur Steigerung der allgemeinen Laune tragen auch noch ein paar bekannte Gesichter bei. Die blonden Mädels, die uns bereits in Nájera und Santo Domingo de la Calzada begegnet sind, sowie deren männliche Begleitung schließen sich uns an. Ewa und Paulina wirken wie Zwillinge, sind aber weder verwandt noch verschwägert, sondern beste Freundinnen. Und Michał ist Ewas älterer Bruder, selbstverständlich ebenfalls blond. Das junge Trio aus Polen startete in Saint-Jean-Pied-de-Port. Natürlich erinnert sich Avril an den betörenden Gesang der beiden Mädels und bringt ihnen ein mehrstimmiges englisches Kinderlied bei. Die beiden lernen schnell, und so singen sie zu dritt zum Rhythmus unserer Schritte – ratsch, ratsch, ratsch – verschiedene englische und polnische Lieder. Ich meine auch noch lateinische Choräle herauszuhören, aber vielleicht bilde ich sie mir nur ein. Jedenfalls erinnert mich das alles an eine fröhliche Klassenfahrt. Die Unbekümmertheit sorgt dafür, dass wir recht zügig vorankommen. Auf einem Leitpfosten an einer Landstraße steht: »DENNIS PETERS DEIN TAGEBUCH LIEGT IN DER CASA PADERBORN BITTE MELDE DICH DORT! Amie & Anna '09«. Kleine Anmerkung dazu: Bei der »Casa Paderborn« handelt es sich um eine Herberge in Pamplona, betrieben vom Freundeskreis der Jakobspilger Paderborn. Und Pamplona liegt bereits hundertachtzig Kilometer hinter uns. Ich kann Dennis Peters' Gesicht, als er hier an dieser Stelle stand, an der ich jetzt stehe, und auf diesen Pfosten starrte, auf den ich jetzt starre, regelrecht vor mir sehen.

Bald müssen wir auf dem Seitenstreifen der Nationalstraße N-120 entlanglaufen. Knapp anderthalb Meter neben uns donnern die giftspuckenden Laster vorbei. Wüsste zu gern, wie viele Pilger hier auf der Strecke bleiben, einfach so wegradiert von einem unachtsamen Lkw-Fahrer. Um kurz vor halb zwölf laufen wir in Villafranca Montes de Oca ein, einem Straßendorf am Fuße der Oca-Berge. Mein Wanderführer weiß zu berichten, dass es im Mittelalter als ziemlich leichtsinnig galt, allein in die Berge zu stapfen. Dort lauerte nicht nur die Gefahr sich gnadenlos zu verirren, sondern auch der eine oder andere bis an die Zähne bewaffnete Räuber, der nur darauf wartete, einem ahnungslosen Pilger die Kehle aufzuschlitzen. Nun ja, so weit geht mein Wanderführer nicht, aber ein bisschen die Fantasie spielen lassen wird man ja wohl noch dürfen. Zumindest warteten die Pilger so lange in Villafranca, bis sich eine größere Gruppe ansammelte, um sich schließlich gemeinsam nach San Juan de Ortega durchzuschlagen. Bezeichnenderweise besagt ein kastilisches Sprichwort: *Si quieres robar, vete a Montes de Oca.* Wenn Sie rauben wollen, gehen Sie in die Oca-Berge. Ein zeitloser Protestsatz gegen Halsabschneider. Ganz so schlimm ist es heutzutage nicht mehr, allerdings gilt die Überquerung der Montes de Oca als recht beschwerlich. Trotzdem wollen wir heute noch bis nach Agés, was für uns eine Reststrecke von gut sechzehn Kilometern bedeutet.

Vor der knapp zweihundert Jahre jungen Iglesia de Santiago Apóstol (deutsch: Apostel-Jakobus-Kirche) legen wir erneut eine kurze Rast ein. An dieser Stelle stand einmal eine Kathedrale, damals, als dieses hässliche, unscheinbare Kaff noch Bischofssitz war. Aber das ist bereits gut tausend Jahre her. Ungefähr so alt muss die Klotür in dem kleinen Gemischtwarenladen an der Hauptstraße sein, denn die lässt sich nicht richtig abschließen. Außerdem fehlt von der Klorolle jede Spur. Dem Pilger von heute empfehle ich wärmstens, immer ein bisschen Klopapier mit sich zu führen; einen Nachteil dieser Vorsichtsmaßnahme habe ich bis jetzt nicht entdecken können. Im etwas schummrig wirkenden Laden decken wir uns mit Proviant ein. Ich greife mir zwei eingeschweißte Schokoteilchen mit höchstwahrscheinlich tausend Tonnen Zucker. Aus mir unbekannten Gründen neigen die Spanier dazu, in sämtliche Lebensmittel übermäßig viel Kristallzucker zu schütten. Das ist genauso schlimm wie die Japaner mit ihrer Soja. Mittlerweile hat sich das etwas gebessert, aber noch vor neun Jahren, als ich direkt nach meinem Abitur mit meiner Familie Japan bereiste, stand ich wegen einer Sojaüberdosis kurz vorm Ableben. Den Teriyaki Mac bei McDonald's fand ich ja noch akzeptabel. Aber schon der Hamburger schmeckte leicht nach Chop Suey. Was mich allerdings in meiner Überzeugung bestärkte, niemals in Japan leben zu wollen, ereignete sich im Haus von Onkel und Tante in Ōsaka. Wir hatten zu Abend gegessen, es gab Teigtaschen (mit Sojasoße, logisch), Reis, Tempura, Misosuppe, den ganzen Kram eben, wenn man in Japan zu Gast ist. Leider empfand ich nach dem Gelage immer noch ein leichtes Hungergefühl, also schob ich erwartungsvoll eine Tiefkühlpizza in den Backofen. Nach einer Viertelstunde machte es »Bing!«, ich zog das Teil auf einen Teller und setzte mich ins Wohn- und Esszimmer, um ein gutes Stück westlicher Fastfood-Kultur in mich reinzupfeifen. Von wegen westlich. Das Ding schmeckte wie eine verdammte Frühlingsrolle! Zurück in Deutschland habe ich mich wochenlang nur noch von Schnitzel, Currywurst und Pommes ernährt.

Aus Zeitgründen werden Ewa, Paulina und Michał dieses Jahr nur bis Burgos pilgern. Da sie bereits weit über ihrem Plan sind, möchten sie ein wenig bummeln und heute hier in Villafranca übernachten. Avril – resolut, wie eine deutsch-britische Mischung nur sein kann – überredet sie aber dazu, mit uns weiterzugehen. Schließlich benötigt Avril für ihre Gesangseinlagen unbedingt Zweit- und Drittstimmen, die mit ihr mithalten können. In diesem Punkt taugen Melanie, Michelle und ich einfach nichts. Recht schnell erweisen sich Avrils Überredungskünste als Glücksfall, denn Paulina bringt mir meine Mütze wieder, die ich vor der Kirche verloren habe. Sie rennt damit sogar den Berg hoch, um sie mir zu geben. Ein bezaubernder Anblick, diese Dame.

Damit uns der steile Aufstieg in die Oca-Berge bloß nicht allzu leicht fällt, durchbricht die Sonne die Wolkendecke. Schon nach wenigen Minuten kommt die versammelte Mannschaft – Avril, Melanie, Michelle, Lory, Ewa, Paulina, Michał und ich – gehörig ins Schwitzen. Als Entschädigung lockt eine fantastische Aussicht: So weit das Auge reicht, erstrecken sich abgeerntete Felder bis zum Horizont. Zumindest aus dieser Perspektive haben wir sie noch nicht ganz so häufig gesehen. Nach und nach verdichtet sich die Vegetation, und bald stehen wir praktisch mitten in einem saftig grünen, angenehm schattigen Wald. Der Haken an der Sache: Dieser wird von dem überaus breiten, unangenehm schattenlosen Forstweg zerteilt, auf dem wir gerade unterwegs sind. Inzwischen knallt die Sonne unbarmherzig vom Himmel herab, und da wir uns immerhin in einem Gebirge befinden, geht es auf und ab und auf und ab. Auch wenn Avril den Aufstieg dank Ewa, Paulina und Gesang recht zügig meistert, dieses permanente Auf und Ab setzt ihren Kniegelenken ganz schön zu.

Schon während des Aufstiegs haben sich Michelle und Lory vom Rest der Gruppe abgesetzt. Vermutlich sind wir der erzkatholischen Loraine etwas zu weltlich. Zwar ist auch Avril sehr gläubig und verpasst kaum eine Pilgermesse, allerdings überwiegt bei ihr die Fröhlichkeit, der Spaß an der ganzen Sache. Wahrscheinlich deshalb verbringt sie ihre Zeit lieber mit uns. Wenn wir uns schon die Füße wund- und die Gelenke kaputtlaufen, dann wenigstens gut gelaunt. Und das sind wir zweifellos: Jeder zweite Satz wird mit einem wahnsinnig flachen Witz, einem schön stumpfen Spruch oder einem harten Kalauer garniert.

Eine ganze Weile laufen wir über die bemerkenswert breite Forststraße. Die offensichtlich gewaltigen Lastwagen, die hier beizeiten entlangdonnern, haben tiefe Spuren und damit hindernisreiche Mulden in die Piste graviert, was das gleichmäßige Laufen merklich erschwert.

Nach einer Weile merke ich, dass ich eigentlich wesentlich schneller laufen möchte als die Gruppe. Nichts gegen die Menschen an sich, die sind nach wie vor fabelhaft. Aber sie trödeln mir ein wenig zu sehr und erwecken bei mir den Eindruck, als wollten sie mich zurückhalten. Bald kann ich an nichts anderes mehr denken, wobei ich zugeben muss, dass sich meine Gedanken bisher auch sonst keinem weltbewegenden Thema gewidmet haben. Ich muss mich auf mich allein konzentrieren, deshalb bin ich ja hier. So wie ich vor drei Tagen entschieden habe, die drei Damen anzusprechen, mit denen ich nun unterwegs bin, entscheide ich, ab sofort in meinem Tempo zu laufen. Das teile ich meinen Gefährten schließlich mit und setze mich ab.

Nach wenigen Minuten liegt bereits eine beträchtliche Distanz zwischen der Gruppe und mir, und schon bald bin ich außer Sichtweite. Als ich so allein voranschreite, winkt mir in der Ferne links des Weges eine kleine Frau zu. Da sie im Schatten sitzt, erkenne ich sie nicht sofort. Andererseits kann ich mir schon denken, wer dort mitten in der Pampa auf mich wartet. Marie natürlich. Wie immer strahlt sie mich an, als kehre ihr eigener Sohn vom Nordpol zurück. Wir umarmen uns und begrüßen uns mit Küsschen links, Küsschen rechts, Küsschen links. Dass wir uns trotz vorhandener Sprachbarrieren verstehen, habe ich ja bereits erwähnt. Und so erfahre ich über Umwege, dass sie heute wieder unter freiem Himmel schlafen möchte. Die vergangene Nacht haben wir in derselben Herberge verbracht.

Erst gestern unterhielt ich mich mit Melanie über Marie. Während ich es mir durchaus vorstellen kann, unter bestimmten Umständen im Freien zu übernachten, erzählte mir Melanie, dass sie zu viel Angst hätte. Sicherlich spielt es eine Rolle, dass sie als junge Frau diverse andere Risiken zu berücksichtigen hätte als ich. Abgesehen davon allerdings lassen sich die meisten Menschen durch Sorgen unnötig ausbremsen. Umzingelt von Ängsten verurteilen wir uns selbst zur Bewegungslosigkeit. Wir denken nur noch an das, was wir verlieren könnten: Arbeit, Geld, Prestige. Wir klammern uns an unsere Jugend, an Rituale, an den Trott. Ist ja auch schön gemütlich, nicht nachdenken zu müssen, vollstes Verständnis. Man könnte sich ja die Hand verbrennen, die Augen, das Herz. Wir verzichten auf Glück, Hauptsache wir gehen beim Leben nicht drauf. Einerseits stellt sich die Frage, wie man eigentlich diese Angst überwinden könnte. Andererseits aber auch, ob man sie überhaupt überwinden sollte. Oder wann, und wann nicht. Wenn ich mich davor fürchte, nach Südamerika auszuwandern, könnte ich diese Angst durch irgendein Mittel ausschalten? Oder ist sie sogar notwendig, weil sie mich vor einem wahnwitzigen Risiko abhält? Rettet sie uns allen letztendlich vielleicht den Arsch? Aber wenn ich in meinem Leben nicht das tue, was ich möchte, was hätte es letztendlich für einen Wert? Anders formuliert: Ich muss lernen, Prioritäten zu setzen, die über den nächsten Supermarktbesuch hinausgehen; nämlich zukunfts- und richtungweisende Prioritäten. Wenn ich der Meinung wäre, Südamerika würde mich glücklicher machen als Hamburg-Eimsbüttel, dann gäbe es keinen Grund zu bleiben. Würde ich bleiben, wäre ich bis an mein Lebensende unglücklich, würde mir Vorwürfe machen, wieso ich es damals vor vierzig Jahren nicht gewagt habe. Selbstverständlich braucht man dazu – um einmal Oliver Kahn zu zitieren – Eier. Ich komme aus einer Migrantenfamilie, mit diesem Thema kenne ich mich aus.

Meine Eltern sind Anfang der Siebziger aus Japan nach Deutschland ausgewandert. Der Hauptgrund: Mein Vater wollte nicht in die japanische Knochenmühlengesellschaft eingesperrt werden und als uniformierter, glatt gebügelter Geschäftsmann enden, als ein willen- und meinungsloser Krawattenzombie. Nein, er wollte Musiker werden. Ein echter Musiker, der Musik *spielt* und nicht die Noten *abarbeitet* wie jene zur damaligen Zeit in japanischen Orchestern. Für seinen Lebenstraum hat er nicht nur sein Heimatland, sondern auch die gesamte Großfamilie verlassen. Da stand er nun mit seinem Koffer mitten im geteilten Berlin, schaffte es mit seinen absurd mäßigen Sprachkenntnissen, sich an der Musikhochschule einzuschreiben (inklusive Aufnahmeprüfung und geballter deutscher Bürokratie) und seinen Traum zu verwirklichen. Heute ist mein Vater Orchestermusiker in der Neuen Philharmonie Westfalen und am Musiktheater im Revier, Gelsenkirchen. Als Außenstehender könnte man denken: Wow, wie mutig! Na ja, im Grunde spielte damals eine Mischung aus Talent, Fleiß, Sorglosigkeit und Leichtsinn zusammen. Mein Vater ist eben so, einfach mal machen und dann gucken, was passiert. Beim Pokern mag die Strategie häufig zum Bankrott führen, im Leben ist sie beizeiten Gold wert.

Allein zu laufen befreit ungemein. Ich singe vor mich hin, so ganz allein im Wald ist einem ja nichts peinlich, ziehe das Tempo deutlich an und fühle mich großartig. Nur ab und an flitzen ein paar Fahrradpilger vorbei und brüllen mir mit unnötiger Lautstärke ein *»¡Buen camino!«* ins Ohr. Bald verlasse ich den Wald und erreiche das Kloster San Juan de Ortega, benannt nach dem Einsiedler, Baumeister und Schüler von Domingo García (Santo Domingo) Juan de Quintanaortuño. Vor dem mittelalterlichen Klosterbau sind Tische und Stühle aufgestellt, einige Pilger lungern entspannt in der Sonne herum. Gerade als ich eintreffe, machen sich Michelle und Lory auf Richtung Agés. Ich winke ihnen hinterher und lasse mich auf einem der omnipräsenten Plastikstühle nieder.

Am Sonntag bin ich losgelaufen. Heute ist erst Mittwoch, denke ich. Mit dem Alleinlaufen nähere ich mich meinem Pilgerdasein, ich taste mich vorsichtig zu mir selbst. Dabei geht es mitnichten um das peinliche Wort der Selbstfindung. Meiner Meinung nach räumen wir uns selbst eh viel zu viel Aufmerksamkeit ein, ohne auch nur einen Blick auf unsere Mitmenschen zu werfen, aber das nur nebenbei. Wenn ich mit der Welt gerade nicht im Reinen bin, und das bin ich selten, bin ich innerlich voller Knoten. Im Bauch, im Kopf, in der Lunge, jetzt gerade sogar an den Waden. Um zumindest die im Bauch und im Kopf einigermaßen befriedigend zu lösen, braucht es mehr als ein scharfes Schwert. Für jeden einzelnen Knoten benötige ich eine sinnvolle wie erfüllende Lösung. Die meisten Menschen scheitern schon beim Sinn, logisch, nichts ist langweiliger als die Vernunft. Aber um obendrauf auch noch Erfüllung zu finden, muss die bombenfeste Nussschale, in der die Angst eingeschlossen liegt, geknackt werden. Hört sich abstrakt an, ist aber schnell erklärt. Die Angst sorgt für das unheilvolle Gefühl (bei mir im Hinterkopf, soll aber bei jedem Menschen anderswo sitzen, habe ich mir sagen lassen), das jede sinnvolle Antwort in Zweifel zieht. Und wenn ich schreibe, dass ich mich vorsichtig zu mir selbst taste, dann meine ich damit, dass ich mich allmählich der Nussschale nähere. Ob ich mit einem Nussknacker unterwegs bin oder ob die Schale von ganz allein abfällt, kann ich noch nicht sagen.

Vom Nebentisch grüßen mich zwei deutschsprachige Männer. Kenne ich die? In Deutschland passiert mir das permanent: Ich lerne Leute kennen, kann mir aber deren Gesichter nicht einprägen. Meins dagegen kann sich jeder merken, und schon bin ich von Fettnäpfchen umzingelt. Zu meiner Erleichterung lassen mich die beiden in Ruhe und widmen sich wieder ihrem Dialog. Das ist die Chance, denke ich, und verschwinde. Über eine asphaltierte Straße geht es in ein weiteres Waldstück, allerdings ist der Weg diesmal deutlich schmaler als vorhin. An einer Weggabelung lege ich einen Pfeil aus Steinen, da mir die Wegführung nicht eindeutig scheint. Nach und nach lichtet sich der Wald und geht über in eine savannenähnliche Landschaft, eigentlich fehlen nur noch die Gazellen. Über mir erstreckt sich wahnsinnig viel Himmel, anders kann ich es einfach nicht beschreiben, knallblau und von scharfen Kondensstreifen durchzogen. Ich fühle mich wie in einer riesigen, himmelblauen Kuppel von unfassbarer Dimension. Der unbändige Wind bläst mir fast die Mütze vom Kopf. Ich mache mich an den Abstieg, vor mir liegt das überschaubare Dörfchen Agés.

Kurze Zeit später stapfe ich durch die menschenleeren Gassen und erblicke in einem Fenster eine Werbetafel der *albergue* »San Rafael«. Genau in dieser Herberge ist meine Pilgergruppe verabredet. Also verbringe ich die nächsten Minuten damit, die konfuse Wegbeschreibung zu dechiffrieren. Plötzlich, wie aus dem Nichts, erscheint eine französische Pilgerin und lotst mich ohne Zögern zur Herberge. Da hätte ich aber lange suchen können, schießt es mir durch den Kopf. Um ziemlich genau siebzehn Uhr betrete ich die *albergue*. Während die *hospitalera* meine Daten aufnimmt, sitzt ihre vielleicht vierjährige Tochter neben mir auf einem Stuhl und grinst mich an.

»*¡Hola!*«, sagt sie.

»*¡Hola!*«, antworte ich. Der Fünfzehn-Euro-Spanisch-Intensivkurs, den ich hinter mir habe, ist im absoluten Profibereich anzusiedeln. Trotzdem steigt meine Nervosität schlagartig, sobald mich jemand auf Spanisch anspricht. Auf Deutsch würde ich jetzt fragen: »Pilgerst du auch nach Santiago?« Aber ein falsches Wort, du sagst so etwas wie »Kommst du mit nach Santiago?«, und schon hält man dich für einen pädophilen Perversen.

Immerhin verstehe ich die *hospitalera*, wahrscheinlich die Mutter, die helfend eingreift und die Kleine fragt: »Weißt du auch, wer das ist?«

Sie antwortet schüchtern: »*Peregrino.*«

Wie süß ist das denn bitte? Spanisch sprechende Kinder sind fast so genial wie welche, die Cockney sprechen. Neugierig beobachtet sie, wie der Stempel in meinen Pilgerpass gedrückt wird. Für sieben Euro bekomme ich hier ein Bett und saubere sanitäre Einrichtungen zur Verfügung gestellt. Prinzipiell eine tolle Sache, nur die Internetverbindung möchte nicht funktionieren. Außerdem liegt in einem Bett direkt an der Tür zu den sanitären Einrichtungen ein Pärchen und befummelt sich, was ich etwas verwundert zur Kenntnis nehme. Nach und nach treffen all meine Mitpilger ein. Während Melanie die Gegend (welche Gegend?!) auf eigene Faust erkundet, sitzen Avril, Michelle, Lory und ich eingeklemmt zwischen zwei dieser miesen, kleinen Stockbetten und plauschen. Als die Diskussion um die morgige Tagesplanung losgeht, lernen wir Lorys weniger frommes Ich kennen. Für die kommende Etappe stellt mein deutscher Wanderführer zwei Routen vor: die reguläre durch das legendäre, hässliche Industriegebiet von Burgos sowie die alternative um den Flughafen herum an einem wunderschönen Bachlauf entlang. Lorys US-amerikanischer Wanderführer dagegen geizt mit vernünftigen Vorschlägen. Ach, Wanderführer, was schreib' ich denn hier? Bunte gestrichelte Linien auf einer leeren Fläche, so und nicht anders sieht ein US-amerikanischer »Wanderführer« aus. Aber anstatt einen kurzen Blick in mein Büchlein zu werfen, beharrt sie auf eine Busfahrt ab Villafría. Ende der Durchsage, keine weiteren Diskussionen. Da hat wohl jemand vorerst die Nase voll vom Laufen, aber gut, das geht mich nichts an, ihre Sache. Was mir allerdings gelinde gesagt auf die Kronjuwelen geht: Sie belässt es nicht dabei, sondern beginnt, meine Alternativroute schlechtzureden.

»Ich traue diesem Wanderführer nicht«, echauffiert sie sich, als habe der sie persönlich beleidigt. »Das ist doch keine offizielle Route, da würden wir uns nur verirren!«

»Das *ist* eine offizielle Alternativroute!«, protestiere ich. »Das steht hier. Und die ist auch nicht viel länger als die andere Strecke.«

»Trotzdem traue ich dieser Alternative nicht!«, motzt sie.

Hä?! Mal abgesehen davon, dass man sich mangels Straßen kaum verirren kann, solange man nicht wie ein Trottel an jeder Kreuzung willkürlich abbiegt, wieso *trotzdem*? Als ob man mit einem Kreationisten reden würde:

»Da und da und da wurden Dinosaurierknochen gefunden, die Erde ist wahnsinnig alt, man kann das anhand der Radiokohlenstoffdatierung relativ genau …«

»Trotzdem.«

»Die DNS-Stränge dieser und jener Tiere weisen eine soundsovielprozentige Übereinstimmung auf, was nur bedeuten kann, dass …«

»Trotzdem.«

»Ja, aber sehen Sie denn nicht? Die Vorfahren von Menschen und Schimpansen kann man aufgrund von Knochenfunden in …«

»Trotzdem.«

Hmm, vielleicht rede ich ja gerade mit einer Kreationistin, einer Anhängerin antiken, geistigen Siechtums.

Jedenfalls beende ich an diesem Punkt die Debatte. Ehrlich gesagt interessiert es mich null, ob Lory morgen läuft oder nicht. »Ich gehe morgen diesen Weg, und fertig. Wenn ihr mit dem Bus fahren wollt, fahrt mit dem Bus.«

Avril schließt sich mir an. »Gut, gehen wir diesen Weg.«

Fünf Minuten später haben wir unsere alte Lory wieder, als sie allen Anwesenden (auch mir) eine Fußmassage anbietet. Die zwei Gesichter der Misses Loraine. Fortsetzung folgt, befürchte ich. Ich muss zugeben, dass mir ihr Verhalten nicht ganz fremd ist. Auch ich bin häufig unnötigerweise hitzig, nur weil ich einfach mal schlecht drauf bin. Dann werde ich schnell beleidigend oder bin mindestens genauso schnell beleidigt. Es ist offensichtlich, dass es in unserem Kulturkreis immer salonfähiger wird, die Selbstbeherrschung zu verlieren. Wenn jemand ausrastet, hält man ihn für authentisch, für ehrlich. Das halte ich für falsch. Emotionen legitimieren nicht alles, schon gar keine Ausraster. Und damit meine ich nicht allein die cholerischen Big Bangs, sondern ganz besonders die alltäglichen, leisen Entgleisungen. Mir sollte jederzeit bewusst sein, ob und wem ich mit meiner Tirade Schaden zufüge. Nur weil ich schlecht geschlafen habe, darf ich weder meine besten Freunde anblaffen noch erwarten, dass sie es hinnehmen. »Ich bin so wie ich bin«, rechtfertigen sich ein paar Hohlköpfe. Das behaupten Vergewaltiger und Mörder auch. Schwaches Argument.

Letztendlich kommt es sowieso nur auf das Herz an, und das trägt Loraine aus Louisiana am rechten Fleck. Alles weitere sollte man als Mitpilger einfach akzeptieren oder ignorieren. Natürlich nur, solange sie nicht plant jemanden umzubringen. Notiz an mich: Auch zu Hause nicht zu schnell über Mitmenschen urteilen.

Hinterher ist man immer schlauer, aber der Reihe nach. Da wir die Restaurant- und Clublandschaft von Agés für erkundungsunwürdig halten, melden wir uns für das Pilgermenü im Erdgeschoss an. Schon der Speiseraum sollte uns stutzig machen, denn er ist relativ schummrig und ungemütlich. Aber Avril, Melanie, Michelle, Lory und ich bleiben gutgläubig sitzen. Und warten. Und warten. Und warten. Allmählich wird Avril ungehalten, und langsam, ganz langsam beginnt die Mutation. Das Deutsche in ihr droht überhandzunehmen. Ich verziehe mich an den Nebentisch, denn glücklicherweise werde ich von Kazuko angesprochen, einer Japanerin. Die Mittdreißigerin und zweifache Mutter schlägt sich allein mit mäßigen Englischkenntnissen und Zeichensprache durch. Offensichtlich benötigt man nicht besonders viel mehr, hat sie doch damit bereits zwei Pilgerfreundinnen gewonnen. Zwar wundere ich mich darüber, dass eine Japanerin und zweifache Mutter in ihrem Alter Zeit findet, wochenlang durch Nordspanien zu wandern, aber das geht mich nichts an. Während ich mir so die Zeit vertreibe, packt Melanie Plan B aus: B wie Backgammon, um A wie Avril ruhigzustellen. Aber heute klappt gar nichts, Avril verliert und wird noch wütender als zuvor. Ein Backgammonbrett gehört einfach nicht in einen Pilgerrucksack, dabei bleibe ich.

Endlich naht Rettung in Form des ersten Gangs. Ich entscheide mich für etwas, was ich nicht wirklich verstehe, und bekomme einen Teller Erbsen, als wäre in der Küche eine Bonduelle-Dose umgekippt. Okay. Anschließend darf ich mich an einer fettigen Schuhsohle versuchen. Eigentlich hatte man mir Rind versprochen. Nun frage ich mich, welcher Teil des Tiers vor mir liegt. Egal was es ist, es schmeckt total scheiße. Der ganze Spaß kostet sage und schreibe neun Euro fünfzig, meiner Meinung nach glatter Betrug.

Im Aufenthaltsraum, also im kompletten restlichen Erdgeschoss, wird es nun immer lauter. Das Bier fließt in Strömen und lockt das halbe Dorf an. In Agés trifft man sich für ein Saufgelage in einer Pilgerherberge, das sagt eigentlich alles über das hiesige Gastronomieangebot aus. Melanie und ich machen uns vom Acker. Draußen ist es bereits dunkel und angenehm frisch. Während sie sich eine Zigarette anzündet, laufe ich ein wenig durch die Gegend und fotografiere herum. Ein bisschen anstrengend war's heute schon, aber morgen werden wir nur bis Burgos laufen, entspannte vierundzwanzig Kilometer, das dürfte reichen, um sich zu erholen. Melanie wirft die Kippe weg. Anschließend werden wir beide zu Verbrechern. Ja, wir brechen in die private Herberge zwei Häuser weiter ein, um heute doch noch ins Internet zu kommen. Zugegeben, die Tür ist nicht abgeschlossen, aber ein bisschen verwegen finden wir die Aktion schon. Im Erdgeschoss herrscht Totenstille, keine Säufer, kein Gegröle. Wir gucken uns an und denken beide dasselbe: Hätten wir uns heute Nachmittag doch bloß für diese Herberge entschieden. Wie in den meisten Herbergen am Weg stehen auch in dieser Rechner mit angeschlossenem Münzeinwurf. Mit einem Euro verschafft man sich für ganze zwanzig Minuten einen Zugang zur Außenwelt.

Meine Eltern haben auf meine E-Mail geantwortet. Nur so viel: So richtig super finden sie nicht, wie ich das geregelt habe. Verständlicherweise. Ich schaffe es gerade noch, zwei E-Mails loszuschicken, als auch schon der Rechner abstürzt. Immer das Gleiche mit 1&1. Seit man die E-Mails nur noch mit einem monströsen Programm abrufen kann, schmiert die Seite auf schwachen Rechnern gnadenlos ab. Und das ist noch längst nicht alles, was diese Firma draufhat. Beispielsweise war ich mal DSL-Kunde bei denen und konnte fast zwei Wochen lang keine Internetverbindung aufbauen. Mir entstanden Hotline-Kosten von über vierzig Euro, weil die Deppen es nicht geschafft haben, die Fehlerquelle zu finden. Schließlich stellte sich heraus, dass irgendwo eine Sicherung durchgeschmort war. Eine Erstattung der Kosten verweigerten sie, was eine sofortige Vertragskündigung meinerseits zur Folge hatte. Plötzlich meldeten sich permanent 1&1-Telefonaffen bei mir, um sich zu entschuldigen und mir supergeheime Sonderangebote zu unterbreiten. Ich fragte sie, ob sie mir die Hotline-Kosten erstatten würden. Sie verneinten. Keine weiteren Fragen.

Solange Melanie noch beschäftigt ist, setze ich mich in den Aufenthaltsraum und lade meinen Kamera-Akku auf. Den Internet-Euro hole ich mir über die Stromrechnung wieder.

Etappe 4: Belorado ⇨ Agés (28,3 km)

Donnerstag, 3. September 2009

Seit einigen Tagen begegnen wir immer häufiger einer speziellen Pilgergruppe, die aus vier deutschen Frauen besteht. Meiner Einschätzung nach sind die Damen etwa dreißig bis vierzig Jahre alt. Von Melanie erfahre ich, dass sich drei von ihnen schon vor dem Camino kannten. Allmorgendlich um Punkt sechs Uhr werfen sie ihre Stirnlampen an, packen ihre Siebensachen zusammen und marschieren los. Auch einigen anderen Mitpilgern sind sie inzwischen ein Dorn im Auge. Heute allerdings übertreffen sie sich selbst. Es ist gerade halb sieben, als eine von ihnen im Schlafsaal mit mindestens zwanzig selig schlummernden Pilgern das grelle Deckenlicht anknipst. Als ob das allein nicht für eine saftige Backpfeife ausreichen würde, beginnen die vier Hühner, sich lauthals auf Deutsch zu unterhalten. In Sekunden ist der gesamte Schlafsaal wach; und natürlich stinksauer auf »die Deutschen«. Manche bemerken einfach nicht, dass sie im Ausland immer auch als Botschafter ihres Heimatlandes unterwegs sind.

Entgegen ihrem ursprünglichen Plan, zumindest bis Villafría zu wandern, möchten sich Michelle und Lory direkt nach Burgos transportieren lassen. Also verabschieden Avril, Melanie und ich uns von den beiden und gehen die heutige Etappe zu dritt an. Leider muss Avril auf ihre Gesangspartnerinnen verzichten. Das Polska-Trio hat heute den vorerst letzten Wandertag vor sich und bummelt verständlicherweise. Im Morgengrauen geht es über eine Landstraße ins zweieinhalb Kilometer entfernte Atapuerca. Vor und hinter uns sind weitere Pilger unterwegs. So vielen Menschen sind wir auf den ersten Kilometern einer Etappe noch nie begegnet. Einige von ihnen sind heute früh in San Juan de Ortega gestartet und bereits eine Stunde länger auf den Beinen als wir. Manch einer flitzt an uns vorbei, als zähle jede Sekunde.

In Atapuerca gönnen wir uns erst einmal ein fürstliches Frühstück. Die örtliche *panadería* bietet praktisch alles, was der gemeine Pilger benötigt. Zweifelsohne ist dies die erste Bäckerei, in der ich Damenbinden und Socken in der Auslage entdecke. Da ich mir üblicherweise jeden Morgen zwischen neun und elf Uhr ein *bocadillo* reinschiebe, verpasst mir Avril spontan einen neuen Spitznamen: Bocadillo-Man. Blöderweise sagt sie nicht einfach »Bocadillo-Man«, nein, sie singt es. Möglicherweise aus Trotz entscheide ich mich heute für eine Schoko-Blätterteig-Rolle, natürlich mit *café con leche*. Nach und nach füllt sich der Verkaufsraum, und wir können uns glücklich schätzen, nicht zwei Minuten später angekommen zu sein.

Eigentlich wollen wir hinter Atapuerca eine Alternativroute durch die Felder gehen, aus Versehen laufen wir aber den regulären Weg über die Straße. Kann passieren. Bald zweigt der Camino von der Landstraße ab und folgt einem recht grob ausgeschilderten Aufstieg. Vor uns liegt die Überquerung der Sierra de Atapuerca und deren Hochebene Matagrande. Die Unebenheiten des erdigen Weges machen Avril zu schaffen, sie kämpft mit ersten Wadenproblemen. Nicht auszudenken, hier bei starkem Regen hochzukriechen. Aber von einem Schauer sind wir heute weit entfernt, hinter uns klettert die Sonne unbarmherzig den Himmel empor. Es ist gerade einmal kurz nach neun und schon ganz schön warm, uns könnte ein verdammt heißer Tag erwarten. Der Boden aus überwiegend rotem Ton ist übersät mit hellem Kalkstein und wölbt sich wie ein zusammengedrücktes Sofakissen. Die Vegetation beschränkt sich auf partiellen Eichenbewuchs, sodass wir praktisch nie im Schatten laufen. Immerhin meistern Melanie und ich im Gegensatz zu Avril den Aufstieg problemlos und können den von Zeit zu Zeit erhaschbaren Ausblick genießen. Goldgelb erstrecken sich die Felder über die Landschaft und umschließen das Dorf Olmos de Atapuerca, das dadurch etwas verloren wirkt. Apropos verloren: Seit Atapuerca sehen wir kaum noch andere Pilger, als hätte der Ort die ganze Horde von vorhin einfach verschluckt. Wahrscheinlich hängen sie alle vollgefressen in der *panadería*.

Um ehrlich zu sein, ich habe nicht den leisesten Schimmer, ob

Melanie von der Aussicht auch nur einen Hauch mitbekommt. In den vergangenen Tagen war sie extrem aufgeschlossen, fröhlich und redselig. Aber heute wirkt sie angespannt, schreitet flott voran und weicht jeder Unterhaltung aus. Glückwunsch, Maori, jetzt hast du zwei schlecht gelaunte Weiber am Hals. Vorsichtshalber gehe ich aus der Schusslinie und lasse ich mich ein wenig zurückfallen. Statt mir den Kopf zu zerbrechen, genieße ich die frische Luft und laufe in einigen Metern Abstand hinter den Mädels her. Es dauert nicht lang, und wir erreichen das Gipfelplateau knapp tausendachtzig Meter über Normalnull, wo ein hölzernes Gipfelkreuz den Winden trotzt. Der Abstieg ist steil und nicht ungefährlich, wird aber mit einen beeindruckenden Blick auf Burgos belohnt. Kaum vorstellbar, dass wir bis ins Stadtzentrum noch fast zwanzig Kilometer zurücklegen müssen.

Kurz darauf treffen wir erneut auf Marie. Möglicherweise wiederhole ich mich, aber sie wirkt bei jeder Begegnung so unendlich fröhlich und glücklich, dass sie mit ihrer positiven Ausstrahlung für kurze Zeit all unsere Sorgen vergessen lässt. Und siehe da, Avril und Melanie haben das Lachen doch noch nicht verlernt.

Auf einem Feldweg, natürlich zwischen weiteren abgeernteten Feldern, laufen wir nach Villalval. Die hiesige Dorfkirche hat schon bessere Zeiten erlebt: Der Kirchturm ist teilweise eingestürzt, in einem Rundbogenfenster hängt noch eine kleine Glocke. Wie Eingeweide hängen die Überreste des Dachgebälks aus der klaffenden Wunde. Abgesehen davon steppt in Villalval der Bär. Oder Bob der Baumeister, wie man's nimmt. Häuser werden aus dem Boden gestampft, Straßen neu geteert, wahrscheinlich haben die Leute hier die Schnauze voll, dass jedes Jahr Zehntausende Menschen durch den winzigen Weiler wandern, ohne auch nur einen Cent im Dorf zu lassen. Villalval hat nämlich noch weniger zu bieten als Agés: keine Herberge, keine Bar, kein Restaurant, keinen Supermarkt, keinen Geldautomaten, keine Telefonzelle, keine intakte Kirche, nichts. Damit soll jetzt Schluss sein, und so grüßen uns die Bauarbeiter mit einem in dieser Gegend bisher ungekannten Optimismus, obwohl ich bezweifle, dass auch nur einer von ihnen hier lebt. Oder dass auch nur einer von ihnen ein Spanier ist. Schwamm drüber.

Wenige Minuten später lassen wir uns an einer schattigen Ecke nieder. Ein anderes Wort außer »Ecke« fällt mir gerade nicht ein. Weder handelt es sich um einen Rastplatz, noch sind Sitzbänke in der Nähe. Mit viel Wohlwollen erkenne ich einige Steinhaufen, das war's aber auch schon. Ich schrieb ja bereits, dass Villalval nichts zu bieten hat. Als wir so herumsitzen und uns entspannen, taucht plötzlich ein alter Dorfbewohner auf, ein kleiner, hagerer Mann mit ausgeblichenem Käppi auf dem Kopf. Wo die alle immer diese modischen Verbrechen herhaben. Wie auch immer, sein Gruß fällt äußerst warmherzig aus. Und so ergeht es uns in nahezu jedem Dorf. Die Einheimischen behandeln uns Pilger ausnahmslos mit Respekt, grüßen, helfen und ermuntern uns. Es will sich mir einfach nicht erschließen, wie manche sich so derbe danebenbenehmen können wie die vier deutschen Prinzessinnen von heute früh. Sind sie schlecht erzogen, asozial oder einfach nur dumm? Vermutlich alles gleichzeitig, so wie sie sich aufführen. Mein Gefühl sagt mir, dass die Vier damit nicht durchkommen werden. In der Konstellation werden sie Santiago nicht erreichen, da verwette ich meine Wanderstöcke drauf.

Der alte Mann deutet auf den Steinhaufen neben uns. »Wisst ihr, was das ist?«

Ich habe eine Vermutung, besitze aber ausreichend Contenance, den Mund zu halten.

»Das sind Überreste einer römischen Kanalisationsanlage.« Er deutet auf einen weiteren Steinhaufen. »Hier haben schon die alten Römer gesiedelt.«

Wir versuchen krampfhaft, irgendeinen Anhaltspunkt zu finden. Vergeblich. Von einer Kanalisationsanlage ist aber auch gar nichts zu sehen. Allerdings gilt es in Spanien als schwere Sünde, Pilger zu verarschen. Ganz besonders mit Römererzählungen, soweit ich weiß.

»Wohin wollt ihr heute?«, fragt er, ohne unsere fragenden Gesichter zu bemerken.

»Nach Burgos«, antwortet Avril.

Der alte Mann nickt. »Dann wünsche ich euch noch einen *buen camino*, Freunde.«

Mit einem Lächeln auf den Lippen verschwindet er genauso plötzlich, wie er erschienen ist. Noch einmal mustere ich die Ecke. Du hast noch einen verdammt weiten Weg vor dir, Villalval.

Auf einer asphaltierten Landstraße wandern wir nach Cardeñuela Riopico. Auf dem Ortseingangsschild steht »Cardeñuela Río Pico«. Riopico oder Río Pico, das ist hier die Frage. Und die lässt sich nicht so einfach beantworten. Denn die Schreibweise »Río Pico« finden wir nur auf dem Ortseingangsschild. Auf allen Karten, Dokumenten und auch in unseren Wanderführern steht »Riopico«. Um die Verwirrung zu komplettieren, heißt das Bächlein nebenan wiederum Río Pico. Wahrscheinlich ist das den Leuten hier scheißegal. Hauptsache, die Häuser stehen und die Pilger lassen das Geld da. Grundsätzlich haben wir nichts dagegen einzuwenden, und da sich Avrils Wadenprobleme verstärken, legen wir eine weitere Rast in der örtlichen Bar ein. Dort treffe ich Kazuko wieder, die Japanerin von gestern Abend. Wir schießen schnell ein paar Fotos von uns beiden, und schon sind Avril, Melanie und ich wieder unterwegs.

Ab und an donnern mächtige Trucks an uns vorbei. Hier muss es so etwas wie einen Steinbruch in der Nähe geben, jedenfalls pusten uns die Monster in unschöner Regelmäßigkeit eine trockene Portion Schadstoffe ins Gesicht. Nachdem wir das Straßendorf Orbaneja Riopico passiert und eine Autobahnbrücke überquert haben, erwartet uns die in meinem Wanderführer erwähnte Abzweigung. Geradeaus geht es durch das sagenumwobene, angeblich unermesslich schreckliche Industriegebiet, links Richtung Alternativroute, für die wir uns entscheiden. Da sie noch relativ neu ist, versprüht sie nicht besonders viel Charme. Beispielsweise führt sie durch den Ort Castañares, den der Camino bisher knapp verfehlte. Nun schießen plötzlich Brunnen, Herberge und Bars wie Pilze aus dem Boden. *That's camino business.* Geradeaus stapfen wir nach Burgos, aber von dem »wunderschönen Bachlauf«, der in meinem Wanderführer angekündigt wird, ist überhaupt nichts zu sehen. Stattdessen schleppen wir uns durch Wohngegenden, die aussehen wie am Reißbrett für Disneyland entworfen. Vor Jahrhunderten, als sich die Leute ihre Behausung noch selbst zusammenzimmerten, sah man den Gebäuden das investierte Herzblut an. Aber irgendwann tauchten die Stadtplaner auf, jene Hexenmeister, die den Wohnraum fremder Menschen entwerfen. Berücksichtigen sollten sie die Infrastruktur, geologische Voraussetzungen, die Verfügbarkeit der Baumaterialien, die Baukosten, praktisch alles, nur nicht die Menschen. Das Resultat können wir täglich am Camino bewundern. Seit tausend Jahren laufen unzählige Menschen diesen Weg entlang, lassen eine Menge Kohle da und erzählen danach in ihren Heimatländern herum, wie es, sagen wir mal, rund um Burgos so aussieht. Wieso werden ausgerechnet hier Schrottplätze, Gewerbehöfe, Industrie- und Müllverbrennungsanlagen errichtet? Teilweise macht die Umgebung auf mich den Eindruck, als habe man von diesem Camino de Santiago noch nie etwas gehört. Kein Wunder, dass die Spanier vor Einbruch der Dunkelheit kaum vor die Tür gehen. Während ich etwas gedankenverloren vor mich hin sinniere, werde ich von Melanie in die Camino-Realität zurückgeholt.

»Siehst du irgendwo Pfeile?«, ruft sie mir zu.

Ich blicke mich um. Nix. Ich krame meinen Wanderführer aus der Hüfttasche und bemerke nach genauem Studium der Karte: Der Weg im Wanderführer verläuft südlich des Bachlaufs, wir aber befinden uns eindeutig nördlich davon. Da wir bis vor wenigen Minuten noch gelben Pfeilen und Muschelwegweisern gefolgt sind, nehme ich mal an, es existiert eine Alternative der Alternative. Nur: Wieso hört unsere Alternative plötzlich auf zu existieren? Wir sind doch einfach nur geradeaus gelaufen.

»Lasst uns einfach weitergehen«, schlage ich vor. »Wir müssen so oder so immer weiter in die Richtung laufen.«

Avril allerdings steht am Rande eines Nervenzusammenbruchs. Ihre Waden schmerzen, und die Hitze macht ihr zu schaffen. »Bist du dir sicher?«, fragt sie mich gereizt. »Lass uns nachfragen.«

»Ich bin mir sicher«, erwidere ich und bestätige das Vorurteil, dass Männer lieber zehn Kilometer in die falsche Richtung laufen als einmal nachzufragen. Was auch gar nicht auf mich zutrifft, ich frage immer nach, wenn nötig. Aber hey, der Camino verläuft nun mal die ganze Zeit Richtung Westen, falls es noch niemandem aufgefallen sein sollte.

»Ich habe keine Lust mich zu verirren«, knatscht Avril.

Melanie seufzt und erklärt sich bereit, in einem Schwimmbad nachzufragen. Nach wenigen Minuten kommt sie wieder heraus, deutet nach Westen und sagt: »Immer in diese Richtung.«

Wir stehen auf einer schnurgeraden Straße, es gibt genau zwei Richtungen, Ost und West, wir kommen aus östlicher Richtung, und es geht nach Westen? Diese Erkenntnis sollte gerahmt und mit einem eigenen Feiertag, dem Erkenntnistag, gewürdigt werden. So langsam nähert sich meine Laune der der beiden Mädels an. Wieso müssen Frauen immer alles ein wenig komplizierter machen? Wäre ich allein, würde ich einfach immer geradeaus ins Stadtzentrum hineinlaufen. Aber stehen lassen kann und werde ich die beiden jetzt nicht. Das ist wie mit Hunden. Man wirft sie nicht einfach an einer Autobahnraststätte aus dem Auto, nur weil sie einmal die Fernbedienung zerkaut haben. Was geht da gerade in meinem Kopf ab? Wasser trinken, aber ganz schnell.

Avril bereiten ihre Waden solche Schmerzen, dass sie kaum noch gehen kann. Sie ist den Tränen nahe. »Oh, es tut so weh! Es tut so weh!« Sie lehnt sich an eine Mauer. »Es tut mir leid«, sagt sie, »ich brauche nur eine Minute. Es schmerzt.«

Ich überlege kurz, ihr den Rucksack abzunehmen, schließlich trage ich gerade lächerliche vier Kilogramm auf dem Rücken. Allerdings bin ich mir sicher, dass die stolze Avril lieber unter ihrem Rucksack verrecken würde als ihn sich von einem anderen Pilger tragen zu lassen. Also beschließe ich, geduldig zu sein. Wenn wir langsam laufen, sollte sie es schaffen.

Nach ungefähr einer Sekunde fragt Melanie: »Avril, soll ich dir deinen Rucksack abnehmen?«

Ja, danke, Fräulein Studentin, wie stehe ich denn jetzt da?

Aber Avril bestätigt meine Vermutung. »Auf keinen Fall!«, sagt sie. »Geht schon mal vor, ihr Lieben, ich komme einfach nach. Kein Problem.«

Wir lehnen ab. Unsere dreiundsechzigjährige Pilgergefährtin quält sich mit Wadenkrämpfen in der Mittagshitze, einen sieben Kilogramm schweren Rucksack schulternd. Es müsste schon etwas exorbitant Heftiges passieren, bevor wir sie zurückließen. Nach wenigen Minuten geht es zum Glück weiter. Während wir im Schleichtempo in die einzig mögliche Richtung laufen, hält Avril ständig nach der Kathedrale Ausschau. Doch wegen der starken Bebauung kann man von hier aus nicht einmal zwei Häuserblöcke weit sehen. An der nächsten Kreuzung bleibt sie stehen und möchte eine präzise Wegbeschreibung zur Kathedrale. Melanie erbarmt sich, die nimmermüde Diplomatin, und fragt zwei Passantinnen, die für uns eine Hammerüberraschung parat haben: Wir sollen weitergehen. In die gleiche Richtung. Nach Westen.

Immerhin scheint der Widerstand endlich gebrochen. An einer breiten Hauptstraße entlang trotten wir wortlos Richtung City. Ich hoffe inständig, dass bald mal ein Café oder eine Bar auftaucht. Avril ist extrem erschöpft und braucht dringend eine Rast. Allerdings sind Apotheken und geschlossene Geschäfte vorerst alles, was die Stadt zu bieten hat. Erst auf dem menschenleeren Hinterhof eines Plattenbaukomplexes finden wir eine kleine Bar. Wir setzen uns auf die markenneutralen Stühle und bestellen uns Bier. Wahnsinn, so ein kühles Bier, es hilft der Laune wieder auf die Beine. Auch Avril scheint gerade das Gleiche zu denken. Da ich nichts zu Mittag gegessen habe, pfeife ich mir eben noch schnell zwei Schinken-Käse-Teigrollen rein.

»Das geht auf mich«, verkündet Avril und deutet auf unsere Getränke und meinen leeren Teller. »Weil ihr mich begleitet habt.«

Melanie und ich protestieren, wohlwissend, dass es überhaupt keinen Sinn macht, Avril zu widersprechen. Also geben wir auf und nehmen die Einladung an. Dafür laden wir sie eben beizeiten irgendwo anders ein, sie wird schon sehen, es gibt kein Entrinnen.

Nach einer guten halben Stunde machen wir uns auf die letzten Kilometer unserer heutigen Etappe. Als wir beim El-Cid-Denkmal die Straße überqueren, laufen wir doch glatt Wolfgang in die Arme. Für ihn endet heute der Camino, er ist gerade auf dem Weg zum Busbahnhof.

»Ist die Kathedrale hier irgendwo in der Nähe?«, will Melanie wissen.

Hätte sie nicht tun sollen. Denn Wolfgang, nett wie er ist, will uns persönlich zur Herberge führen. Aus meinem Wanderführer weiß ich, dass diese direkt hinter der Kathedrale liegt. Wir laufen ihm natürlich hinterher, immerhin handelt es sich ja hier um Wolfgang, einen erwachsenen Mann, der gerade direkt von der Herberge kommt. Leider erweist er sich nicht als der edle Ritter, der uns problemlos zur Herberge führt. Stattdessen laufen wir die Altstadt hoch und runter, als hätten wir sonst nix zu tun. Mir scheint, der Mann hat einfach keinen Orientierungssinn. Unterwegs beginnt Avril, lauthals über Wolfgang zu schimpfen, was der aber nicht mitbekommt, denn seine Englischkenntnisse und der Orientierungssinn sind beste Freunde. Irgendwann kommt er auf die clevere Idee, die spektakuläre Catedral de Santa María zu umrunden. Der gotische Monumentalbau wurde gerade frisch restauriert und erstrahlt im neuen Glanz. Erwartungsgemäß finden wir in dessen Schatten die hochmoderne Großherberge, deren Interieur sogar Walter Gropius überzeugt hätte. Wir werden im fünften Stock untergebracht, und Avril fällt sogleich in voller Montur in einen komatösen Schlaf.

Wahnsinn. Was für eine anstrengende, nervenaufreibende Etappe. Heute Morgen dachte ich noch, dass ich einen entspannten Spaziergang vor mir hätte. Wie naiv. Ich muss erst einmal meine

Gedanken ordnen, sonst platzt mir der Kopf. Als ich duschen gehen möchte, fällt mir auf, dass ich mein Shampoo in Agés vergessen habe. Ich krieg' zu viel, was für ein beschissener Tag! Shampoo vergessen ist doch total klischeehaft. Hätte ich nicht wenigstens etwas Außergewöhnliches vergessen können? Beispielsweise ein Hosenbein, dann hätten wir alle heute Abend etwas zu lachen. Immerhin können mich die sanitären Anlagen ein wenig aufheitern. Alles befindet sich in einem einzigen quadratischen Raum. Man duscht sich also neben der Kloschüssel oder scheißt neben der Dusche – wundervoll. Noch besser: der Bewegungsmelder für die Beleuchtung. Sitzt man eine Weile auf dem Pott, erlischt das Licht. Möchte man also das Ganze nicht im Dunkeln erledigen, wedelt man alle paar Sekunden wie ein Depp mit den Armen herum. Würdevoll, wirklich.

Im riesigen, avantgardistisch eingerichteten Aufenthaltsraum treffe ich die junge Koreanerin Eun Hee wieder, ebenso das Polska-Trio Ewa, Paulina und Michał. Besonders freut es mich zu sehen, dass es Eun Hee ausgezeichnet geht. Wir hatten sie ja schon ein wenig aus den Augen verloren. Und während ich hier meine Notizen vervollständige, brüllt hinter mir eine Spanierin los, dass ich heftig zusammenzucke. Was soll das denn jetzt? Nicht nur ich, alle hier im Raum drehen sich zu ihr um. Sie telefoniert. Tut aber so, als sei das Telefon gar nicht da, und der Mensch am anderen Ende müsste sie auch ohne technische Hilfsmittel hören. Als sie unsere Blicke registriert, verlässt sie den Raum. Das bringt aber nichts, denn ihre Stimme bleibt einfach da. Heftig.

Schnauze voll von der brüllenden Tante, also schnell raus. Melanie und ich wollen es uns noch einmal so richtig touristisch geben und sehen uns die komplette Kathedrale an. Frisch geduscht und in Freizeitklamotten ist Melanie auch nicht mehr ganz so mies gelaunt. Außerdem haue ich einen flachen Witz nach dem anderen raus, bis sie kapituliert.

Die Kathedrale von Burgos ist auch für einen Atheisten wie

mich ein Wunderwerk menschlicher Schaffenskraft. Ursprünglich auf einem kreuzförmigen Grundriss basierend, wurden im Laufe der Jahrhunderte etliche Kapellen, ein zweistöckiger Kreuzgang und weitere Einrichtungen angebaut. Nur noch aus der Luft ist das Kreuz zu erkennen. Bei der Umrundung vorhin sahen wir lediglich einen gewaltigen, überverzierten Steinklumpen. Der Besucher wird ganz einfach vom monumentalen Ausmaß des UNESCO-Weltkulturerbes erschlagen. An der Südwestfassade ragen zwei achtundachtzig Meter hohe, weitestgehend identische, spitz zulaufende Türme in den Himmel. Eine Besonderheit bildet die Fensterrose der Hauptfassade, in die auf Wunsch der jüdischen Spender ein Davidstern eingearbeitet ist. Betritt man den Bau, so weiß man zunächst einmal überhaupt nicht, wo man hinsehen soll. Der Innenraum ist über fünfzig Meter hoch und reichlich verziert. Genau unter dem Vierungsgewölbe liegt der spanische Nationalheld El Cid mit seiner Frau Jimena Díaz begraben, was beim Fotografieren stört, aber da lassen die Spanier wahrscheinlich nicht mit sich reden.

Knapp dreihundertsechsundvierzig Jahre liegen zwischen Baubeginn und Vollendung. Und das sieht man jedem Quadratzentimeter an. Schon wieder wird uns vor Augen geführt, zu welch unfassbaren Taten eiserner Wille und unerschütterliche Überzeugung anspornen können. An dem Bauwerk ackerten Tausende hochtalentierter Künstler und Baumeister, und das über Jahrhunderte. Die einen taten dies aus Gottesfurcht, die anderen zur Verbesserung ihrer gesellschaftlichen Stellung. Beide Motive erscheinen mir überaus menschlich. Fasziniert blicke ich auf den vom herausragenden burgundischen Bildhauer Felipe Bigarny geschaffenen, aus Nuss- und Buchsbaumholz gefertigten Chor: einhundertdrei thronartige Sitze aneinandergereiht, umfasst von Szenen aus dem Alten und Neuen Testament. Über ihnen ragen die Spanischen Trompeten der beiden größten Orgeln der Kathedrale in den Chorraum. Ein sagenhafter Anblick. Just in diesem Moment scheint etwas Melanie in helle Aufregung zu versetzen: An einer der eisernen Säulen auf der Frontseite des Chors hat sie eine Engels- oder Jünglingsdarstellung mit klar erkennbarem Geschlechtsteil entdeckt. »Wurden die nicht irgendwann mal alle entfernt?«, fragt sie sich. Nein, wurden sie offensichtlich nicht.

In einer Kapelle seitlich des Kreuzgangs finden wir schließlich Santiago als Maurentöter vor, als *matamoros*. Während der Reconquista, der Rückeroberung der Iberischen Halbinsel von den Mauren, soll er angeblich in diversen Schlachten den kämpfenden spanischen Truppen erschienen sein und entscheidend zum erfolgreichen Abschluss beigetragen haben. Eine herrliche Vorstellung, wie es sich damals angefühlt haben muss als spanischer Soldat. Da quält man sich durch eine gnadenlose Ausbildung, reißt sich jahrelang den Arsch auf, riskiert gegen die geübten Kämpfer Nordafrikas Kopf und Kragen, vertreibt sie schließlich aus Europa, hat auf den Schlachtfeldern vielleicht einen Arm und ein Auge verloren, kehrt gebeutelt in sein Heimatdorf zurück, um dort schließlich von seinen Nachbarn mitgeteilt zu bekommen: »Super, dass Jakobus der Ältere die Mauren vertrieben hat. Schon klasse, der Mann.« Um die fragwürdigen Verdienste des heiligen Jakobus im Kampf gegen die islamischen Widersacher zu ehren, verzierten zahlreiche Bildhauer ihre Altäre mit ihm als reitenden Wahnsinnigen, der mit schwingendem Schwert ein paar Araber niedermetzelt. Ernsthaft. Immer noch stehen unzählige dieser Darstellungen in spanischen Kirchen, ohne dass sich jemand drüber aufregt. Da behaupte mal einer, dänische Karikaturen seien provokant.

Nachdem Melanie und ich uns in einem Supermarkt mit Brot, Wurst und Wein eingedeckt haben, setzen wir uns in den Aufenthaltsraum. Obwohl die Anzahl der Anwesenden im Vergleich zum Nachmittag zugenommen hat, ist der Lärmpegel ohne die brüllende Tante wesentlich abgesunken. Entspannt basteln wir unsere Brote zusammen, als Melanies Handy klingelt. Sie verlässt den Raum und kehrt nicht zurück. Ich verputze mein Brot, saufe den Wein allein und setze mich schließlich an einen Tisch voller

Spanier. Ein einziger von ihnen spricht Englisch, der Rest ausschließlich Spanisch. Fahrradpilger José ist um die sechzig, rundlich, sein Haupthaarbestand geht so langsam zur Neige, ein geselliger, freundlicher Kerl, der gerade aus dem Übersetzen gar nicht mehr herauskommt. Er schenkt mir irgendetwas Alkoholhaltiges ein, und wir stoßen an. Als ich bald den Tisch verlasse, um mich in meinen wohlverdienten Schlaf zu verabschieden, erspähe ich an den Internetrechnern das Polska-Trio. Wahrscheinlich sehen wir uns nie wieder, was mich plötzlich etwas traurig stimmt. Nachdem ich kurz einen Rechner zum Absturz gebracht habe, schreibt mir Ewa ihre E-Mail-Adresse auf, und wir verabschieden uns herzlich.

Wo wir schon mal beim Thema sind: Heute könnte der letzte Tag mit Avril und Michelle an meiner Seite gewesen sein, denn ich habe beschlossen, ab jetzt meine Etappenlängen deutlich zu erhöhen. Ich fühle mich bereit, meine physischen Grenzen auszuloten. Zudem habe ich heute überdeutlich gemerkt, dass ich in meinem eigenen Rhythmus meine eigenen Distanzen laufen muss. Wie soll ich sonst jemals die Nussschale knacken? Anstatt also lediglich achtzehn Kilometer bis nach Hornillos del Camino zu laufen, peile ich das knapp zweiunddreißig Kilometer entfernte Hontanas an. Was mit Melanie ist, kann ich schlecht abschätzen. Ihr Ex Jörg ist heute in Burgos eingetroffen. Mit ziemlicher Sicherheit reden sie gerade, immer noch. Melanie erzählte mir, dass sie den Trip gemeinsam geplant, sich aber einen Tag vor ihrer Abreise nach Spanien getrennt hätten. Jetzt wird mir klar, wieso sie heute den ganzen Tag über so reserviert war. Um ehrlich zu sein, habe ich auf die Kombination Melanie plus Ex überhaupt keinen Bock. Die Wunden sind frisch, viele Dinge noch unausgesprochen. Es wäre völlig illusorisch, Normalität zu erwarten. Ich hoffe sehr, dass sich die beiden zusammenreißen.

Etappe 5: Agés ⇨ Burgos (24,0 km)

Freitag, 4. September 2009

Auch heute Morgen sind es wieder die vier deutschen Mädels, die um Punkt sechs Uhr mit ihrem Radau beginnen. Irgendeine von denen knipst die Stirnlampe an und leuchtet mir quer durch den Raum mitten ins Gesicht. Am liebsten würde ich jetzt aufstehen, ihr das Ding in den Mund stopfen und mich wieder schlafen legen. Allerdings siegt die Müdigkeit, also drehe ich mich einfach um.

Ich wache erneut auf. Draußen ist es bereits hell, fast alle Betten sind leer. Ich habe fantastisch geschlafen, fühle mich kraftvoll und erholt. Die Schlafstörungen und -schwierigkeiten der ersten Nächte scheinen sich vorerst zurückgezogen zu haben. Kaum habe ich mich in die Senkrechte gehievt, lerne ich Jörg kennen, Melanies Ex. Der sucht ihre Nähe, sie weicht ihm aus. Sollten die beiden dieses Verhalten nicht bald in den Griff bekommen, werden wir nicht besonders viele gemeinsame Kilometer erleben. Dabei ist er mir durchaus sympathisch, und ganz bestimmt würde er unter entspannteren Umständen einen fabelhaften Mitpilger abgeben. Ganz im Ernst, an seiner Stelle hätte ich mir diese Bloßstellung gespart. Seb hätte vor einem Jahr beinahe das Gleiche durchmachen müssen, ist dem aber aus nachvollziehbaren Gründen ausgewichen. Wenn meine Ex hier rumlaufen würde, ich wäre überall auf der Welt, nur garantiert nicht hier. Aber das muss jeder für sich selbst entscheiden.

Nachdem ich meine Sachen zusammengepackt habe, fahre ich mit dem Fahrstuhl ins Erdgeschoss. Im Aufenthaltsraum drängen schon die beiden *hospitaleros* freundlich, aber bestimmt die letzten Pilger zum Aufbruch. Bevor ich die Einrichtung verlasse, bastle ich mir für die heutige Strecke in Rekordzeit zwei *bocadillos*. Avril, Michelle, Melanie und Jörg haben beschlossen, meinem Plan zu folgen und die knapp zweiunddreißig Kilometer zu bewältigen. Eigentlich sollte ich mich freuen, sie weiter bei mir zu haben, zweifle allerdings am Sinn. Besonders für Avril sehe ich nach der gestrigen Etappe eine solche Distanz als eher kritisch. Wir werden sehen, was der Tag bringt. Gut gelaunt verlassen wir die Altstadt und laufen durch einige typisch urbane Gassen. An einer Bar lasse ich die anderen wissen, dass ich mir jetzt einen Kaffee genehmigen möchte, und trete ein. Während der Rest ohne mich weiterzieht, schlürfe ich meinen *café con leche* und lausche dem Geplärre aus dem Fernseher, der in der Ecke hängt. War das eine seltsame Atmosphäre vorhin, als ich Jörg kennenlernte. Er versuchte nett zu sein, war den ganzen Morgen über betont fröhlich und redselig. Aber irgendwie beschleicht mich das Gefühl, dass er hier fehl am Platz ist. Nicht, dass ich ihm die Legitimation abspräche, hier herumzuwandern. Aber durch seine Ex lässt er sich zu einem Verhalten hinreißen, das er überhaupt nicht nötig hätte. Im schlimmsten Fall werden wir bis Hontanas das Theater zweier frisch getrennter Studenten erleben. Der Prolog lässt dessen Niveau schon erahnen. Durch Jörgs Anwesenheit ist die Gruppe aus dem Gleichgewicht geraten. Melanie scheint alles mit sich selbst auszumachen, und solange ihr Gehirn rattert, schweigt sie. Eine Eigenschaft, die fürs Leben nicht besonders hilfreich sein dürfte. Und zu guter Letzt hat sich durch den gestrigen Tag zwischen Avril und Michelle etwas eingeschlichen, das ich momentan eher unverbindlich als Distanz bezeichnen möchte. Alles in allem ist die Gruppe tot, so traurig mich das macht. Mit gemischten Gefühlen verlasse ich die Bar.

Es dauert nicht lang, bis ich die ganze Bande wieder eingeholt habe. Nur wenige Minuten später treffen wir an einer Ampel auf einen jungen Pilger. Saubere Kleidung, zusammengerollte Isomatte, frisch rasiertes Gesicht und vornehme Blässe. Wir gesellen uns dazu, und Avril spricht ihn übermütig auf Englisch an.

»Und wer ist unser junger Freund hier?«

»Hi, ich bin Marcos.«

»Hi Marcos, großartig dich kennen zu lernen. Das ist Maori, das ist Melanie, ich bin Avril.«

»Hi Leute.«

»Und woher kommst du, Marcos?«

»Aus Madrid.«

»Oh, ein Spanier! Endlich haben wir einen Spanier unter uns!«

Wir lachen. Marcos ist gebürtiger Madrilene, wohnt und studiert allerdings momentan in Valladolid, ist dreiundzwanzig Jahre jung und auf den ersten Kilometern seines Jakobswegs. Mit seiner Brille, dem kurzen, lockigen Haar und dem hellen Teint sieht er überhaupt nicht spanisch aus, eher wie ein Plattenverkäufer aus dem Hamburger Schanzenviertel. Im Gegensatz zu meinen gestrigen Tischfreunden spricht Marcos ein hervorragendes Englisch, sodass er sich gleich mit Avril verquatscht. Wenige Minuten später lernen wir auch noch Ingo kennen, einen dreiundvierzigjährigen Unternehmer aus Osnabrück. Sein Englisch ist nicht ganz so perfekt, ich würde behaupten, er und ich bewegen uns in etwa auf gleichem Niveau. Was das Sportliche angeht, übertrifft er mich allerdings mühelos. Er erzählt mir, dass er bereits auf diversen Fernwanderwegen Europas unterwegs gewesen sei und bis zu vierzig Kilometer am Tag laufe. Genauso sieht er auch aus, er wirkt durchtrainiert und voller Energie. Ich finde ihn äußerst angenehm, ein wenig nachdenklich, auf jeden Fall sympathisch. Früher sei es anders gewesen, erzählt er mir. Von Arbeit getrieben, habe er alles andere vernachlässigt, Karriere gemacht und Kohle gehortet. Irgendwann sei ihm allerdings klar geworden, dass er andere Wünsche und Erwartungen im Leben hat. Nun rast er hier in einem Affenzahn über den Camino, genießt die Natur und übt sich in Ausgeglichenheit. Auf mich wirkt Ingo glücklich.

Als wir Burgos endgültig verlassen, zieht der Himmel zu, es riecht nach Regen. Über Feldwege erreichen wir das Dorf Tardajos, wo wir direkt an der N-120 eine kurze Rast einlegen. Nachdem ich mir einen weiteren Milchkaffee eingeflößt habe, geht es auf asphaltierten Straßen respektive Wegen nach Rabé de las Calzadas. Der Ort ist lediglich einen Katzensprung entfernt und wird von der unverhältnismäßig dimensionierten Pfarrkirche Santa Marina überragt.

Ab hier beginnt die sagenumwobene Meseta. So wird das kastilische Hochland bezeichnet, das sich praktisch komplett über die iberische Halbinsel zieht. Das Iberische Scheidegebirge teilt es in Nord- und Südmeseta, der Camino verläuft durch den Nordteil. Kaum dass wir das Dorf verlassen haben, erstreckt sich vor uns ein Weg ins Unendliche, flankiert von abgeernteten Feldern bis zum Horizont. Die überwältigende Weite ist kaum in Worte zu fassen. Glücklicherweise hält die Wolkendecke die Außentemperatur im wanderfreundlichen Bereich. Noch ist der Weg abwechslungsreich, leicht hügelig und mit Kurven gespickt. Was mein Wanderführer für die kommenden Tage ankündigt, bereitet mir allerdings Sorgen.

Während sich die anderen mehr oder minder fröhlich miteinander unterhalten, halte ich etwas Abstand und laufe für mich. Ich grüble. Ich sehe Avril mit Melanie laufen, Marcos mit Ingo, Michelle mit Jörg. Avril habe ich am liebsten gewonnen, weil sie einfach so distanzlos mit ihren Schwächen umgeht. Mit überwältigender Wärme zeigt sie mir immer wieder, wie sehr sie mich schätzt, während eine trödelnde Kellnerin gleich in akute Lebensgefahr gerät. Sie kann so eine Pedantin sein, um sich im nächsten Augenblick in den Genussmenschen schlechthin zu verwandeln. Melanie ist eine Chaotin mit einem Wahnsinnshumor, mit ihr habe ich gelacht wie schon seit Ewigkeiten nicht mehr. Allerdings kann sie schmerzhaft zickig werden und verkriecht sich lieber ins Schneckenhaus, anstatt unangenehme Dinge direkt anzusprechen. Anders als Avril spricht sie kaum über persönliche Ängste. Michelle betrachte ich als eine Pilgerfreundin mit großem Herzen und den einfachen Antworten. Sie sieht die Welt aus einer so entwaffnend simplen Perspektive, dass sie häufig die kompliziertesten Hirnkonstrukte ihrer Mitmenschen zum Einsturz bringt. Manchmal sieht sie die Dinge allerdings *zu* einfach, was zu unangenehmen Missverständnissen führen kann. Wenn ich nur daran denke, die Drei heute das letzte Mal zu sehen, wird mir schlecht. Werde ich morgen wieder ganz allein über den Camino dackeln? Alles von vorn? Werde ich bis Santiago de Compostela, und es sind laut meinem Wanderführer noch schlappe vierhundertneunzig Kilometer, noch einmal solch großes Glück mit neuen Pilgerfreunden haben? Andererseits stelle ich mir natürlich die Frage, wieso ich hier bin. Möchte ich mit netten Freunden einen entspannten Ausflug in die Natur unternehmen? Oder mich ein wenig gründlicher verstehen, einfach mal klarkommen, mich trauen? Wenn ich mich jetzt nicht überwinde, trotz widriger Umstände meinem Bauchgefühl zu folgen, werde ich mir nicht nur Vorwürfe machen. Ich würde mich fragen, was für ein lausiger, erbärmlicher Schisser ich sei. Jetzt habe ich mich schon mal allein auf den Camino getraut, ich muss *meinen Weg* kompromisslos durchziehen. Der Entschluss steht.

Als wir um halb zwei das winzige Hornillos del Camino erreichen, hat die Sonne die Wolkendecke endgültig durchbrochen. Es dürfte locker um die dreißig Grad warm sein. Wir treffen Lory wieder, die spirituelle Amerikanerin. Sie wird heute hier bleiben und sich ausruhen. Für sie sind die Anstrengungen der letzten Wochen einfach zu viel. Ab sofort will sie etwas kürzer treten, und wir verabschieden sie herzlichst. Auch von Eun Hee verabschieden wir uns. Sie sieht ziemlich geschafft aus. Kein Wunder, diese zierliche Person trägt ein Vielfaches meines Rucksackgewichts, auf Dauer geht das natürlich an die Substanz. Weitere bekannte Gesichter haben bereits in der Herberge neben der Kirche eingecheckt und lassen sich in der örtlichen Bar das Bier schmecken. Wir hocken uns vor die Kirche auf die flachen Treppenstufen und legen eine ausgedehnte Rast ein. Während ich mein riesiges, selbstgemachtes *bocadillo* verputze, genieße ich die letzten Stunden inmitten der ersten Pilgergruppe meines Lebens.

Um halb drei verlassen wir endlich das Nest. Avril bleibt zurück, um sich mit einem richtigen Mittagessen zu stärken. Nach der gestrigen Erfahrung möchte sie die folgenden Restkilometer gestärkt und mit Bedacht angehen, was besonders Melanie und ich mehr als nachvollziehen können. Die restliche, zehneinhalb Kilometer lange Strecke führt humorlos über eine schattenlose, knochentrockene Ebene. Mit den Wolken hat sich glücklicherweise auch meine Schwermut verzogen. Obwohl es brutal heiß ist, geht es mir blendend, und ich unterhalte mich abwechselnd mit Michelle und Ingo. So kommen wir ausgezeichnet voran. Eine halbe Ewigkeit laufen wir auf dem staubigen Schotterweg durch abgeerntete, goldgelbe Landstriche, passieren ausgedörrte Sonnenblumenfelder und erinnern uns alle zwanzig bis dreißig Minuten gegenseitig ans Trinken. Für einige Pilger war diese Strecke offensichtlich etwas zu langweilig: In zahlreichen Sonnenblumenblüten wurden durch das Herauspicken einzelner Kerne Smileys, Fantasiemuster oder Botschaften wie *»Love«* hinterlassen.

Bald erreichen wir die auf halber Strecke gelegene Herberge von San Bol. Bei San Bol handelt es sich um ein seit 1503 vollständig verlassenes Dorf. Geblieben ist nichts, nicht einmal Ruinen. Okay, hier liegen ein paar Steinhaufen herum, und wie wir in Villalval gelernt haben, kann jeder Steinhaufen dieser Welt, sei er noch so hässlich und erbärmlich, eine archäologische Sensation bedeuten. Aber diese hier, vermute ich mal, sind einfach nur hässliche, erbärmliche Steinhaufen. Im Schatten einiger Bäume lockt die berühmte, spartanisch ausgestattete Pilgerherberge »Arroyo de San Bol«, markiert mit einer riesigen aufgemalten Jakobsmuschel. Seit einigen Kilometern wirbt die als Zuflucht gedachte *albergue* mit *»breakfast«*, allerdings fühlt sich niemand von uns bereit, auf sanitäre Anlagen und Strom zu verzichten, zumindest noch nicht. So ziehen wir trotz des unbestreitbaren Charmes weiter.

Die wunderschönen, aber unendlich eintönigen Restkilometer nach Hontanas lege ich überwiegend im Plausch mit Michelle zurück. Nach einer Weile fragen wir uns allerdings, wo das Dorf bleibt. Normalerweise sieht man, besonders wenn man wie hier bis zum Horizont blicken kann, Siedlungen schon mehrere Kilometer im Voraus. Doch so weit das Auge reicht, sehen wir nur Felder über Felder; keine Spur von Hontanas. Irgendwann nähern Michelle und ich uns einer Senke. Von einem Dorf ist immer noch weit und breit nichts zu erahnen. Plötzlich, wie aus dem Nichts, taucht es auf, und man steht keine zwanzig Meter davor. Völlig irre. Nur wenige Schritte später stehen wir mitten im Dorf, das bis vor zwei Minuten gar nicht zu existieren schien.

In der Herberge teilt man uns mit, dass wir leider mit dem Ersatzquartier Vorlieb nehmen müssten. Heute haben wir definitiv zu sehr getrödelt. Damit Avril am Ende des Tages nicht leer ausgeht, reserviere ich gleich ein Stockbett. Ich hoffe inständig, dass sie es überhaupt bis hierher schafft.

Puh. Das war heute eine harte Etappe. Meine Schienbeine, Knöchel und Oberschenkel schmerzen. Auch die anderen scheinen nach dem Duschen das Laufen verlernt zu haben. Etwas unförmig hinken wir zur anderen Herberge, in deren Erdgeschoss sich eine Bar befindet. Mit eiskaltem Bier sitzen wir auf der gegenüberliegenden Straßenseite am grünen San-Miguel-Tisch und sinnieren über den *camino walk*. So nennen wir die ungelenken Gehbewegungen, in die untrainierte Pilger nach harter Etappe und Ausziehen der Wanderschuhe verfallen – eine Mischung aus Robot-Dance und den Zombie-Zuckungen aus dem »Thriller«-Video.

Anschließend unterhalten wir uns über Jörgs interessanten Rucksackinhalt. Wie auch viele andere Pilger hat er Tonnen unnützer Dinge dabei. Allein sein Kulturbeutel wiegt ungefähr so viel wie mein kompletter Rucksackinhalt. Zudem hat er ein Kilogramm Nüsse – ich wiederhole: *ein Kilogramm Nüsse* – eingekauft, jede Menge Powerriegel, zwei Packungen Butterkekse, nur echt mit zweiundfünfzig Zähnen, und – das toppt alles – seine elektrische Zahnbürste dabei. Eine elektrische Zahnbürste! Wir biegen uns vor Lachen, Ingo kommen bereits die Tränen. Mit einem Kilogramm Nüsse, einem Stapel Powerriegel und zwei Packungen Butterkekse könnte er abgeschnitten von der Außenwelt locker eine Woche überleben. Wo meint der werte Herr eigentlich unterwegs zu sein? Es gibt nur wenige Regionen auf der Welt, in denen man eine Woche von der Außenwelt abgeschnitten werden könnte und gleichzeitig einen Stromanschluss hat, um sich mit einem Kauleistenvibrator die Beißerchen zu polieren. Wo bleibt da die Logik?

»Ich brauche die einfach«, rechtfertigt er sich für die elektrische Zahnbürste. »Ohne die fühl' ich mich einfach nicht wohl.«

Ehrlich gesagt würde es mich nicht wundern, wenn *zwei* Pilger an diesem Tisch jeweils ein Backgammonbrett im Rucksack hätten. Zum Glück für Jörg sorgt Ingo für Ablenkung und ruft eine kleine Pilgerin um die zwanzig mit langem, rotem Haar zu uns an den Tisch. Offensichtlich kennen sich die beiden, so freudig wie sie sich begrüßen. Aus dem kurzen Plausch ist herauszuhören, dass sie bereits einige Etappen gemeinsam absolviert haben. Christina, die »Chris« genannt werden möchte, kommt aus Deutschland, spricht mit einem lässigen Tonfall in der Stimme und zeigt uns erst einmal lustige rote Punkte an ihren Armen; wahrscheinlich irgendwelche Flohbisse. Kurzentschlossen setzt sie sich zu uns, und bald erfahren wir, dass Ingo und Chris in den vergangenen Wochen zweimal gemeinsam vierzig Kilometer am Tag gelaufen sind. Vierzig. Die laufen in einer anderen Liga.

Am Nebentisch haben sich die vier deutschen Sechs-Uhr-Mädels niedergelassen. Mit zwei von ihnen habe ich bereits einige unverbindliche Worte gewechselt, und beide verhielten sich mir gegenüber sehr freundlich. Entweder können sie ihren Mitmenschen hervorragend etwas vormachen, oder sie sind ausschließlich morgens schlimm. Hinterher erzählt Melanie mir, dass die eine, die so nett zu mir war, sich ihr gegenüber bei jeglicher Kontaktaufnahme wahnsinnig zickig verhält. Wie interessant. Eine Frau über dreißig, zickig zur jüngeren Frau, freundlich zu jüngerem Mann. Jetzt wird mir einiges klar.

José, der Radpilger von gestern Abend, taucht ebenfalls auf. Heute ist sein letzter Tag, morgen fährt er mit seiner Frau nach Burgos zurück, anschließend geht es nach Hause. Sein kugelrunder Bauch könnte eigentlich noch ein paar Kilometer vertragen, aber immerhin können wir uns richtig verabschieden. Und endlich, gut anderthalb Stunden nach uns, kommt auch Avril in Hontanas an. Natürlich würdigen wir ihre Ankunft mit Jubel und Applaus. Mit ausreichend vielen Pausen geht es ihr nach den über dreißig

Kilometern wesentlich besser als nach den gestrigen vierundzwanzig. Darauf stoßen wir an.

Beim Abendessen im Erdgeschoss einer Pension entflammt die allabendliche Diskussion um das nächste Etappenziel. Ich sitze mit Avril, Marcos und Melanie an einem Tisch. Jeder zückt seinen Wanderführer und wirft Argumente in den Raum. Ich verkünde, dass ich morgen definitiv nach Frómista laufen werde. Davon ist Avril alles andere als begeistert; über vierunddreißig Kilometer an einem Tag sind definitiv zu viel für sie.

»Ich muss mein Pensum laufen«, erkläre ich ihr. »Ich brauche das jetzt. Auch wenn es heißt, dass wir uns trennen.«

»Es ist alles in Ordnung, Maori«, beschwichtigt Avril mich. »Natürlich musst du deinen Gefühlen folgen. Es wäre nur traurig, wenn wir dich nicht mehr bei uns hätten.«

Darauf kann ich nichts erwidern. Wie denn auch?

Glücklicherweise lässt Marcos keine unangenehme Pause entstehen: »Ich bin mir nicht sicher, wie weit ich morgen laufe. Könnte sein, dass ich nur wenig laufen kann, könnte aber auch sein, dass ich gut vorankomme.«

Avril stimmt ein. »Gut, machen wir es so: Wir laufen bis Bocadillo City (sie meint Boadilla del Camino), und wenn wir fit genug sind, laufen wir weiter bis Frómista. Abgemacht?«

»Klingt gut«, antwortet Marcos.

Ich nicke.

Abschiedsstimmung liegt in der Luft. Aber ich habe mir vorgenommen, mich aus jedem Anflug von Abhängigkeit herauszuhalten. Ich bin nur meinetwegen hier, daher sehe ich auf meiner Prioritätenliste nach mir erst einmal lange nichts. Es scheint, als würde morgen ein neues Kapitel meines Camino beginnen. Zumindest fühle ich einen entscheidenden Einschnitt. Wir werden sehen.

Übrigens weist Marcos' spanischer Wanderführer eklatant niedrigere Kilometerzahlen auf als die aller anderen am Tisch. Er mutmaßt, dass Spanier vielleicht stärker motiviert werden müssten, um den Camino zu gehen. Wir jedenfalls halten es für eine ausgezeichnete Motivationshilfe, vor den Etappen in seinen Führer zu schauen, um sagen zu können: »Vierundzwanzig Kilometer, *easy peasy piece of cake*!« Und hinterher in die anderen, nach dem Motto: »Sagenhaft, schon wieder achtundzwanzig Kilometer gelaufen!«

Etappe 6: Burgos ⇨ Hontanas (31,6 km)

Samstag, 5. September 2009

So etwas kann auch nach einer Woche auf dem Camino passieren: Ich habe verschlafen. Die meisten Pilger haben den Schlafraum verlassen, von meinen Mitpilgern hat mich niemand geweckt. Das verstehe ich als ein Zeichen: Eine Trennung ohne Tränen, perfekt. Während meine Mädels irgendwo im Ort ihr Frühstück einnehmen, verschwinde ich. Und zwar allein, um heute endlich einmal mit mir selbst pilgern zu können, vielleicht auch müssen. Schon nach den ersten Kilometern über schmale Feldwege merke ich, dass mir die neu gewonnene Freiheit richtig guttut. Die Stille, die wesentlich höhere Konzentration auf die eigenen Gedanken, das eigene Lauftempo, dazu die frische Morgenluft. Pilgerherz, was willst du mehr?

Weit und breit ist niemand zu sehen. Kein Wunder, es ist bereits halb neun. Einen wesentlichen Beitrag zu meiner ausgelassenen Stimmung leistet der wolkenlose Himmel, die Sonne strahlt und verspricht eine heiße Etappe. Einige Minuten laufe ich an einem grasbewachsenen Hügel entlang, als auf der rechten Seite des Camino ein steinernes Ding auftaucht. Als ich näherkomme, erkenne ich, dass es sich um eine Ruine handelt. Kommentarlos steht das Ding wie ein ausgestreckter Zeigefinger mitten im Gras. Es ist relativ hoch, schätzungsweise etwa sechs bis sieben Meter, und gehörte eindeutig zu einem Gebäude, vielleicht einer Kirche. Ich fotografiere es, verwackelt, wie ich später feststelle, und gehe weiter. Ich möchte jetzt nicht abgelenkt oder gar von den anderen eingeholt werden. Die Stunden mit mir selbst sind mir gerade wichtiger als die Erforschung mysteriöser Ruinen am Wegesrand.

Solange ich gemeinsam mit anderen Pilgern gelaufen bin, habe ich mich nie auf die eigenen Schritte konzentriert. Jetzt aber registriere ich jeden einzelnen, als müsste ich sie separat erfassen, auswerten und absegnen. Und wenn man über alltägliche Dinge allzu sehr nachdenkt, kommen sie einem irgendwie seltsam und disharmonisch vor. Ich muss mich wiederholt regelrecht konzentrieren, um im Rhythmus zu bleiben. Als ich beginne, vor mich hin zu singen, klappt es gleich besser.

Fünfeinhalb Kilometer hinter Hontanas führt der Camino auf einer mäßig befahrenen Landstraße unter dem Bogengewölbe des ehemaligen Convento de San Antón hindurch. Der Konvent gehörte dem Antoniter-Orden, der sich der Behandlung jener widmete, die am sogenannten Antoniusfeuer erkrankt waren. Das Antoniusfeuer, eigentlich Ergotismus, bekommt man durch den Verzehr von mit Mutterkorn verunreinigten Nahrungsmitteln. Im Mittelalter, als es noch keine zwei Milliarden EU-Gesetze für Hygienestandards gab, stopfte die Unterschicht massenweise Brot von minderer Qualität in sich hinein und verreckte. Dem Konvent am Jakobsweg sagte man zur damaligen Zeit schier wunderliche Heilungskräfte nach, dabei hatten die hier einfach nur anständiges Brot auf Lager. So wie spanisches Brot heute schmeckt, müssen die Antoniter ihr Backgeheimnis mit ins Grab genommen haben. Auch wenn die Mönche längst verschwunden sind, hier folgt der Camino der Originalroute. Zwei steinerne Spitzbögen spannen sich zwischen den Ruinen des Klosters und der Kirche über die Straße, und seit über sechshundert Jahren laufen die Jakobspilger unter ihnen hindurch gen Santiago de Compostela. Es fühlt sich großartig an, als einer von Millionen Menschen aus mehreren Jahrhunderten mit demselben Ziel unter den stolzen Bögen hindurchzulaufen. Über die von Bäumen flankierte Landstraße geht es nach Castrojeriz, einem nierenförmigen Ort, über dem die Ruine der im neunten Jahrhundert erbauten Burg thront.

Als ich über eine schmale Abzweigung ins Dorf hineinlaufe, ist es bereits ganz schön heiß. Laut meinem Wanderführer soll sich hier irgendwo ein Geldautomat oder eine Bank befinden, doch vom Castrojerizer Bankenviertel fehlt jede Spur. Nicht einmal in der »Innenstadt«, bestehend aus drei Geschäften, einem Verwaltungsgebäude und der Post, werde ich fündig. Langsam wird mein Bargeld knapp; wie unangenehm. Dafür erwartet mich gegenüber den Geschäften eine weitaus größere Freude: Marie-Chantal! Als ob sie schon ahnt, dass wir uns nicht mehr wiedersehen werden, übergibt sie mir einen wunderschön kitschigen Aufkleber mit ihrem Namen, ihrer Anschrift und der E-Mail-Adresse. Wir umarmen uns zum Abschied, und tatsächlich sehe ich sie nie mehr wieder.

Hinter Castrojeriz geht es über ausgedörrte Feldwege geradeaus auf eine Bergkette zu. Ungefähr eine halbe Stunde lang hoffe ich auf einen Tunnel, der sich bitteschön irgendwo auftun möge. Leider vergeblich. Stattdessen liegen nun äußerst anstrengende einhundert Meter vor mir. *Höhen*meter wohlgemerkt. Die Sonne knallt mir inzwischen mit Inbrunst in den Nacken, der Aufstieg ist steil und kräftezehrend. Wie aus dem Nichts taucht plötzlich Iguchi-san auf, ein etwa sechzig- bis siebzigjähriger Japaner. Den habe ich bereits in Nájera und Burgos gesehen. Bis Burgos war er gemeinsam mit einem überaus rotzig sprechenden Katalanen unterwegs, im Moment ist Iguchi-san allerdings ganz allein. Mit seinem Stirnband und der gebeugten Haltung wirkt der kleine, glatzköpfige Senior wie ein traditioneller japanischer Zimmermann auf dem Weg zur nächsten Baustelle. Der Mann strotzt nur so vor Energie.

»Wohin läufst du heute?«, fragt er mich.

»Nach Frómista«, antworte ich.

Iguchi-san ist heute Morgen in Hornillos del Camino gestartet, etwa zehneinhalb Kilometer vor Hontanas, und möchte bis Itero de la Vega oder Bocadillo City kommen. Wahrscheinlich werde ich auch ihn nicht mehr allzu häufig treffen. Wir wünschen uns einen *buen camino*, und schon wetzt er wie ein Tier den Berg hoch.

Keuchend kraxle ich hinterher. Der sagenhafte Panoramablick auf die weite, wie ein Flickenteppich gescheckte Landschaft hält die Anstrengungen in erträglichem Rahmen. Allerdings setzt der Abstieg kurze Zeit später noch einen drauf. So weit das Auge reicht, erstrecken sich die bereits vertrauten abgeernteten Felder bis zum Horizont. Diese unfassbare Weite ist einfach überwältigend. Von hier aus kann ich so brutal weit sehen, auch, wie sich der Camino zwischen all den Feldern außer Sichtweite schlängelt. Über die kommenden Stunden denke ich besser erst gar nicht nach.

An alles und nichts denkend marschiere ich etwa eine Stunde lang in der sengenden Hitze über den schmalen Schotterweg. Rund drei Kilometer vor Itero de la Vega steht ein älterer Herr am Straßenrand und bietet Erfrischungen an. Auf Spanisch fragt er mich, wie weit ich heute noch zu laufen gedenke. Ich antworte: *»A Frómista«*, und schon drückt er mir einen Flyer in die Hand. Da gebe es eine nagelneue Herberge, ganz toll, ich solle doch unbedingt dort vorbeischauen. Für den Tipp bin ich mehr als dankbar, schließlich kennt mein Wanderführer nur eine Herberge in Frómista, eine städtische, nicht so toll.

Über eine stattliche, steinerne Brücke, die im elften Jahrhundert erbaute und im siebzehnten Jahrhundert runderneuerte Puente Fitero, laufe ich nach Itero de la Vega. Um diese Zeit treiben sich nur ein paar Kinder auf der Straße herum, die sich kaputtlachen, als ich vor ihren Augen leicht stolpere. Das verdeutlicht, wie wenig in Itero de la Vega sonst so los sein muss. Kurz hinter dem Dorf lege ich eine Rast ein. Gut zwanzig Kilometer liegen hinter mir, vierzehn warten noch auf mich. Nach den etwas anstrengenden letzten Kilometern erhoffe ich mir einen kurzen Augenblick der Ruhe. Vergeblich. Sekunden, nachdem ich mich auf eine kniehohe Mauer vor einer geschlossenen Werkstatt gehockt habe, werde ich von einer Busladung österreichischer Modepilger überrollt. Manche von ihnen tragen nicht einmal Rucksäcke, dafür sind sie mit hochmodernen Carbon-Wanderstöcken und teuersten Outdoor-Klamotten ausgestattet. Zwar kapiere ich nicht, wieso diese austrainierten Freizeitsportler im Alter zwischen zwanzig und vierzig per Bus pilgern müssen, aber okay. Da ich mir vor dem Camino fest vorgenommen habe, zu allen Pilgerbekanntschaften erst einmal freundlich zu sein, grüße ich sie entsprechend. Das ist der drahtigen Blondine aus der Alpenrepublik wahrscheinlich bisher nicht allzu häufig passiert. Was mich nicht verwundert; die meisten Pilger fühlen sich durch eine Busladung Camino-Touristen belästigt. Jedenfalls beginnt die junge Dame, mich ohne Umschweife anzuflirten. Prinzipiell habe ich nichts dagegen einzuwenden, würde unser zartes Anbandeln nicht gleich von knapp zwanzig Zuschauerinnen und Zuschauern verfolgt. Außerdem erachte ich es als mäßig clever, auf einem christlichen Pfad gleich den allerersten freundlich gesinnten Pilger anzugraben. Aber vielleicht sind gerade solche Charaktere anfällig für Buspilgerfahrten. Aus Rücksichtnahme vor meiner eigenen Toleranz lasse ich die Hardcore-Alpinisten quakend und tratschend davonfliegen, schließlich wollte ich doch heute ein wenig allein sein.

Für etwa eine Stunde bin ich es dann auch, bis ich auf dem Gipfel des Hügels zwischen Itero de la Vega und Boadilla del Camino unseren Newbie Marcos entdecke. Seit einer halben Stunde hockt er dort zwischen den mickrigen Bäumchen und macht *»lunch«*, wie er mir mitteilt. Englisch mit spanischer Färbung klingt sensationell. Wobei er keinen typisch spanischen Akzent spricht, sondern einen britisch-niederländischen mit spanischem Einschlag. So etwas habe ich in meinem ganzen Leben noch nicht gehört. Mir fallen direkt drei Freundinnen ein, die bei Marcos dahinschmelzen würden. Zwei von ihnen sind nicht einmal Single. Erfreulicherweise teilt er mir mit, dass er sich fit genug fühlt, um mich nach Frómista zu begleiten. So legen wir die letzten knapp zehn Kilometer gemeinsam zurück. Während unseres Gesprächs erfahre ich, dass er in Madrid geboren ist und in Valladolid Architektur studiert. Ein kommender Sir Norman Foster also. Hart für ihn, sich all die architektonischen Geschmacklosigkeiten entlang des Camino ansehen zu müssen.

Kurz vor Bocadillo City beschreibe ich den Flyer, den ich vorhin erhalten habe, mit dem Text: *»We are here! Maori + Marcos«*, und lege ihn am Straßenrand ab. Eine übliche Kommunikationsmethode auf dem Camino, weshalb man häufiger irgendwo auf Betonwegweisern oder ähnlichen Stellen beschriebene, mit Steinen beschwerte Zettelchen findet. Zwischen Boadilla del Camino und dem Etappenziel Frómista laufen wir sechs Kilometer am historischen Canal dc Castilla entlang. Es ist ungemein heiß, und wir überlegen, einfach ins kalte Nass zu springen, inklusive der Inkaufnahme des sicheren Todes. Nach dem Abwägen von Für und Wider ziehen wir es vor, lieber in der neuen Herberge von Frómista zu enden als aufgedunsen in der Gerichtsmedizin von Burgos.

Die letzen Kilometer gestalten sich, ich habe es ehrlich gesagt nicht erwartet, hart und monoton. Im Grunde laufen wir die ganze Zeit an diesem dämlichen Kanal entlang, an dessen Wasser wir nicht heranreichen und auf dem sich überhaupt nichts Unterhaltsames tut. Dieser Kanal ist total langweilig! Außer uns ist um diese Uhrzeit natürlich keine Menschenseele mehr unterwegs. Erst nach einer qualvollen Stunde erreichen wir die alten Wehranlagen vor Frómista, kurz darauf befinden wir uns an einer belebten Kreuzung, an dem sich ein mir bestens vertrauter österreichischer Pilgerhaufen in einen klimatisierten Reisebus quetscht.

Laut meinem Wanderführer liegt die Einwohnerzahl von Frómista bei knapp unter tausend. Allerdings tut der Ort so, als lebten hier mindestens dreitausend Menschen. Um von A nach B zu kommen, muss man unnötig große Distanzen zurücklegen. Immerhin einen Vorteil scheint die Selbstüberschätzung aber zu haben: Es gibt einige Banken und Geschäfte. Endlich komme ich an meine hart verdienten Scheinchen. Nachdem ich mich mit Cash ausgestattet habe, laufen wir zur privaten Herberge, die mir von dem unbekannten Mann am Straßenrand empfohlen wurde. Tatsächlich erweist sich die *albergue* »Estrella del Camino« als exzellente Wahl. Zwar wirkt die lachsfarben gestrichene Mauer wenig einladend. Betritt der Besucher aber durch die kleine Holzpforte das Grundstück, entdeckt er eine liebevoll gepflegte Insel der Ruhe. Nachdem wir unsere Schuhe ausgezogen und unsere Stempel erhalten haben, werden wir in den Schlafraum geführt, der wie die gesamte Herberge in warmen Farbtönen eingerichtet ist. Hier stehen zehn Stockbetten nebeneinander, durch eine Trennwand in zwei Fünfergruppen unterteilt. Zeit fürs alltägliche Ankunftsritual: Bett mit dem Schlafsack belegen, duschen, Wäsche waschen, zum Trocknen aufhängen, sich nach draußen setzen und etwas Eiskaltes trinken. Hier bereitet Letzteres besonders viel Freude, denn die Herberge umschließt einen kleinen, begrünten Garten mit Sitzgelegenheiten. Einzig die zahlreichen Fliegen nerven ein wenig, aber die machen auch nur ihren Job.

Ich bin schwer abgewetzt, schlafe jede Nacht mit zig Schnarchnasen im selben Raum, und dank der Sonne pellt sich die Haut von meinem linken Ohr, es blutet wie Sau. Trotz allem fühle ich mich glücklich wie schon lange nicht mehr. In meinem ganzen Leben habe ich mich noch nie so angestrengt, ich spüre regelrecht, wie das ganze faule Gift aus meinem Körper, aus meinem Kopf gepresst wird. Neben mir sitzt Karin aus Deutschland, ich schätze sie mal auf Mitte fünfzig. Auf mich macht sie einen zwar etwas nachdenklichen, aber auch recht entspannten Eindruck. Letztes Jahr ist sie den Weg von León aus gegangen; dieses Jahr startete sie in Saint-Jean-Pied-de-Port.

»Die Pyrenäen stecken mir immer noch in den Knochen«, sagt sie. Aber sie ist zuversichtlich, dass sie es schafft.

Sie ist mir auf Anhieb sympathisch, und schon schwirrt mir zum wiederholten Male das Dilemma durch den Kopf, das ich mir gerade aufhalse: Einerseits möchte ich meine Etappendistanzen bis zum Anschlag ausreizen, um endlich meine physischen und psychischen Grenzen auszuloten. Andererseits werden dadurch nahezu sämtliche Pilgerbekanntschaften nur flüchtige Begegnungen bleiben. Die meisten Pilger laufen zunächst für sich, bevor sie nach und nach immer mehr Begleiter finden. Ich hoffe nicht, dass es bei mir genau umgekehrt verläuft und ich ab jetzt allein nach Santiago wandern muss. Ein wenig Zeit für mich ist okay, aber nicht die restlichen vierhundert Kilometer.

Und wenn schon, ich werde den Weg so gehen, wie ich fühle. Bisher hatte ich doch auch Glück, unverschämtes Glück, mit den Herbergen, den Bekanntschaften, verletzt habe ich mich bisher auch nicht. Mein Ohr protestiert gerade, okay, ab morgen wirst du liebevoll eingecremt. Meine Güte, wie das blutet. Ich dachte, so ein Ohr wäre einfach nur ein Knorpelklumpen. Auf jeden Fall führt mir der heutige Tag vor Augen, dass ich meinem Bauchgefühl vertrauen kann. Natürlich habe ich mich heute Morgen davor gefürchtet, am Ende des Tages isoliert zu sein. Jetzt sitze ich hier mit Marcos und Karin entspannt in der Sonne, fernab von leidigen Etappendiskussionen und Beziehungsdramen. Meine Angst, am Ende des morgigen Wandertags allein zu sein, schwindet. Drei einfache Worte: Es wird schon.

Nach zwei Stunden des Wartens sind Marcos und ich uns sicher, dass Avril und Co. nicht mehr auftauchen werden. Wir verlassen die Herberge und laufen die Hauptstraße entlang. Gegenüber der Iglesia de San Pedro, einer romanisch-gotischen Kirche mit ungewöhnlicher Renaissance-Fassade aus dem sechzehnten Jahrhundert, setzen wir uns vor eine Bar und gönnen uns ein kaltes Bier. Wir sprechen nicht viel, lauschen den Einheimischen, die langsam auf die Straße drängen, und ergänzen unsere Notizen. Plötzlich hören wir einen ohrenbetäubenden Radau, und eine Drei-Mann-Kapelle kommt lautstark musizierend um die Ecke marschiert. Völlig verrückt. Bald verschwinden sie in einer Seitengasse, um wenige Minuten später urplötzlich aus einer anderen wieder herauszutanzen. Die Dorfbewohner scheinen überhaupt nichts Außergewöhnliches daran zu finden. Sie lächeln milde, das ja, aber nach wenigen Sekunden gehen sie wieder ihren jeweiligen Beschäftigungen nach.

Als ich meine Fotos betrachte, die ich im Laufe des Tages geschossen habe, entdecke ich etwas Lustiges. Heute Morgen um kurz vor zehn habe ich ein Bild vom Camino mit der Burgruine von Castrojeriz im Hintergrund aufgenommen. Im Vordergrund, maximal zehn Meter vor mir, läuft gerade ein Pilger ins Bild. Erst jetzt erkenne ich: Es ist Marcos. Eigentlich hätte ich ihn an der Isomatte identifizieren können, habe ich aber nicht. Hatte ja genug mit mir selbst zu tun.

So langsam beginnt der Magen zu knurren. Marcos entscheidet sich für die günstige Variante: *bocadillo* mit Thunfisch. Mir würde das heute nicht reichen, also besuche ich das Restaurant »Villa de

Frómista«, das nur wenige Meter von der Herberge entfernt auf der anderen Straßenseite liegt. Da es mir drinnen etwas zu gesellig zugeht, setze ich mich vor das Lokal an einen der roten Estrella-Galicia-Tische. Für neun Euro serviert der gut gelaunte Herr des Hauses dem einzigen Pilger am heutigen Abend ein recht passables Pilgermenü. Wenn der Körper eine Menge von allem benötigt, ist so ein Pilgermenü genau das Richtige. Besonders die Vorspeise, leicht eingekochtes Gemüse, weiß zu überzeugen. Ich lasse es mir schmecken und trinke ordentlich Wein. Der wiederum ist eher mäßig, aber das interessiert mich nach fast fünfunddreißig Kilometern auch nicht mehr. Während ich so dasitze, denke ich über die vergangenen Tage nach. Ob es am Wein liegt oder an meiner allgemeinen Gemütslage, ein Gedanke beschäftigt mich gerade ganz besonders. Ich bin von Natur aus ein Entertainer. Meine Sucht nach guter Stimmung um mich herum verführt mich dazu, immer wieder den lustigen Teil eines Moments zu suchen. Zu jeder Situation, sei es gerade noch so unpassend, fällt mir irgendetwas Flapsiges ein. In gut neunundneunzig Prozent der Begegnungen mit anderen Menschen werde ich auf die Rolle des Entertainers reduziert. Für diese Leute bin ich einfach der Dummschwätzer, der Typ, der nie ernst sein kann, der null Contenance besitzt, ein ewiger Kindskopf. Mir ist schon klar, dass ich von solch oberflächlichen Pappnasen nichts anderes zu erwarten habe und dass sie mir vollkommen egal sein müssten. Trotzdem ärgere ich mich immer wieder darüber. Andererseits habe ich mir dadurch unbewusst einen recht zuverlässigen Indikator aufgebaut. Denn aus den wenigen Malen, in denen mir das nicht widerfahren ist, sind Freundschaften und Beziehungen entstanden. Vielleicht ist es schlicht reine Gier, purer Luxus, mehr zu wollen. Menschen tendieren grundsätzlich dazu, sich über die Leute aufzuregen, die abgesagt haben, als sich über die zu freuen, die erschienen sind.

Ein zweiter Gedanke, der mir kommt, betrifft Ingo. Auf dem gestrigen Weg von Burgos nach Hontanas sagte er, wenn man mit dem Verhalten eines anderen Menschen ein Problem habe, sei es eigentlich ein Problem mit sich selbst. Diese Aussage bezog sich auf Lorys Verhalten bezüglich der Etappenwahl vor Burgos, das Schlechtreden meiner Alternativstrecke. Aber wie so oft im Leben lässt sich auch diesmal nicht so einfach eine allgemeingültige Regel aufstellen. Meiner Meinung nach gibt es nämlich sehr wohl so etwas wie grundloses Aufregen. Einfaches Beispiel: Nehmen wir einmal an, ich wäre sauer auf Herbert, ließe es aber an Anna aus, obwohl sie mit Herbert überhaupt rein gar nichts zu tun hätte. Nach Ingos Aussage hätte Anna ein Problem mit sich selbst, wenn sie eines mit meinem fragwürdigen Verhalten hätte. Aber wenn sie nicht einmal weiß, worum es geht, wie sollte sie mein Verhalten akzeptieren können? Im Endeffekt hieße es, dass niemand mehr auf irgendjemanden Rücksicht nehmen müsste. Und das wäre die totale Anarchie. In Lorys und meinem Fall sehe ich die Sache zwiespältig. Einerseits hätte ich mich nicht so aufregen müssen, schließlich stand für mich selbst ja schon fest, welchen Weg ich laufen würde. Andererseits brachte Lory in dem Moment völlig unnötig eine dermaßen schlechte Stimmung in die Diskussion, dass ich mich gestört fühlen musste. Schließlich ging es ja nicht nur um mich, sondern auch um Avril und Michelle. Wenn man merkt, dass jemand die Gruppendynamik ins Wanken bringt, muss man dem entgegenwirken, völlig gleich, wie sehr man sich der inneren Ausgewogenheit verpflichtet fühlt. Ergo, Notiz an mich: Wenn ich sauer bin, sollte ich meine Wut kanalisieren und abbauen, nicht streuen.

Etappe 7: Hontanas ⇨ Frómista (34,7 km)

Sonntag, 6. September 2009

Um halb sieben, so die Herbergsregel, presse ich mir ein einigermaßen akzeptables Frühstück rein. Wenn man bedenkt, dass ich normalerweise erst gegen neun den ersten zarten Anflug von Appetit verspüre, die reinste Qual. Immerhin beginnt der halbe Liter *café con leche* ziemlich schnell zu wirken. Gegen halb acht machen Marcos und ich uns auf den Weg. Marcos lässt seine Isomatte in der Herberge zurück, sie ist ihm dann doch ein wenig zu sperrig. Er hat sich heute die knapp zwanzig Kilometer bis Carrión de los Condes vorgenommen, ich dagegen möchte meine Grenzen kennen lernen und nehme die siebenunddreißig Kilometer bis Calzadilla de la Cueza ins Visier. Nebenbei bemerkt bieten sich uns nur diese zwei Optionen; hinter Carrión de los Condes gibt es nämlich siebzehn Kilometer lang nichts. Gar nichts. »Im Sommer die frühen Morgenstunden nutzen«, empfiehlt mein Wanderführer. Wieso, werde ich später am eigenen Leib erfahren. Insgeheim hoffe ich, dass Marcos mich nach Calzadilla de la Cueza begleitet, schließlich verstehen wir uns blendend.

Zunächst geht es aber über die ungemein windige Hauptstraße quer durch das ganze Dorf. Bald lassen wir Frómista hinter uns und laufen eine Zufahrtsstraße entlang. Hinter dem Dörfchen Población de Campos überqueren wir den Río Ucieza und laufen auf einer schnurgeraden Landstraße monotone sechzehn Kilometer bis Carrión de los Condes. Da Marcos einen wesentlich höheren Laufrhythmus bevorzugt, läuft er vor, während ich gemütlich hinterhertrotte. In regelmäßigen Abständen lege ich kurze Pausen ein, lasse die Füße baumeln und esse ein paar Kleinigkeiten. So langsam wird es ziemlich heiß, gnadenlos klettert die Temperatur über die Dreißig-Grad-Marke. Eine Weile laufe ich gemeinsam mit einem deutschen Geschwisterpaar, Bruder und Schwester. Wie alle anderen Pilger um uns herum wollen die beiden in Carrión bleiben. Auf der Landstraße links neben mir flitzen permanent Radpilger vorbei. Der Camino selbst, ein Seitenpfad neben der Straße, ist gepflastert mit unzähligen, völlig sinnfreien Wegmarkierungen aus Beton; wohl das sichtbare Werk eines findigen Bauunternehmers.

Es ist ziemlich genau zwölf Uhr, als wir in Carrión de los Condes, einer touristisch vollständig erschlossenen Kleinstadt, einmarschieren. Auf einem T-Shirt vor einem Souvenirshop steht der Satz: *»No pain, no glory.«* Ich muss schmunzeln. Wenn der Satz stimmen sollte, müssten wir bereits ziemlich nah an *glory* sein. Zu meiner Freude ist es Marcos viel zu früh, um jetzt schon den Wanderstock in die Ecke zu stellen. Also kommt er mit. Er wird es ziemlich schnell bereuen.

Jeder einigermaßen vernünftige Wanderführer (auch meiner) empfiehlt, die nun folgenden knapp siebzehn Kilometer *dringend* in den Morgenstunden zu erledigen und im Sommer *unbedingt* die Mittagshitze zu meiden. Prima Idee also, um zwölf Uhr mittags aus Carrión loszulaufen. Zwar bin ich nicht mehr ganz fit, als wir am ehemaligen Kloster und jetzigen Hotel »Monasterio de San Zoilo« vorbeischreiten, aber doch fest entschlossen, heute an meine zumindest physischen Grenzen vorzustoßen. Und das scheint möglich, schließlich ist heute der bisher heißeste Tag auf meinem Camino mit gut fünfunddreißig Grad im Schatten. Dummerweise soll es auf der schnurgeraden Horror-Schotterpiste so gut wie keinen Schatten geben.

Als Vorspeise werden einem fünf Kilometer brütend heißer Asphalt kredenzt, bevor man auf die ehrenwerten zwölf Restkilometer der Vía Aquitana darf. Schon nach etwa einer halben Stunde auf der geröllreichen Römerstraße (die Marcos und ich später *»the fuckin' Roman path«* taufen werden) bekomme ich plötzlich stechende Schmerzen im linken Fuß, sodass ich sofort pausieren muss. Marcos geht schon mal vor, was kommentarlos und ohne nachzudenken geschieht. Denn sowohl das Sprechen als auch das Denken fällt bei der Hitze extrem schwer. Nach zehn Minuten Stillstand geht es zum Glück weiter. Was folgt, ist physisch wie psychisch nur schwer zu ertragen und mindestens ebenso schwer zu beschreiben.

Wie ein apathisches Opfer stapfe ich vorwärts, starre auf den Boden, versuche verzweifelt den mittelgroßen bis gewaltigen Steinen auszuweichen, mit denen die komplette Strecke übersät ist, höre einzig und allein den Rhythmus meiner Schritte, das eigene Keuchen, während mir die Sonne in den Nacken knallt. Nicht ein erwähnenswerter Schatten fällt auf den schnurgeraden Pfad, und ich knicke im Minutentakt um. Blöderweise ist es scheinbar nicht heiß genug, denn es wird gen Nachmittag immer heißer. Schweiß rinnt, nein, fließt mir in die Augen, es brennt, ich werde wahnsinnig, was mache ich hier überhaupt? Die Hitze weckt Aggressionen, ich fluche, schnaufe, schimpfe. Links bis zum Horizont ausgedörrte, abgeerntete Felder. Rechts bis zum Horizont ausgedörrte, abgeerntete Felder. Außer Marcos und mir ist kein einziger Mensch auf der brütend heißen Piste unterwegs. Weicheier, alles Weicheier! Ab und an krame ich meine Kamera aus der Hüfttasche, den Albtraum muss ich festhalten, meine Finger gehorchen mir kaum, habe das Gefühl, dass mir die Gelenke platzen.

In meinem Wanderführer steht, dass man sich etwa auf halber Strecke Erfrischungen kaufen kann. Das bedeutet, solange man diesen Punkt nicht erreicht hat, ist nicht einmal Halbzeit. Erst nach einer gefühlten Ewigkeit taucht auf der rechten Seite ein weißer Container auf. Davor steht ein älterer Herr, der Kaffee, Wasser und sonstige Bestseller anbietet. Ich kaufe mir eine Flasche Wasser und denke: Halbzeit und halbtot, das passt. Außer mir hocken hier noch zwei Frauen herum. Die eine liest ein dickes Buch und chillt. Ich sterbe hier fast, und die tut so, als würde sie auf die nächste Vorlesung warten. Vor allem: Woher kommen die beiden, und wie lange sitzen sie schon hier? Ich jedenfalls habe keinen einzigen Pilger auf der Schotterpiste gesehen.

Als ich zurück auf den knochentrockenen, extrem staubigen Pfad wanke, denke ich, meine Beine fallen gleich ab. Die Schmerzen sind unbeschreiblich. Kurz darauf kreuze ich eine asphaltierte Straße, auf der mit verblasster, gelber Farbe geschrieben steht: »9 km Bar«. Irgendjemand hat mit roter Farbe eine »7« über die »9«

gemalt. Nett. Noch sieben Kilometer über diesen Alptraum aus Geröll und Staub, na herrlich.

Am Wegesrand sehe ich Marcos rasten. Ich möchte ihm etwas zurufen, aber scheinbar arbeitet mein Gehirn nicht mehr richtig. Ich bekomme keinen Ton heraus. Stattdessen laufe ich wie in Trance einfach weiter. Langsam mache ich mir dann doch Sorgen. Um einem Sonnenstich vorzubeugen, schütte ich mir ab jetzt regelmäßig Wasser über den Kopf. Das hilft mehr, als ich gedacht habe, auch wenn ich immer noch – und immer häufiger – Farbflecken vor meinen Augen flimmern sehe. Lustige, schimmernde Dreiecke und Trapeze in grellen Farben tanzen vor mir herum. Mittlerweile fällt es mir schwer, klare Gedanken zu fassen. Es sind eher Gedankenfragmente, die durch meine Gehirnwindungen huschen. Seb oder meine beste Freundin Carina tauchen auf, meine Eltern oder Arbeitskollegen. Nebenbei bearbeite ich kurz und knapp die Frage der Oberflächlichkeit und komme zu folgendem Schluss: Man kann ganz einfach herausfinden, ob man jemanden wirklich liebt. Man subtrahiere einfach das Aussehen und überlege sich, ob man dann immer noch mit der Person zusammen wäre. Worüber man so nachdenkt, wenn man kurz vor dem Hitzetod steht.

Rechts und links des Weges hat sich nichts verändert, immer noch abgeerntete Felder ohne Ende, es sieht aus wie in der Wüste. Keine Menschenseele zu sehen außer Marcos, der mich einholt. Im monotonen Gleichschritt gehen er und ich nebeneinander her. Wir wechseln kein einziges Wort, leichte Apathie macht sich bemerkbar. Die letzten Kilometer haben es dann noch einmal in sich: Wir erklimmen einen Hügel in der Hoffnung, dass sich dahinter das Etappenziel versteckt. Doch dann taucht ein weiterer Hügel auf, der genau gleich aussieht. Und noch einer. Wir laufen, laufen, laufen. Alles tut weh, Steine bohren sich in die Sohlen, ich spüre jedes verdammte Sandkorn. Das macht alles überhaupt keinen Spaß, ich bin echt stinksauer! Irgendwann weicht die Monotonie dann endlich einem winzigen Etwas auf der rechten Seite der Strecke. Langsam, ganz langsam wächst ein kleiner Kirchturm aus den

Feldern. Völlig bedient humpeln Marcos und ich nach Calzadilla de la Cueza hinunter. Die beste Nachricht des Tages: Die Herberge befindet sich gut sichtbar direkt am Ortseingang. Vor lauter Dankbarkeit möchte ich weinen, aber dafür bin ich leider zu sehr ausgetrocknet.

Der *hospitalero* ist der Knaller: eine brasilianische Mischung aus dem albanischen Fußballstar Fatmir Vata und dem HB-Männchen. Flucht permanent wie ein Rohrspatz und regt sich über die ganzen Dreckspilger auf. Ich schließe ihn sofort in mein Herz. Er ist nicht so ein Schleimbeutel wie viele andere, außerdem hilfs- und kompromissbereit, wenn es drauf ankommt. Beispielsweise, als Marcos und ich einfach die Waschmaschine benutzen, ohne vorher zu zahlen oder überhaupt zu fragen. Und einfach in die Bar hundert Meter weiter humpeln, um uns unser wohlverdientes eiskaltes Bier zu gönnen. Meine Güte, bin ich stolz auf Marcos und mich. Der Junge hat seit Burgos über hundert Kilometer in drei Tagen zurückgelegt und ist heute wirklich platt. Ihm ist ein wenig schlecht, ich nehme an, er hat einen leichten Sonnenstich erlitten. Wenn ich nicht gerade ich wäre, würde ich mich selbst beobachten, wie ich einer Schildkröte gleich über den Asphalt krieche. Marcos und ich laufen den *camino walk* in ungeahnter Perfektion. Wenn man wie ich nicht unbedingt bei bester Gesundheit ist und dafür bekannt, sich permanent nicht zu überwinden, kann man getrost etwas länger über solch einen Tag nachdenken. Und wenn man Hüfte abwärts komplett taub ist, erst recht. Ich wollte den Zwang hinter mich lassen, ich habe mir etwas zugetraut, was ich mir vor zwei Wochen sicherlich nicht zugetraut hätte, ich habe einmal mehr eine große Angst überwunden. Nach einem solchen Tag fühle ich mich wesentlich lebendiger und besser, als wenn ich das Gefühl hätte, ich könnte noch weiterlaufen. Heute kann und will ich es definitiv nicht!

Ich finde, Marcos und ich machen uns ganz gut als Gespann. Mir gefällt seine entspannte Grundhaltung, und wir können uns über die gleichen Dinge kaputtlachen. Beispielsweise über die deutsche Reisegruppe, mit denen wir gemeinsam im Speiseraum der Bar hocken. Neben uns sitzt ein älteres Pärchen, das der Bedienung ausführlich erklärt, was es alles nicht mag. Da frage ich mich doch glatt, was die beiden bitte in dieser Kaschemme verloren haben. Beim Essen reden Marcos und ich nicht besonders viel, zu kräftezehrend war die Etappe. Nach dem Dessert hinken wir direkt wieder zurück in die *albergue*.

Unser Schlafsaal liegt im Obergeschoss, und die Urinale im Sanitärraum hängen direkt unter einem Fenster. Während des Pinkelns kann man also aufs wunderschöne Meseta-Panorama blicken und sich vorstellen, etwas gegen die todbringende Trockenheit zu unternehmen. Herrlich. Als ich auf meinem Bett direkt an der Treppe herumlungere, höre ich aus dem Erdgeschoss, wie zwei deutsche Damen bei einem Spanier Betten in Sahagún reservieren. Ich werde hellhörig. Marcos und ich wollen morgen ebenfalls nach Sahagún, und mittlerweile sind auf dem Camino wesentlich mehr Pilger unterwegs als noch in Logroño. Der Herbergstyp darf mir auf keinen Fall entkommen. Wenn ich es schaffe, uns zwei Betten zu reservieren, könnte ich morgen meine kaputten Beine schonen und mir die notwendige Zeit lassen. Schnell noch einen Blick in den Wanderführer geworfen, ja, die *albergue* »Viatoris« hat eine gute Bewertung bekommen, also springe ich auf, so gut es eben geht, hinke die Treppe hinunter und sichere Marcos und mir zwei Schlafplätze. Was für ein Erfolgserlebnis am Ende des Tages.

Etappe 8: Frómista ⇨ Calzadilla de la Cueza (37 km)

Montag, 7. September 2009

Vor lauter Schmerzen kann ich nicht besonders gut schlafen.

Um acht Uhr verlassen Marcos und ich die Herberge im beschaulichen Calzadilla de la Cueza und begeben uns auf die heutige Kurzetappe nach Sahagún. Kurzetappe ist gut, haha, es liegen knapp dreiundzwanzig Kilometer vor uns. Das Schlimmste sind immer die ersten Schritte, wenn die Muskulatur noch kalt ist und jede Bewegung die reinste Qual. Glücklicherweise bessert sich das bereits nach etwa einer Minute. Kurz hinter dem Dorf stoßen wir auf die uns mittlerweile bestens vertraute N-120, an der wir einige Kilometer entlanglaufen. Gerade als ich denke, ich hätte die gestrige Etappe erstaunlich gut verkraftet, machen sich erste Knieprobleme bemerkbar. Verglichen mit dem, was jetzt folgt, ein Fliegenschiss. Auf halber Strecke nach Ledigos entdecken wir einen gut gebauten, etwa eins neunzig großen Typen, der seinen Rucksack abgestellt hat und mit ausgebreiteten Armen am Straßenrand steht. Als er uns bemerkt, hört er aber schnell auf damit. Nicht nur sein Verhalten ist merkwürdig, sondern auch sein Outfit: Eastpak-Rucksack, Turnschuhe, Freizeitklamotten. Er wirkt, als wäre er gerade auf dem Weg zum Basketballplatz auf dem Unigelände. Uns stellt er sich als Simon (bitte englisch aussprechen, ganz wichtig!) vor, einundzwanzig, aus Hannover. Oh Simon, bitte beschädige das Ansehen deines Heimat- und meines Geburtslandes gegenüber Marcos nicht. Obwohl wir einfach weitergehen wollen, überhäuft uns der merkwürdige Kerl mit persönlichen Informationen, nach denen wir meines Wissens nicht verlangt haben. Dabei spricht er sehr langsam, als wäre er betrunken. Und schon haben wir ihn an der Backe. Eine halbe Stunde später weiß ich immer noch nicht, wieso wir uns mit ihm unterhalten. Häppchenweise erfahren wir, dass er vier Schwestern und einen jüngeren Bruder hat, im Herbst ein Maschinenbau- und Umwelttechnikstudium beginnt und wie Marcos in Burgos gestartet ist. Wie er uns mit leicht irrem Blick erzählt, ist er gestern ohne ausreichenden Wasservorrat von Boadilla del Camino aus zweiundvierzigeinhalb Kilometer (!) nach Calzadilla de la Cueza gelaufen – und umgekippt! Jetzt erinnere ich mich blass, dass er letzte Nacht über Marcos im Bett geschlafen hat. Ohne Schlafsack. Wie wir erfahren, hat er gar keinen dabei.

Im Laufe des extrem zähen Gesprächs erzählt er mir außerdem noch, dass er Profischwimmer werden wollte, sein Traum jedoch wegen zu geringer Leistungsfähigkeit zerplatzt sei. Trotzdem muss er in einer physisch exzellenten Verfassung sein, anders hätte er den gestrigen Tag sicher nicht überlebt. Auf Dauer wird ihm seine Physis aber überhaupt nichts nützen. Sein Hirn wird ihn früher oder später umbringen, davon bin ich überzeugt.

Um ein bisschen belanglosen Camino-Smalltalk zu betreiben, sage ich: »Ich wäre ja gerne in Saint-Jean vor den Pyrenäen losgelaufen.« Hätte ich doch bloß den Mund gehalten.

Denn Simon weiß es anscheinend besser als ich: »Nee, auf keinen Fall«, widerspricht er mir. Die Verblüffung in meinem Gesicht übersieht er routiniert. Stattdessen ergänzt er noch völlig stumpf: »Das nervt doch. Mehr als drei Wochen will doch keiner laufen.«

Eigentlich habe ich überhaupt keine Lust mehr, mich mit diesem Vollhonk zu unterhalten. Trotzdem versuche ich ihm beizubringen, dass ich ziemlich genau weiß, was vor dem Camino in *meinem* Kopf vonstatten ging. Erstens war ich im Gegensatz zu ihm dabei, und zweitens bin ich im Gegensatz zu ihm ich. Offensichtlich das bessere Los. »Ich hab' halt nur vier Wochen Urlaub bekommen, sonst wäre ich …« Weiter komme ich nicht.

»Nee, mehr als drei Wochen will doch keiner laufen«, unterbricht er mich. Ich glaube es nicht. Er unterbricht mich einfach. Vielleicht bringt ihn ja nicht sein Hirn um, sondern ich?

Nur wenige Minuten später täuscht er seinerseits ein normales Camino-Gespräch an und fragt mich: »Und wieso bist du hier?«

Bereits arg genervt antworte ich: »Da gibt's unterschiedliche Gründe, ne? Hab' kein gutes Halbjahr gehabt, dies und das eben.«

»Ich hätte auch keine Lust zu arbeiten.«

Bitte? So langsam werde ich sauer. Richtig sauer. »Wer hat das denn behauptet?«, pampe ich ihn an.

Daraufhin antwortet er doch tatsächlich: »*Alle* jungen Leute haben keine Lust zu arbeiten.«

»Aha.« Normalerweise würde ich die Unterhaltung an diesem Punkt beenden, aber seine zweifelsohne geniale Erklärung möchte ich bitteschön noch hören. Also frage ich ihn, auch wenn es mir schwerfällt: »Und wie kommst du darauf?«

Seine epische Begründung: »Ich kenne ein paar junge Leute, die keine Lust haben zu arbeiten.«

Okay, entweder hat's ihm die gestrige Sonne so was von durchs Hirn geschlagen, oder er ist einfach total dumm. Wieso müssen Marcos und ich ausgerechnet nach der gestrigen Horroretappe so einem Psycho begegnen? Wie dem auch sei, von jetzt auf gleich breche ich das Gespräch ab und lasse mich einige Meter zurückfallen. Als Simon beginnt, Marcos und mich abwechselnd sekundenlang anzublicken, als würde er a) mit uns schlafen oder b) uns umbringen wollen, bekommen wir es dann doch ein wenig mit der Angst zu tun. Bald erreichen wir das Dörfchen Ledigos. In einer Bar, wahrscheinlich der einzigen hier, bestellen Marcos und ich uns *café con leche*. Simon entscheidet sich für einen Cornetto. Und während er so um kurz nach neun sein Eis frisst, beschließen Marcos und ich zu flüchten. Ohne ein weiteres Wort zu verlieren erheben wir uns synchron von unseren Barhockern und verschwinden.

Kaum dass wir außer Sichtweite sind, sagt Marcos: »Der Typ ist nicht normal. Der ist völlig verrückt!«

Ich kann ihm nur beipflichten. »Der war ein bisschen unheimlich, oder? Nicht, dass der denkt, wir seien jetzt seine Freunde.«

»Ich will mit ihm nichts zu tun haben, Maori. Ich sag's dir, der Typ ist nicht normal.«

Minutenlang rekapitulieren wir seinen Auftritt, wiederholen noch einmal alles, was er so von sich gegeben hat. Wir hoffen inständig, dass wir ihn nie wiedersehen. Mit gemischten Gefühlen durchqueren wir bald Terradillos de los Templarios und das winzige Moratinos. Außerhalb der Dörfer passieren wir abgeerntetes

Brachland sowie weite Sonnenblumenfelder. Und auch die Sonnenblumen ächzen unter der enormen Hitze.

Unsere Hoffnung, Simon nie mehr wiederzusehen, zerschlägt sich recht fix: Als wir in San Nicolás del Real Camino, gut siebeneinhalb Kilometer vor dem heutigen Etappenziel Sahagún, eine Rast einlegen, juckelt er doch ganz entspannt an uns vorbei; diesmal in Begleitung zweier älterer Deutscher. Ob die schon herausgefunden haben, wen sie sich da angelacht haben? Jedenfalls lassen sich die Drei in Sichtweite vor einer Bar nieder. Als wir beobachten, wie Simon sich etwas zu essen bestellt, nutzen wir die Gelegenheit und laufen los.

Bald plagen mich jedoch ganz andere Sorgen. Die Fußschmerzen, danke oh große Römer, sind so heftig, dass ich die letzten Kilometer nach Sahagún nur noch im Schneckentempo zurücklegen kann. Als ob die Muskelstränge bei jedem Schritt von den Knochen abgerissen würden. Wie unangenehm. Immerhin kann ich mich bei der kläglichen Laufgeschwindigkeit umso intensiver der Landschaft widmen. Nach einer Weile trifft der Feldweg auf die N-120, und schon laufen Marcos und ich wieder auf dem Seitenstreifen. Wenigstens hält sich bei der brütenden Mittagshitze der Individualverkehr in verhältnismäßig akzeptablem Rahmen. Als wir rechts in einen Feldweg zur Ziegelsteinkapelle Ermita de la Virgen del Puente abbiegen wollen, entdecken wir auf der gegenüberliegenden Straßenseite den Werbemann der Herberge von Sahagún, bei dem ich gestern unsere Betten reserviert habe. Mit Flyern in der Hand bewaffnet, fängt er sämtliche Pilger ab, die Richtung Stadt unterwegs sind. Dazu muss ich ergänzend erwähnen, dass Marcos und ich bei der nächstbesten Gelegenheit die Nationalstraße überquert und nicht die gelben Pfeile abgewartet haben. Ich rechne fest damit, dass er uns über die N-120 hinweg mit einem Megafon seine Herberge anpreist, aber nein, so rustikal ist er dann doch nicht drauf. Unbehelligt erreichen wir die rötlich leuchtende Kapelle. Vor dem knallblauen Himmel entwickelt die kontrastbildende Farbgebung eine Wucht, die man einem derart fragilen Bau gar nicht zutraut. Ein echtes Schmuckstück, besonders für den pilgernden Architekturstudenten. Nur leider scheint das hier niemanden zu interessieren, die Kapelle müsste dringend saniert werden. Betreten kann man sie leider auch nicht. Ein paar Bauarbeiter lungern hinter dem Gebäude herum und halten eine Siesta. Wahrscheinlich seit dreißig Jahren.

Unter der glühend heißen Sonne geht es nach Sahagún. Als wir die verkitschte Privatherberge mit dem Charme einer mäßig frequentierten Disneyland-Attraktion erreichen, bin ich heilfroh über das Ende der Etappe. Dank der gestrigen Reservierung bekommen wir zwei Betten im hinteren Bereich des Schlafsaals, nicht mittendrin. Weniger froh bin ich dann, als kurze Zeit später Simon mit seinen neuen Freunden in die Herberge wackelt. Natürlich, wie sollte es auch anders sein, setzen sich die Drei zu uns. Ich beschließe, ihn möglichst zu ignorieren.

»Eigentlich möchte ich noch das Kloster besuchen«, murmelt er vor sich hin und blättert im Wanderführer des älteren Begleiters. Dort steht allerdings drin, dass nur noch ein Torbogen sowie eine Kirche erhalten geblieben sind. »Wenn das kein richtiges Kloster ist, mit echten Mönchen und so, dann macht das ja gar keinen Sinn da hinzugehen.«

Mit echten Mönchen und so? Mönche sind doch nicht da, damit Touristen etwas zum Gucken haben. Ich taufe ihn hiermit »Simon der Denker«. Irgendwann wird mein hartnäckiges Schweigen belohnt: Er verzieht sich. Ich nutze die gewonnene Freiheit und gehe online, um Avril eine kurze Standortangabe zuzumailen. Natürlich bringe ich auch hier wieder den Rechner zum Absturz. Die hübsche *hospitalera* nimmt sich der Sache an und startet ihn neu. Vielleicht sollte ich langsam über einen Anbieterwechsel nachdenken. Kurze Zeit später erreichen auch Ingo und Chris Disneyland. Sie sind heute Morgen aus Carrión de los Condes losgelaufen, haben also satte vierzig Kilometer in den Beinen. Als Marcos und ich uns später in der Stadt unser obligatorisches eiskaltes Bier gönnen, schlendert Chris an uns vorbei. Anstatt wie wir einen ausgereiften *camino walk* hinzulegen, spaziert sie hier mit ihren iPod-Kopfhörern in den Ohren herum, als wäre sie an einem Samstagnachmittag auf Shoppingtour.

»*She's unbelievable*«, meint Marcos.

»*She's young*«, korrigiere ich.

In einem Supermarkt kaufe ich mir endlich eine Reisepackung Shampoo, schließlich sprießen mir so langsam die ersten Stoppeln aus der Glatze. Außerdem decken wir uns mit Spaghetti und Dosen-Thunfisch ein, die ich in der Küche der Herberge zu einer Studentenmahlzeit verarbeite. Das gelingt auch recht gut, mit der Menge allerdings habe ich mich komplett verschätzt. Zu zweit werden Marcos und ich den Topf garantiert nicht leeren können. Glücklicherweise flaniert Chris zu uns in die Küche, lugt auf unsere Teller und fragt: »Cool. Kann ich auch was haben?«

Zack, schon steht ein Teller Pasta vor ihrer Nase. Während wir an einem Tisch in der Küche unser Abendessen verputzen, rennen um uns herum einige Pilger, die zwar Geld sparen wollen, aber nicht kochen können. Neidvoll blicken sie auf unsere Pasta, und es heißt schon was, neidvoll auf Spaghetti mit Dosen-Thunfisch zu blicken. Wenn sie etwas abhaben wollen, wieso fragen sie nicht einfach? Ich würde sogar eine weitere Portion für sie kochen, wenn sie wollten. Stattdessen versuchen sie sich selbst am Herd, allerdings mit mäßigem Erfolg. Chris, Marcos und ich beschließen, sie nicht weiter zu beachten, und plauschen ein wenig. Chris erzählt, dass sie in Saint-Jean-Pied-de-Port gestartet sei und aus Bochum komme. Ihr Englisch besitzt einen eindeutig US-amerikanischen Einschlag, und auf Nachfrage erfahren wir, dass dies von einem mehrmonatigen USA-Aufenthalt herrührt. Ihr Lieblingswort ist »*obviously*«, offensichtlich, sie benutzt es permanent.

Hinterher sitzen wir noch zu dritt vor der Herberge, ein wenig abseits des vollbesetzten deutsch-österreichischen Tisches. Seit Logroño habe ich nicht mehr so viele deutschsprachige Pilger auf einem Haufen gesehen. Vorhin saßen Marcos und ich unter anderen mit Adam aus Bielefeld, Manfred aus Niederösterreich und

Martina aus Hamburg an einem Tisch. Martina klagte uns ihr Leid, wurde sie doch in der Herberge von Calzadilla de la Cueza von Bettwanzen zerbissen. Sie vermutet, dass sie die Parasiten aus Villalcázar de Sirga mitgeschleppt hat. Dort gab es in der Nacht zuvor Bettwanzenalarm. Um zwei Uhr nachts ging plötzlich ein Geschrei los, das Licht wurde angeknipst, und der Schlafsaal stand kopf. Horror.

Jetzt sitzen Marcos, Chris und ich an der Einfahrt und lassen den Abend bei Billigbier und Zuckerwasser ausklingen.

Etappe 9: Calzadilla de la Cueza ⇨ Sahagún (22,9 km)

Dienstag, 8. September 2009

Meine Füße sind taub. Und ich hasse Römer. Die alten, wohlgemerkt. Für den heutigen Tag stehen uns zwei Routen zur Auswahl. Route Nummer eins führt an einer Landstraße entlang schnurgerade nach Reliegos. Route Nummer zwei ist etwas länger, bietet aber laut Wanderführer »landschaftlich (…) ein ganz spezielles Erlebnis« über die Vía Trajana. Eine alte Römerstraße, richtig. Spätestens jetzt würden bei den meisten die Alarmsirenen schrillen, aber natürlich nicht bei uns. Wir haben nur im Kopf: »Landschaftlich ein ganz spezielles Erlebnis«.

Um kurz nach sechs starten wir in die Dunkelheit. Schon innerhalb Sahagúns verlieren wir in der gelben Straßenbeleuchtung die gelben Pfeile aus den Augen. Als wir dann auch noch wegen der unzureichenden Wegbeschreibung im Wanderführer drei Kilometer hinterm Ortsausgang falsch abbiegen, liegt meine Laune bereits am Boden. Kurze Zeit später dann auch meine Digitalkamera, die ich versehentlich fallen lasse. Meine Halsschlagader droht zu platzen. Über einen breiten, mit widerspenstigem Schotter übersäten Feldweg geht es gut zwei Stunden lang durch eine Savannenlandschaft Nordafrikas nach Calzadilla de los Hermanillos. Und unerbittlich klettert die Sonne den Himmel hinauf. Ich spüre, wie es immer wärmer wird. Üblicherweise zeigt das Thermometer in den frühen Morgenstunden um die elf Grad an, bei Sonnenaufgang meist um die vierzehn bis sechzehn Grad. Danach klettert die Anzeige gerne bis vierzig, je nach Lust und Laune. Dabei wüten in anderen Teilen Spaniens momentan brachiale Herbststürme, Santander steht längst unter Wasser. Meistens hocken wir morgens in einer Bar, sehen im spanischen Fernsehen Autos durch die Gegend schwimmen, ehe wir uns in die Sonne begeben und uns rösten lassen. Apropos rösten: Als Jakobspilger wird man nur auf der linken Seite gebräunt, schließlich läuft man die ganze Zeit nach Westen. Wie Dönerfleisch, das sich nicht dreht. Während also mein linkes

Ohr inzwischen ziemlich zerfleddert aussieht, zeichnet sich mein rechtes durch vornehme Blässe aus.

Als wir um kurz vor zehn den letzten Ort vor unserem heutigen Etappenziel Reliegos verlassen, erwartet uns eine fast achtzehn Kilometer lange Strecke ohne Einkehrmöglichkeiten, ohne Schatten, ohne Brunnen oder sonstige Rastplätze. Zunächst laufen Marcos und ich auf einer welligen, asphaltierten Landstraße bis zu einer Kreuzung. Just in diesem Moment kommt von rechts ein alter Mann dahergeradelt. Ein Einheimischer, zumindest vermute ich das.

»Ah, *peregrinos*«, bemerkt er und hält an. »Wohin des Weges?«, fragt er uns.

»Nach Reliegos«, antwortet Marcos und deutet auf die Wüste vor uns.

»Wirklich?« Der alte Mann staunt. »Das ist eine sehr anstrengende Strecke, besonders heute bei der Hitze.«

Ja, so weit sind wir mittlerweile auch.

»Kennen Sie die Strecke?«, fragt Marcos ihn.

Er nickt. »Ja, ja, natürlich. Da ist nichts auf der Strecke, nur der Weg. Um diese Zeit sollte man allerdings nicht laufen, es sind schon viele Pilger in der Hitze gestorben.«

Wie bitte? Wieso kommt mitten im Nichts ein alter Mann dahergeradelt und prophezeit uns den Tod? Das passt uns jetzt aber gar nicht.

»Na dann«, der Mann steigt wieder auf seinen klapprigen Drahtesel, *»buen camino, mi amigos.«* Schon radelt der geheimnisvolle Alte davon.

Marcos und ich gucken uns nur an und lachen. Dabei finden wir überhaupt nichts komisch, wir wollen uns nur ein wenig Mut machen. Gruselig. Obwohl, vielleicht radelt der hier den ganzen Tag hin und her und erschreckt Pilger. Auf einem Schild steht *»calzada romana«*, Römerstraße. Welch wundervoller Zufall, gerade wollte ich nachfragen, ob wir es noch einmal Schwarz auf Weiß haben könnten. Da ich eine Pause benötige, geht Marcos wie gewohnt voraus. Nach einigen Minuten habe ich schließlich genug von der Hitze und raffe mich auf. Ich habe erst wenige Meter zurückgelegt, als ich rechts von mir mitten im Feld ein riesiges schwarzes Ding entdecke. Da es relativ weit entfernt ist, kann ich nicht genau erkennen, um was es sich handelt. Plötzlich bewegt es sich, ganz langsam zwar, aber deutlich. Ein riesiges schwarzes Tier also, schön. Ich laufe einige Schritte weiter und blicke wieder nach rechts. Das schwarze Ding ist immer noch da und bewegt sich nicht mehr. Irre ich mich, oder ist es näher gekommen? Die Hitze scheint mein Gehirn aufzulösen. Ich gehe weiter. Nach wenigen Metern blicke ich wieder nach rechts, ich kann nicht anders. Jetzt erkenne ich, dass es sich um einen riesigen Hund handelt. Das schwarze Ding bewegt sich wieder nicht. Aber ich bin mir sicher, dass es schon wieder näher gekommen ist. Und jetzt ist auch noch ein zweites riesiges schwarzes Ding aufgetaucht. Scheiße, hier ist doch weit und breit nichts, was diesen Monstern als saftiges Mittagsmahl dienen könnte. Außer mir natürlich. Mein Herz beginnt zu rasen. Weit und breit keine Menschenseele, Marcos ist nicht mehr als ein Punkt am Horizont, wieso muss der eigentlich immer so rennen? Ich beschleunige meinen Schritt. Ich blicke wieder nach rechts. Sie sind noch näher gekommen, bewegen sich aber wieder nicht. Langsam gerate ich in Panik. In Gedanken lege ich mir schon eine Verteidigungsstrategie zurecht. Zwei schwarze Wölfe, das wird hart, wenn die beiden gleichzeitig angreifen. Ich werde mit meinen Wanderstöcken zuerst auf die Augen zielen. Metallspitze gegen Monsteraugen, da sollte doch etwas für mich drin sein. Ich drehe mich wieder nach rechts. Und bleibe stehen. Nichts. Sie sind verschwunden. Wo sind sie hin? Ich blicke mich um. Und entdecke sie etwa fünfzig Meter hinter mir auf dem Camino. Regungslos stehen sie dort nebeneinander und beobachten mich. Ich bleibe ebenfalls stehen und beobachte sie. Was die können, kann ich schon lange. Solange die beiden da stehen, werde ich mich nicht von der Stelle rühren. Ich weiß, was solche Tiere draufhaben. Lautlos schleichen sie sich von hinten an ihre Opfer heran, springen sie an und zerfetzen sie. Tut mir leid, aber ich möchte nicht zerfetzt werden. Nicht heute, und nicht auf dem Camino. Etwa eine Minute lang passiert rein gar nichts, außer dass ich spüre, wie mein Herz pumpt. Schließlich geben die beiden Hunde ihr Sushihäppchen auf und trotten in die Felder zurück. Als sie endlich weit genug entfernt sind, nehme ich die Beine in die Hand und hetze davon.

Ich hasse Hunde. Ich hasse Hunde, ich hasse Hunde, ich hasse Hunde. Ich hasse Hunde. Nicht alle. Aber die meisten. Ich weiß, es gibt tolle Hunde, liebe Hunde, knuffige, schlaue, treue Hunde. Aber das alles sind sie nicht zu mir. Wenn Hunde toll sind, heißt es: tolle Hunde. Wenn Hunde doof sind, heißt es: doofe Besitzer. Schwachsinn. Ich kann nicht mit Hunden, und sie können nicht mit mir, also sollten wir uns aus dem Weg gehen. Habt ihr gehört, ihr schwarzen Bestien der Meseta? Lasst mich bloß in Ruhe!

Völlig fertig versuche ich in meinen Laufrhythmus zu kommen, was mir bald einigermaßen gelingt. Nach spätestens zwanzig Minuten hat mir die Sonne die Geschichte mit den Hunden einfach knüppelhart aus dem Hirn gebrannt. Ich schwitze wie eine Fontäne, und der mit unfassbar grobem Geröll und Schotter vergewaltigte Weg ist wesentlich schlimmer zu laufen als der vorgestrige Teil der Römerstraße. Oder wie Marcos es später treffend umschreibt: Die Landschaft *ist* ein ganz spezielles Erlebnis. Nur leider bekommt man davon überhaupt nichts mit, weil man permanent darauf achten muss, wo man hintritt. Apropos Marcos, es dauert ganze anderthalb Stunden, bis ich ihn wieder eingeholt habe. Und er keucht auch schon ganz schön. Mit der tollen Landschaft hat es sich ziemlich bald auch erledigt, und wir sind umgeben von nichts. Weit und breit nur abgeerntete, staubtrockene Felder, flach wie ein Backblech, und mindestens genauso heiß. Der Wahnsinn, beeindruckend, nervig, atemberaubend schön, faszinierend, ermüdend, irgendwie von allem etwas.

Physisch fordert uns die heutige Römerstrecke mehr ab als die vorgestrige, aber durch das Erlebnis vor zwei Tagen sind wir psychisch bestens vorbereitet. Klar fluchen wir, und es ist wirklich hart, aber von einem Zusammenbruch oder bunten Flecken vor den Augen sind wir weit entfernt. Nach zwei Stunden auf der Römerstraße nähern wir uns einer Bahnstrecke, die vermutlich Sahagún mit León verbindet. Genau dort, wo der Camino die Bahnstrecke tangiert, befindet sich ein verfallener Bahnhof. Einige Ruinen, ein verwittertes Wartehäuschen, ein Traum von einem Geisterbahnhof. Ansonsten gibt es hier weit und breit nichts. Im nächsten Moment sehe ich, dass dort einsam und verlassen ein alter Mann wartet. Er sitzt im verfallenen Wartehäuschen und wartet. Einfach so. Trainspotting in der Meseta. Plötzlich hören wir ein Pfeifen, und ein Zug nähert sich. Was für ein Timing. Ungefähr so stelle ich mir The Ghan im Outback vor, die Bahn, die Adelaide über Alice Springs mit Darwin verbindet. Vielleicht ein bisschen länger, aber ansonsten ist die Illusion perfekt. Natürlich hält The Span (sorry, der musste jetzt sein) nicht für den einen alten Trainspotter, sondern rauscht durch den Geisterbahnhof hindurch. Ein bizarres Bild, das alles.

Irgendwann kommen wir an einem Kreuz vorbei, auf dem abzulesen ist, dass hier vor sechs Jahren eine Pilgerin verstorben ist. Motivierend ist das nicht. Es zeigt aber, wie beschwerlich der Weg tatsächlich ist. Später hören wir, dass heute auf der Strecke ein Radpilger verunglückt ist. Mit schweren Kopfverletzungen sei er nach León ins Krankenhaus geflogen worden.

Wie Hontanas versteckt sich auch Reliegos hinter einem Hügel und taucht erst sehr spät auf. Um ziemlich genau vierzehn Uhr laufen wir im Dorf ein und sind heilfroh, auch die zweite Römerstrecke unbeschadet überstanden zu haben. Als wir später vom *hospitalero* erfahren, dass heute nicht einmal zehn Pilger die Route bewältigt haben, sind wir ziemlich stolz. Zu den Bescheuerten zählen außer Marcos und mir natürlich auch Ingo und Chris. Alles andere hätte mich doch sehr verwundert.

Nachdem wir uns geduscht haben, kriechen Marcos und ich

nach Downtown Reliegos und gönnen uns ein eiskaltes Bier. Da die Außentemperatur immer noch um die vierzig Grad beträgt, schmeckt es uns besonders gut. Bis achtzehn Uhr lungern wir zwischen *albergue* und Bar herum, zu mehr können wir uns einfach nicht aufraffen. Ob sich meine Beine jemals von der Folter, der ich sie zurzeit aussetze, erholen werden? Das Gemeine daran ist ja, dass ich mich am Ende des Tages großartig fühle und mir denke: Morgen geht noch mehr! Dabei wird morgen überhaupt nichts mehr gehen, das weiß ich jetzt schon.

Gerade, da ich hier so im Schatten sitze und mich entspanne, fällt mir ein Gespräch ein, das Avril, Melanie und ich vor wenigen Tagen geführt haben. Auf dem Weg nach Burgos fragte Avril Melanie: »Würdest du einen Mann heiraten, der unter gar keinen Umständen bereit wäre, den Camino zu gehen?« Melanie kam ganz schön ins Grübeln. Ich für meinen Teil würde die Frage etwas sezieren. Natürlich wäre es toll, eine Frau zu finden, die sich ohne mit der Wimper zu zucken das hier antun würde. Andererseits laufen hier so viele schlimme Frauen herum, Stichwort Mädelsquartett, die würde ich nicht einmal mit der Kneifzange anfassen. Demnach würden mich Frauen, die unter gar keinen Umständen bereit wären, den Camino zu gehen, wahrscheinlich nicht sonderlich ansprechen. Das bedeutet aber nicht, dass Frauen durchs Pilgern attraktiver würden. Gilt übrigens selbstverständlich auch für Männer.

Endlich öffnet der Laden von Reliegos. Ich nenne ihn einfach so, weil mir keine passende Bezeichnung einfällt. Draußen stehen grüne Stühle und Tische von Heineken wie vor einer Bar. Drinnen allerdings verkauft ein drahtiger Spanier, ich schätze ihn auf Ende vierzig, allerlei Lebensmittel. Aber das Beste an dem Haus sind die unzähligen Pilgergrüße an den Innen- und Außenwänden. Alles ist vollgemalt und -geschrieben, die halbe Sprachwelt vertreten. Auf Französisch steht da: »Betrachte den heutigen Tag, als gäbe es weder gestern noch morgen.« An anderer Stelle empfiehlt jemand auf Spanisch: »Lass dir deinen Camino von nichts und niemandem zerstören.« Ziemlich martialisch, die Wortwahl. Wahrscheinlich deshalb hat dieser Jemand ein großes Herz um seinen Spruch gemalt.

Während ich wie ein Gefängnisinsasse auf die Wände starre, kauft Marcos den gesamten noch nicht verdorbenen Gemüsebestand auf: zwei Tomaten und eine Zwiebel. Zurück in der Herberge zaubert Ingo aus dem Gemüse, einer Packung Käse, zwei Dosen Thunfisch und Restnudeln eine tolle Mahlzeit für vier Personen. Wir hocken in der großzügigen Küche der Herberge, trinken Mahou (Biermarke; wird »Mao« ausgesprochen!) und lassen es uns so richtig gut gehen. Bei der Gelegenheit erzählt uns Ingo von einer deutschsprachigen Fahrradpilgerin, die mit ihrer fünfjährigen Tochter zwei Wochen über den Camino radelt. Als sie in einer Herberge übernachten wollte, dachte der *hospitalero* an eine Kindesentführung und rief die Polizei. Erst nach einigen zähen Diskussionen und einer polizeilichen Überprüfung durften Mutter und Tochter ihr Quartier beziehen. Nun frage ich mich: Was macht die gute Frau mit einer Fünfjährigen auf dem nicht gerade kinderfreundlichen Camino? Und wieso denkt der *hospitalero*, deutsche Kidnapperinnen würden bevorzugt in einer Pilgerherberge in Spanien untertauchen?

Spätabends sitzen wir bei einem weiteren Bier im Central Park von Downtown Reliegos (Ingo und ich haben uns entschieden, das Dorfzentrum sprachlich ein wenig aufzuwerten) und ergänzen unsere Notizen. Am Himmel ziehen dicke Wolken auf, die wir heute Mittag auf der Römerstraße hervorragend hätten gebrauchen können. Ich als Städter genieße es richtig, den Abend ohne Straßenlärm ausklingen lassen zu können. In Dortmund habe ich zwei Jahre lang direkt an einer Bushaltestelle und einer Straßenkreuzung gewohnt. Ja, und erst die Borussenkneipe gegenüber, als Schalker schwer erträglich. In Hamburg habe ich für zwölf Monate gegenüber dem NDR-Gelände an einer vierspurigen Straße gewohnt. Die Hölle. Ich meine, dieses Dauerrauschen ist eine Sache, aber Hamburger Autofahrer hupen auch noch wahnsinnig gerne. Ob sie sich nun aufregen oder freuen, beschweren oder bedanken, scheißegal. Für einen wie mich, der in regelmäßigen Abständen seine Ruhe braucht, ein Fall für die UN-Menschenrechtskommission.

Nebenbei beobachte ich die ganze Zeit eine Katze, die nur wenige Meter von unserem Tisch entfernt auf dem Boden kauert. Würde ich außerhalb der Stadt wohnen, wahrscheinlich hätte ich zwei Katzen als Haustiere und würde meinen Fernseher in Rente schicken. Ich finde meinen Fernseher großartig, ein tolles Exemplar, mit dem ich Wolf von Lojewski durch Australien begleitet habe oder mit dem Wiedervereinigungsexpress von Ho-Chi-Minh-Stadt nach Hanoi gefahren bin. Aber wenn das Ding erst einmal weg wäre, würde ich es wahrscheinlich nur selten vermissen. Am Camino guckt man auch mal einer Katze zu, die mit ihrer heutigen Einschaltquote zufrieden scheint.

Um halb zehn klappe ich das Notizbüchlein zu, schalte die Katze aus (nein, eigentlich sprintet sie nur davon) und trotte wieder zur Herberge zurück. Ich bin erschöpft und brauche jetzt meinen Schlaf.

Etappe 10: Sahagún ⇨ Reliegos (31,6 km)

Mittwoch, 9. September 2009

Normalerweise wache ich mindestens einmal pro Nacht auf, auch zu Hause. Ich leide schon seit meiner Kindheit unter Schlafstörungen, die periodisch auftauchen. Mal geht es mir mehrere Wochen gut und ich schlafe die Nächte ohne gravierende Zwischenfälle durch. Dann quäle ich mich wieder wochenlang allnächtlich mit endlosen, unkontrollierbaren Grübelattacken oder wache mehrmals auf. In den letzten Wochen vor dem Camino hatte ich mehr mit Letzterem zu kämpfen. Vergangene Nacht allerdings habe ich dermaßen kompromisslos durchgeschlafen, ich war acht Stunden lang völlig weg. So langsam machen sich die Strapazen der letzten Tage bezahlt.

Nachdem wir unsere Sachen zusammengepackt haben, sammeln wir uns nach und nach unten am Eingang. Als Marcos und ich am Empfangstisch der Herberge herumlungern, springt irgendetwas aus seinen Klamotten auf die Tischplatte. Wir beugen uns hinunter und entdecken eine fette schwarze Bettwanze. Wie ein Cowboy seinen Colt zieht Marcos ein Taschentuch aus der Hosentasche und haut drauf. Blut fließt. Jetzt hat auch er eine Bettwanze erledigt. Tote Bettwanzen pflastern unseren Weg, würde ich fast behaupten. Wie durch ein Wunder ist Marcos nicht gebissen worden. Glück gehabt, kann man da nur sagen.

Endlich taucht Chris auf, und wir verlassen zu dritt die Herberge. Ingo möchte sich heute etwas Zeit lassen und bleibt zurück. Noch ist es recht dunkel und kühl, meine Muskeln tun sich schwer aufzutauen. Alles, aber auch alles an meinem Körper, was auch nur im Entferntesten mit Fortbewegung zu tun hat, schmerzt. Ich wusste gar nicht, dass er an so vielen unterschiedlichen Stellen gleichzeitig schmerzen kann. Aber tatsächlich, es geht. Die ersten Minuten aus Reliegos, das Chris *»religious«* getauft hat, sind einfach nur schlimm. Es gelingt mir nicht, einen regelmäßigen Laufrhythmus aufzubauen, weshalb ich mehr so vor mich hinstolpere. Auf der schnurgeraden Direktverbindung nach Mansilla de las Mulas werden wir mit einem traumhaften Sonnenaufgang beglückt. Genießen kann ich ihn allerdings kaum, denn schon bald schmerzen das rechte Schienbein und das rechte Fußgelenk dermaßen heftig, dass ich nicht mehr weiterlaufen kann. Wenn ich mit dem rechten Fuß auftrete, fühlt es sich beinahe so an, als bräche er in zwei Teile. Mitten auf dem Weg lasse ich mich auf den Boden plumpsen und schnalle meinen Rucksack ab. Auf der gestrigen Römerstraße bin ich ohne Übertreibung zigmal umgeknickt. Ich befürchte, ich habe mir etwas angeknackst. War's das jetzt?

Chris versucht mich mit homöopathischen Mitteln aufzupäppeln, muntert mich auf und redet mir gut zu. Viel mehr kann sie für mich leider nicht tun, schließlich kann sie mich ja nicht auch noch über den Camino tragen.

Ich schicke Chris und Marcos fort, die sollen sich jetzt nicht durch mich aufhalten lassen. »Geht schon mal weiter. Ich komme dann nach, wenn ich wieder laufen kann.«

»Aber nimm die Pillen«, befiehlt Chris, »die helfen wirklich.«

Und schon laufen sie weiter. Immerhin habe ich jetzt mehr als genügend Zeit, den Sonnenaufgang zu genießen. Wow. Fast dreihundert Kilometer habe ich bisher zurückgelegt. Morgen wäre Halbzeit. Wenn ich schon abbrechen muss, möchte ich zumindest die Hälfte geschafft haben. In León könnte ich zur Not mehrere Tage pausieren, wichtig ist nur, dass ich die dortige Herberge zu Fuß erreiche. Oder das dortige Krankenhaus, je nach Zustand. Ich habe mir geschworen, keine Verkehrsmittel zu benutzen, und daran werde ich mich auch halten. Jetzt packt mich der Ehrgeiz. Ich raffe mich auf und hinke los. Ach herrje, tut das weh! Zähne zusammenbeißen, Stöcke einsetzen, Schneckentempo einlegen.

Nach einer Weile kann ich halbwegs gut hinken, und so erreiche ich bald den geschichtsträchtigen Ort Mansilla de las Mulas. Das Dorf mit etwa zweitausend Einwohnern war schon zu Römerzeiten ein bedeutender Handelsposten und nahm schließlich im Mittelalter all jene Pilger auf, die die brutalen Strapazen der Meseta überlebt hatten. Aus der Römerzeit sind noch Teile der gigantischen Stadtmauer erhalten, die wie steinerne Wucherungen aus dem Boden wachsen und problemlos das eine oder andere mehrstöckige Haus überragen. Als ich mich der *albergue* von Mansilla de las Mulas nähere, sehe ich schon aus einiger Entfernung, dass etwas nicht stimmt. Vor dem Eingang der Herberge stehen Beamte der Guardia Civil sowie einige aufgewühlte Menschen herum. Ich erfahre, dass an diesem Morgen ein belgischer Pilger auf der Toilette tot aufgefunden wurde. Nach ersten Erkenntnissen gehen die Einsatzkräfte davon aus, dass der leicht übergewichtige Mann an Herzversagen gestorben ist. Obwohl körperlich nicht fit, soll er versucht haben, mit einigen sportlichen Mitpilgern Schritt zu halten, und abends trotzdem noch ordentlich gezecht. Ich stelle mir vor, wie er sich vor der Reise von seiner Familie verabschiedet haben mag. Papa geht für einen Monat den Jakobsweg. Ja, Papa kommt bald wieder. Pass gut auf dich auf, Schatz. Natürlich. Alles vorbei. Der Ehemann, der Vater, der Freund, der Mensch. Tot.

Auf dem Camino begegnet man so manchem Kreuz am Wegesrand. Trotzdem scheint der Tod zurzeit überpräsent mir gegenüber, und da es mir körperlich schlecht geht, verstehe ich es als deutliche Warnung. Zwar befürchte ich nicht, zu sterben, das wäre doch etwas übertrieben. Wenn ich allerdings so weitermache wie die letzten Tage, ist der Zwangsabbruch vorprogrammiert. Wie den meisten Pilgern fällt es mir extrem schwer, auf meinen Körper zu hören und das eigene Lauftempo einzuhalten. Dabei entstehen die meisten körperlichen Beschwerden durch zu schnelles Gehen. Es erfordert eine gehörige Portion Mut, jemandem zu sagen: »Geh bitte vor, du bist zu schnell für mich.« Wer unterhält sich nicht gern mit sympathischen, interessanten, liebenswürdigen Menschen? Es klingt so einfach, aber sich von lieb gewonnenen Mitpilgern zu trennen kostet jedes Mal Überwindung, sogar wenn man lediglich für einige Stunden aufeinander verzichten muss. Letztendlich aber wird die Überwindung dieser Hürde reichlich belohnt, und zwar vom eigenen Körper. Notiz an mich: Ich muss langsamer laufen.

Ab Mansilla de las Mulas bis nach León verläuft der Camino

parallel zur Nationalstraße N-601. Die ersten dreieinhalb Kilometer bis nach Villamoros de Mansilla führen über einen schmalen Schotterweg, der durch eine Leitplanke von der Fahrbahn abgetrennt ist. Anschließend darf man als Pilger auf dem Seitenstreifen entlanglaufen. Man stelle sich vor, die Deutschen würden Pilger aus aller Welt über den ungesicherten Seitenstreifen einer Bundesstraße schicken. Aber in Spanien sehen sie das ein wenig lockerer, als Pilger soll man es ja auch nicht allzu leicht haben. Zumindest die Lkw-Fahrer sind mir wohlgesonnen: Immer wieder grüßen sie mich mit einer Lichthupe, heben lächelnd – während sie mit achtzig Stundenkilometern an mir vorbeibrausen – die Hand zum Gruß oder recken den Daumen in die Höhe. So schlecht es mir gerade geht, das wundersame Selbstverständnis der Menschen hier gegenüber den Pilgern berührt mich zutiefst. So einen Umgang miteinander wünsche ich mir auch im Alltag.

Nicht nur ich bewege mich heute mit der atemberaubenden Geschwindigkeit eines vollgefressenen Schnabeltiers. Mir fällt eine kleine Spanierin um die fünfzig Jahre auf, die ziemlich genau in meinem jetzigen Tempo läuft. Sie trägt ein blau-weiß gemustertes Kopftuch sowie einen kugeligen, kobaltblauen Rucksack. Um die Hüfte hat sie einen knallroten Pulli gebunden, sodass man auf den ersten Blick den Eindruck gewinnt, sie trage einen extrovertierten Rock über der Hose. Nach mehr als zehn Kilometern, die wir gemeinsam laufen, spricht sie mich auf Spanisch an. Ich verstehe natürlich kein Wort und frage sie, ob sie *Inglés* könne, Englisch. Sie zuckt die Achseln und redet auf Spanisch weiter. Sie deutet auf die Knöchel und stellt eine Frage. Ah, wie es mir gehe. Pantomimisch antworte ich ihr, dass es mir ziemlich dreckig gehe und ich starke Schmerzen hätte. Ein Schwall guter Ratschläge schwappt über mich herein, detailliert beschreibt sie mir die wertvollsten Hausmittel und einfachsten Tricks, um problemlos bis nach Santiago de Compostela zu gelangen. Vermute ich. Irgendwie scheint sie nicht begriffen zu haben, dass ich mit meinen Spanischkenntnissen bereits weit vor medizinischen Fachbegriffen an meine Grenzen stoße. Ich nicke nur und sage: »*¡Muchas gracias!*«, in der Hoffnung, mich dadurch nicht in irgendwelche merkwürdigen Verpflichtungen manövriert zu haben. Da ich vergessen habe nach ihrem Namen zu fragen, nenne ich sie der Einfachheit halber María. Die Wahrscheinlichkeit, dass sie tatsächlich so heißt, ist nicht gerade gering, schließlich sind wir hier in Spanien, wo sie alle irgendwelche christlichen Namen tragen: José, Manuel, Jesús, Ana, María. Immer wieder erkundigt sich María nach meinem Wohlbefinden, sodass ich mich auf der gesamten Strecke mütterlich umsorgt fühle.

Nachdem wir einige Straßendörfer passiert haben, nähern wir uns dem suburbanen Umland Leóns. Mein Wanderführer behauptet: »So lange es keine Fußgängerbrücke gibt, müssen wir nun die N601 überqueren (…)«. Nun, es gibt eine gute und eine schlechte Nachricht für mich. Zuerst die gute: Die Fußgängerbrücke gibt es. Nagelneu, knallblau, hässlich wie die Nacht. Und jetzt die schlechte: Sie ist abgesperrt. Bis zur feierlichen Eröffnung durch den Bürgermeister von León werden die Pilger über eine saftige Anhöhe geschickt, selbstredend mit einem extrem steilen Abstieg. Also stemme ich mich auf meine Wanderstöcke und kraxle den Berg hoch, so gut es eben geht. Von der asphaltierten Straße führt ein lehmiger, völlig unzureichend angelegter Weg hinunter in die Stadt. Von wegen Weg, die Mulde wirkt eher wie ein ausgetrocknetes Flussbett. Ein Ehepaar aus Québec kämpft sich mit uns den Berghang hinab, und Marcos plauscht ein wenig mit ihnen auf Französisch. Ja, der Herr Architekt spricht nicht nur Spanisch und Englisch, sondern auch Französisch. Und Niederländisch ebenfalls, denn er hat sechs Jahre lang eine internationale Schule in den Niederlanden besucht. Daher der sensationelle Akzent. Theoretisch hätte er sich also aus Utrecht oder Maastricht sabbelnd und brabbelnd bis Santiago de Compostela durchschlagen können.

Endlich marschieren wir in der Provinzhauptstadt León ein, dessen Name sich vom lateinischen Wort *Legio* ableitet. Die Römer waren es, die hier im Jahre 68 nach Christus eine Legion zur Befriedung der Gegend stationierten. So strikt die Römer ihr Lager in einem perfekten Rechteck anlegten, so ist dessen Grundriss bis zum heutigen Tag in Form der Altstadt sichtbar. Marcos beweist mit dem hinkenden Japaner einmal mehr große Geduld. Ich komme mir vor wie ein alter Mann, der von seinem Zivi herumgeführt wird. Bald erreichen wir die zwar sehr touristische, aber überwiegend liebevoll gepflegte Altstadt mit der kirchlichen Herberge. Unseren Stempel erhalten wir von einer deutschen *hospitalera*.

Wie die letzten Tage herrscht heute mal wieder ein Wahnsinnswetter, das Thermometer zeigt entspannte fünfunddreißig Grad Celsius an. Als könnten wir noch etwas Bewegung vertragen, machen Marcos und ich uns zur Erkundungstour auf. Ausnahmsweise sind die Pilger deutlich in der Unterzahl, Touristen und Einheimische dominieren das Straßenbild. Vor einigen Jahren hat die Stadtverwaltung von León beschlossen, den privaten Personenkraftverkehr aus der Altstadt zu verbannen. Eine sehr weise Entscheidung, wie ich finde. Als Marcos und ich schließlich vor der gotischen Catedral de Santa María de Regla herumlungern, läuft uns doch glatt Lory in die Arme, die spirituelle Rothaarige aus Louisiana. Sie erzählt uns, dass sie zwischenzeitlich in den Zug gestiegen sei, um zwei Tage in León auszuspannen. Für ihr Alter und ihre körperliche Verfassung sei ihr Zeitplan einfach zu straff. Habe ich nicht vorhin noch über Selbstüberschätzung nachgedacht? Natürlich ist es nicht Sinn der Sache, den Camino mit dem Zug zurückzulegen. Andererseits hat sie alles richtig gemacht: Sie hat auf ihren Körper gehört, tritt jetzt ein wenig kürzer und wird deshalb auch gesund und munter weiterpilgern können. Außerdem sollte ich mich mit vorschnellen Urteilen zurückhalten, schließlich wäre es für sie ein ungleich aufwendigerer Akt, den Camino zu wiederholen. Bei der Gelegenheit erzählt Lory uns, dass Michelle in der Herberge von Villalcázar de Sirga (etwa fünfeinhalb Kilometer vor der ersten Römerstraße) von Bettwanzen heimgesucht wurde. Hatte Martina nicht ihre Bettwanzen ebenfalls von dort? Scheint ja nicht gerade der sauberste Laden zu sein. Schließlich verabschieden wir uns von Lory, und sie geht schnurstracks auf ein Hostel zu. Davor sind Tische und Stühle aufgereiht, und ich erkenne eine zierliche Frau aus der Herberge von Burgos wieder. Im Schlafsaal lag sie mir schräg gegenüber. Dunkelbraunes, zu einem Zopf gebundenes, leicht gelocktes Haar, helles Hemd, kurzer Rock, Wandersandalen. Merkwürdig, aber seitdem sehe ich sie immer wieder, fällt mir jetzt erst auf: in Hontanas, Sahagún, Reliegos. Dieses Pensum traut man der jungen Unbekannten gar nicht zu. Da sie irgendetwas französisch Elegantes an sich hat, ordne ich sie dementsprechend geografisch ein.

Etwas später in der Fußgängerzone zur Kathedrale kommt uns Chris entgegengelaufen, natürlich fröhlich und topfit wie immer. Das passt ja perfekt. Zu dritt besichtigen wir die stilistisch reine, allerdings technisch nicht besonders gelungene Kathedrale. Entgegen anderslautender Behauptungen ist sie von einem Meisterwerk sakraler Baukunst weit entfernt. Permanente Geldnot führte zu einem vergleichsweise kurzen Langhaus, und die neunzig Meter hohen Ecktürme der Westfassade unterscheiden sich deutlich voneinander. Zudem entwickelte der Baumeister einen falschen Ehrgeiz, seine äußerst gewagten Entwürfe führten zu mehreren Teileinstürzen, die Kathedrale musste mehrmals grundlegend saniert werden. Und genau diesen Eindruck vermittelt sie mir: Der Plan war okay, die Umsetzung eher nicht. Kein Wunder also, dass das Bauwerk keinerlei Auswirkungen auf folgende spanische Sakralbauten hatte. Einzig der Innenraum mit seinen einhundertfünfundzwanzig spektakulären, teils zwölf Meter hohen Buntglasfenstern weiß zu begeistern.

Marcos und ich haben uns diesmal bewusst für die kirchliche Herberge entschieden. Wie es sich für brave Schäfchen gehört, sind Männlein und Weiblein strikt getrennt in zwei separaten Schlafsälen untergebracht. Im Männersaal stehen siebenundzwanzig quietschende Metallstockbetten. Wie fast alle Betten in den Herbergen sind auch diese nur gut eins achtzig lang. Etwas größere Zeitgenossen müssen sich also auf erhebliche Rückenprobleme einstellen. So wie Ingo, der scherzhaft überlegt, die kommende Nacht im »Parador León« zu verbringen, einem ehemaligen Pilgerhospital und jetzigen Luxushotel. Letztendlich entscheidet er sich aber für ein günstiges Hostel. Für ihn mit seinen über eins neunzig Körpergröße stellen spanische Pilgerbetten höhere Hürden dar als jede römische Schotterpiste. Und als seien die Rückenschmerzen nicht ärgerlich genug, ist ihm sein Rasierer bei der Hälfte seiner linken Wange verstorben. Nun trägt der Mann einen halben Pilgerbart und benötigt dringend eine fürsorgliche Rundumbetreuung.

Unsere Herberge wird von lauter uns bisher unbekannten Gesichtern bevölkert, offensichtlich sind nun die Dreihundert-Kilometer-Pilger an Bord. Hier eine kleine Zusatzinfo: Wer achthundert Kilometer pilgern möchte, beginnt in Saint-Jean-Pied-de-Port. Bei siebenhundert Kilometern entscheidet man sich für Pamplona. Sechshundert Kilometer sind es von Logroño aus. Ab Burgos fünfhundert Kilometer. Wer sich vierhundert Kilometer vornimmt, beginnt in Frómista oder Sahagún. León ist die Dreihundert-Kilometer-Marke. Die Minimalisten unter den Radpilgern beginnen in Ponferrada (zweihundert Kilometer). Und wer nur schnell einmal übers Wochenende die Compostela einsammeln möchte, startet in der Hundert-Kilometer-Stadt Sarria. In jedem der genannten Orte stoßen neue Pilgerinnen und Pilger hinzu, besonders viele bekanntermaßen in den letzten beiden.

Trotz meiner Schwierigkeiten heute Morgen habe ich mittlerweile insgesamt über dreihundert Kilometer zurückgelegt. Ein wenig unwirklich scheint mir die Zeit, die ich hier verbringe. Ich habe immer noch nicht so recht begriffen, was ich hier mache – und warum –, aber ich bereue zunächst einmal nichts. Meine Füße schmerzen, meine Muskeln spielen verrückt, aber für den morgigen Tag habe ich mir schon wieder fast dreißig Kilometer vorgenommen. Merkwürdigerweise finde ich es völlig in Ordnung, dass alles schmerzt. Überdies schreibe ich wie ein Wahnsinniger alles auf, was mir widerfährt, zücke bei jeder Gelegenheit meine Kamera und versuche nichts zu verpassen. Mit all den Schmerzen, Widrigkeiten und mir bisher völlig unbekannten Eindrücken ist es kein Wunder, dass viele Erlebnisse, die einer genaueren Betrachtung bedürfen, einfach an mir vorbeihuschen. Aber die Einzigartigkeit des Lebens, das ich gerade lebe, gehört Molekül für Molekül aufgesaugt und mitgenommen. Soweit möglich, versteht sich.

Fürs Abendessen verlassen Marcos und ich die teure Altstadt und weichen in die hässliche Umgebung aus. Rund um die Kathedrale sind die Preise derart sportlich, dass uns auch nichts anderes übrig bleibt. Nach kurzer Zeit entdecken wir ein nettes Lokal, welches eigentlich nur mittags speziell vergünstigte Pilgermenüs anbietet. Da Marcos und ich die einzigen Pilger weit und breit sind, macht der extrem nette Wirt eine Ausnahme. Für lächerliche neun Euro haut er uns ein unglaubliches Menü um die Ohren, dass wir unser Glück kaum fassen können. Spanier sind nicht unbedingt bekannt für gutes Brot. Aber im »La Taurina« kommt nur schmackhaftes, kerniges Vollkornbrot auf den Tisch, nicht der übliche weiße Schwamm aus der Maschine. Der *vino tinto* (deutsch: Rotwein) ist ein Traum, und jeder Gang übertrifft den vorherigen. Viele Mitpilger berichten von grausigen, überteuerten, fettigen Pilgermenüs, aber ich kann mich bisher überhaupt nicht beklagen: Nach Belorado und Frómista erwische ich erneut ein kulinarisches Highlight. Gut, das Kalbssteak sieht ein wenig aus wie Österreich, aber was soll's.

Als wir um etwa halb zehn den Schlafsaal betreten, liegen einige Pilger bereits in ihren Betten. Der eine liest, der andere plant die nächste Etappe, manche schlafen auch schon. Einer der Schlafenden imitiert ein schwedisches Sägewerk und lässt so richtig das Gaumenzäpfchen flattern. Zwischendurch knurrt und schnauft er dermaßen absurd, dass es klingt, als täte er es mit voller Absicht. Einige Mitpilger lachen ihn bereits aus, wahrscheinlich aus lauter Verzweiflung. Der Bettnachbar des dröhnenden Kerls allerdings genügt sich nicht mit einem verzweifelten Lachen. Wie ein Shaolin schwingt er sich halb von der Matratze herunter und verpasst dem Nachbarbett einen saftigen Tritt. Das Metallgestell scheppert beängstigend, der ganze Saal atmet auf. Aber nur kurz. Nach wenigen Sekunden nimmt das Sägewerk den Betrieb unbeeindruckt wieder auf. Völlig entnervt verkriecht sich der Bettnachbar in seinen Schlafsack.

Übersättigt und glücklich liege ich bereits im Dämmerschlaf, natürlich mit meinen lebensrettenden Ohrstöpseln in den Gehörgängen, als mich irgendein Vollidiot wachrüttelt. Ich öffne die Augen, und mein gesamter Körper wird vom Gefühl der Abscheu durchflutet. Vor mir steht doch leibhaftig … Simon der Denker! Mit einem milden Lächeln, als wäre ihm irgendeine Racheaktion gelungen, sagt er: »Hi.« Mehr nicht. Er dreht sich um und legt sich schlafen. Das darf doch wohl nicht wahr sein. Ich stehe kurz davor, etwas sehr Unchristliches zu tun und mitten in der *albergue* »Santa María de Carbajal« ein Blutbad anzurichten. Aber ich bin völlig gelähmt vor Wut. Was erdreistet sich dieser gestörte Blindgänger, mir dermaßen auf die Eier zu gehen? Ich kann mich nicht daran erinnern, ihm die Erlaubnis dafür erteilt zu haben. Und dann weckt er mich einfach. Ich *hasse* es, geweckt zu werden. Langsam wird er für mich zur echten Plage. Ab sofort werde ich ihn so behandeln, wie er es verdient hat, sonst wird er in der Kathedrale von Santiago auf meinem Schoß sitzen. Garantiert.

Etappe 11: Religos ⇨ León (25,2 km)

Donnerstag, 10. September 2009

Gerade aufgestanden. Es ist sechs Uhr sieben. Das Erste, was ich mitbekomme: Der Denker wird von einem Franko-Kanadier nach seiner Nationalität gefragt.

»*Where are you from?*«, fragt der Kanadier.

Simon: »Hä?«

Kanadier: »*Where are you from? Are you Dutch?*«

»Hä?«

»*Are you Dutch?*«

»Deutsch? Äh … *Yes. I am Dutch.*«

Der Kanadier wirkt zufrieden. »*Oh, nice.*«

Zwischen Hannover und Holland liegen dreißig Sekunden und ein Idiot.

Marcos und ich hängen am engen Frühstückstisch. Die deutsche *hospitalera* ist unglaublich nett und trotz resoluten Charakters (»Bist du fertig mit Frühstücken? Dann raus hier, draußen warten die Nächsten!«) schon am frühen Morgen bestens gelaunt. Im Gegensatz zum Schlafsaal verbreitet das gemeinsame Frühstück mit all den Pilgerinnen und Pilgern eine sehr familiäre Atmosphäre. Prompt spricht uns eine junge, bebrillte Kurzhaar-Kanadierin an. Dass wir sie vorher noch nie gesehen haben, ist kein Wunder, schließlich ist sie ein waschechter Newbie. Gillian, so heißt sie, ist neunundzwanzig, stammt aus Toronto und tritt bald eine neue Arbeitsstelle in Sevilla an. Davor möchte sie noch drei Wochen lang über den Camino wandern. Sie schnackt fröhlich drauflos und ist mir vom ersten Augenblick an sympathisch. Auf mich wirkt sie recht clever, was den positiven Eindruck noch verstärkt.

Nichtsdestotrotz machen Marcos und ich uns zu zweit auf den Weg, zu viel Geschnatter vertragen Morgenmuffel wie wir um sieben Uhr noch nicht. Dank einer sehr aufmerksamen Frau, die offensichtlich auf dem Weg zur Arbeit ist, werden wir vor der Kathedrale vor einem enormen Umweg bewahrt. Wenige Minuten später an der Real Colegiata Basílica de San Isidoro, einer der wichtigsten romanischen Kirchen überhaupt, rufe ich einen herumirrenden Pilger herbei und schicke ihn auf den richtigen Weg. Jeder hilft jedem, Alltag auf dem Camino. Nachdem wir die Altstadt hinter uns gelassen haben, laufen wir etwa eine Stunde aus León hinaus. Bald durchqueren wir eine ziemlich verfallene Gegend, Graffiti prangern Arbeitslosigkeit und Prekarität an. An einer Hauswand steht »Mobbel«. Keine Ahnung, was das bedeutet, aber es bereitet mir für einige Minuten einen Heidenspaß.

Es wird ein wenig hügelig, und wenn wir uns umdrehen, liegt uns León zu Füßen. Über den Dächern der Stadt klettert die Sonne den Himmel hinauf. Während ich die unbeschreiblichen Rottöne genieße, leidet Marcos wieder einmal schwer unter der schockierend hässlichen Architektur. Jetzt laufen wir an einigen provisorisch anmutenden Gewerbehallen vorbei, bevor uns die N-120 wiederhat. Bis zu unserem heutigen Etappenziel San Martín del Camino geht es an der Nationalstraße entlang, und ausnahmsweise ist es uns heute völlig gleich. Zwar existiert eine Alternativroute über Villar de Mazarife, aber das letzte Mal, als wir der Empfehlung des Wanderführers gefolgt sind, wären wir beinahe draufgegangen. Diesmal wählen wir die emotionslose Geradeaus-Variante.

Kurz nach La Virgen del Camino (Die Jungfrau vom Weg?!) ist es so weit: Die Hälfte meines Weges liegt hinter mir. Ich jauchze vor mich hin, Marcos gratuliert mir, und weiter geht's. Obwohl der Camino heute fast ausschließlich über hässlichen Asphalt führt, geht es meinem rechten Bein wesentlich besser. Ärgerlich nur, dass jetzt plötzlich die linke Wade anfängt höllisch zu brennen. Also beginne ich, im Ausfallschritt vor mich hin zu humpeln. Dies führt nach etwa zehn Kilometern dazu, dass die Schmerzen aus dem linken wieder in das rechte Bein wandern. Offensichtlich sollte man normal weiterlaufen, egal welches Bein schmerzt, um die Laufbelastung gleichmäßig zu verteilen. Während der Hinkerei ist mir Marcos schon wieder davongelaufen, aber damit kann ich leben. Der rennt wie ein Wahnsinniger, da kann ich nicht mithalten. Ich tröste mich damit, dass er fünf Jahre jünger ist. Alsbald durchquere ich das Straßendorf San Miguel del Camino und sehe den Denker in einer Bar hocken. Ich hoffe inständig, dass er heute Abend nicht wieder vor meiner Visage herumtanzt. Sonst steht bald ein Kreuz mehr am Wegesrand, fürchte ich.

Nachhaltig in Erinnerung wird mir wohl die kleine Irrfahrt in Villadangos del Páramo bleiben, etwa fünf Kilometer vor unserem heutigen Etappenziel. Mein schlauer Wanderführer ignoriert die Originalstrecke komplett und widmet sich ausschließlich der Alternativroute. Eine absolute Frechheit, wie ich finde. Dieser Wanderführer entpuppt sich mehr und mehr als fehlerbehaftet; dabei wurde er mir von Sebastian höchstpersönlich empfohlen. Na ja, eigentlich nur aus einem einzigen Grund. Für den Camino Francés existieren zwei wichtige Pilgerführer: der rote von Cordula Rabe, Bergverlag Rother, und der gelbe von Raimund Joos aus der »Outdoor«-Reihe, Conrad Stein Verlag. Letztes Jahr, als Sebastian gen Santiago unterwegs war, traf er auf Joos, wie er eine Pilgergruppe auf irgendeinen Berg führte. Während sich Seb schwitzend hochhievte, fragte ihn eine gepäcklose Wochenendpilgerin: »Ganz schön anstrengend, was?« Daraufhin hätte Seb die Dame beinahe wieder zurück gen Bus befördert. Nun denn, schon hatte Joos einen Fan weniger, und ich plage mich hier mit fehlenden oder fehlerhaften Wegbeschreibungen herum.

Ich komme also in Villadangos del Páramo an. Der Dorfname hat es mir angetan, denn japanische Reisklößchen heißen *»dango«*, weshalb ich mir ein Dorf komplett aus japanischen Reisklößchen vorstelle. Gut, bei der Hitze ein bisschen ekelig, aber was soll's. Relativ entspannt lasse ich meinen Blick schweifen, als mir aus einem mir entgegenrollenden Auto ein etwa vierzigjähriger Spanier zuruft: *»¡Izquierda!«* Links entlang! Alles klar, denke ich und biege links ab. Nach einer Weile frage ich mich, wieso keine gelben Pfeile auftauchen. Irgendwann fällt der Groschen: Der Fahrer meinte links, aber von sich aus gesehen, nicht von mir! Das kommt davon, wenn man Spanisch lernt. Hätte ich nichts verstanden, wäre ich stumpf an der N-120 weitergelaufen. Auch nicht richtig, aber zielführender als irgendwo mitten im Feld zu stehen und herumzufluchen.

Da viele Dorfkirchen direkt am Camino erbaut wurden, orientiere ich mich einfach daran und laufe Richtung Iglesia de Santiago von Villadangos del Páramo. Leider geht meine Taktik nicht auf, denn ausgerechnet an dieser Kirche führt der Weg deutlich vorbei. Weit und breit sehe ich weder gelbe Pfeile noch Pilger, nur ich gelber Pilger stehe hier herum. Nun denn, wenn ich schon einmal da bin, kann ich mir das Gebäude ja etwas genauer anschauen. Ich werde von einem freundlichen Pfarrer begrüßt, der mir sogleich sein schmuckes, übersichtliches Gotteshäuschen zeigt. Dabei redet er auf Spanisch durchgehend auf mich ein. Ich bin völlig baff und irgendwie glücklich, dass ich ihm allein durch meine Anwesenheit eine solche Freude bereiten kann. Irrwege können eben manchmal auch die wertvolleren Wege sein, um mal einen echt platten Spruch loszulassen. In gebrochenem Spanisch erzähle ich ihm ein wenig von mir, was natürlich weitere Redesalven zur Folge hat. Nachdem er mir stolz seinen Stempel in den Pilgerpass gedrückt hat, schickt er mich – gemeinsam mit einem älteren Einheimischen – mithilfe von *»derecha«*, *»izquierda«* und *»abajo«* auf den Camino zurück. Gleich an der nächsten Ecke leuchten mir natürlich gleich fünf gelbe Pfeile entgegen.

Die restliche Strecke nach San Martín del Camino erweist sich als kinderleicht. Etwa eine Stunde lang wandere ich neben der Nationalstraße her auf einem komfortablen Wanderweg. Am Ortseingang wartet Marcos auf mich, und die letzten Meter legen wir wie gewohnt gemeinsam zurück. Seit ungefähr zwanzig Kilometern begleitet uns die hartnäckige Werbung für die *albergue* »Santa Ana« mit Doppelzimmern für überaus faire sechs Euro pro Nase. Natürlich gönnen wir uns diesen Luxus. In unserem Zimmer hängt ein gekreuzigter Jesus und blutet vor sich hin, was ich einfach mal so hinnehme.

Wenige Minuten später trifft auch Gillian ein, die Kanadierin vom Frühstückstisch. Jetzt sitzen wir frisch geduscht zu dritt im fliegenverseuchten, aber schönen Vorgarten der heiligen Ana und lassen uns eiskaltes Zuckerwasser des Pepsico-Konzerns schmecken. Übrigens sind auch die Gartenmöbel und Schirme voll mit Pepsi-Logos. Am Camino liefern sich Coke und Pepsi eine geradezu epische Schlacht um die Gunst der Pilger. Hinter mir probiert gerade eine etwa fünfundfünfzigjährige Pilgerin Handy-Klingeltöne aus. Das habe ich nun wirklich nicht erwartet, muss ich zugeben.

Über San Martín schwebt ein UFO. Zumindest sieht der hiesige Wasserspeicher so aus. Marcos und ich schleppen uns zum örtlichen, überraschend gut sortierten Supermarkt und bescheren dem Besitzer das Geschäft seines Lebens. Neben Zutaten für *bocadillos* nehmen wir noch Getränke und Proviant mit. Während wir in der Küche der Herberge unsere *bocadillos* basteln, randalieren vor der Tür die zwei Hauskatzen. Kaum öffnen wir die Tür, drehen sie drei Kreise in der Küche und hauen wieder ab. Manchmal benehmen sich Katzen wie Kleinkinder, finde ich.

Nach dem Essen sitzen wir gemeinsam mit Gillian draußen in der Sonne und palavern. Ich trinke Finkbräu Pils, gebraut nach deutschem Reinheitsgebot, ergänze meine Notizen und kämpfe mit den unzähligen Fliegen, die hier herumschwirren. Spontan gesellen sich noch zwei Spanier an den Tisch, darunter auch der, den ich heute Morgen vor dem Verlaufen bewahren konnte. Der Camino mal wieder. Permanent sieht man sich wieder, permanent hört man voneinander, und plötzlich tauchen zig neue Gesichter auf, die die letzten zwei Wochen immer zehn Kilometer vor oder hinter einem unterwegs waren. Von denen, die ich zu Beginn meiner Reise immer wieder angetroffen habe, ist niemand mehr im Wahrnehmungsradius. Stattdessen laufe ich seit Burgos mit Marcos zusammen, ohne groß darüber nachgedacht zu haben. Bisher sind wir uns jeden Abend einig, welches Etappenziel wir als nächstes angehen wollen. Irgendwie, ohne es zu merken, sind wir ein gut eingespieltes Duo geworden. Ich war am Abend meines ersten Wandertags nicht mehr allein, wieso sollte es Marcos anders ergehen?

Als ich mich heute so durch die Hitze schleppte, fragte ich mich, ob das wirklich die richtige Art ist, den Urlaub zu verbringen: Jeden verdammten Tag bis zur Erschöpfung zu wandern, jede verdammte Nacht dicken Spaniern und Deutschen beim Schnarchen zuzuhören. Für dasselbe Geld hätte ich mir eine nette Kreuzfahrt oder drei Wochen Tunesien gönnen können. Wieso also tue ich mir stattdessen diesen Schmerz, den Dreck, die Anstrengung an? Zunächst einmal bin ich sicherlich nicht der Typ, der sich wochenlang irgendwo hinlegen und faulenzen könnte. Mein Chef würde sagen: »Das tust du doch schon hier, wieso dann auch noch im Urlaub?« Davon einmal abgesehen, für mich muss das Leben weitergehen, jederzeit, nur durch Substanz und Produktivität werde ich wirklich befriedigt. Obwohl ich es schon seit Jahren vorhatte, habe ich mir nie zuvor ein ähnliches Unterfangen aufgehalst wie den Camino. Andere reisen ohne mit der Wimper zu zucken durch China oder ganz Afrika, aber für mich stellte es schon eine gewaltige Überwindung dar, überhaupt allein in ein Land zu reisen, dessen Sprache ich nicht fließend beherrsche. Ich hatte einfach Angst. Vor dem Unbekannten, dem Unplanbaren, dem Ungewissen. Es ist ja auch wesentlich gemütlicher, zu Hause zu sitzen und fernzusehen oder irgendwelche Computerspiele zu zocken. Dass ich für die Überwindung meiner Angst dermaßen belohnt werde, hätte ich kaum für möglich gehalten. Sicherlich wird dies einen wesentlichen Teil meines Lebens gewaltig verändern. Meine Halbzeitbilanz fällt dementsprechend positiv aus: Ich gehe problemlos auf Mitmenschen zu, schaffe weitaus mehr Kilometer pro Tag als gedacht, höre nur auf Kopf und Bauch und öffne mich täglich neuen Dingen. Was meinte doch gleich der Glückskeks? »Sie sind sehr reiselustig und kontaktfreudig.« Schlauer Keks. Rund zehn Tage bis Santiago. Unglaublich, wie die Zeit davonrast.

Etappe 12: León ⇨ San Martín del Camino (27,0 km)

Freitag, 11. September 2009

Nach der Massenunterkunft von León ist es kein Wunder, dass wir im Doppelzimmer von San Martín schlummern wie zwei Murmeltiere. Dementsprechend fit machen wir uns noch vor sieben Uhr Richtung Astorga auf, unserem heutigen Etappenziel. Auf der heißgeliebten N-120 ist noch nicht besonders viel los. Gut für uns, denn wir müssen sie überqueren. Was die Verkehrssicherheit angeht, ist der Camino eine mittelschwere Katastrophe. Gestern mussten wir auf einem schmalen, abschüssigen Streifen entlanggehen, rechts die Leitplanke, links der Straßengraben. Möchte nicht wissen, wie viele Omas da schon hinuntergekullert sind. Manchmal könnte man meinen, der spanische Camino sei nicht wie die norddeutsche Via Baltica per Begehung markiert worden, sondern grob in vorhandene, möglicherweise veraltete Karten eingezeichnet. Anders kann man sich die absurden Streckenverläufe kaum erklären.

Bis Hospital de Órbigo trotten wir sieben Kilometer neben der Nationalstraße entlang. Langsam taucht der Sonnenaufgang die gesamte Landschaft um uns herum in sanft rötliches Licht. Kurz vor neun erreichen wir die im dreizehnten Jahrhundert erbaute, zwanzigbogige Brücke über den Río Órbigo. Sie ist die längste Brücke des Jakobswegs und mit ihrem Kopfsteinpflaster für geschundene Pilgerfüße eine Zumutung. Für eine kurze Frühstückspause kehren Marcos und ich unmittelbar hinter der Brücke in einer Bar ein. Während wir auf unseren Kaffee warten, kommen mir die vielen Parallelen zwischen Nordspanien und Japan in den Sinn. Mal ist es irgendein Geruch, der Erinnerungen hervorruft, mal ist es die brutale Hitze, die einem völlig humorlos die Haut von der Glatze brennt. Die größte Ähnlichkeit allerdings habe ich beim TV-Programm entdeckt. Klar, wir wissen alle, was wir in Deutschland teilweise für eine Grütze ertragen müssen. Aber an das Format »Z-Promis, umringt von intellektuell massiv eingeschränkten Zuschauern, kommentieren zwei Stunden am Stück belanglose

Ereignisse« werde ich mich niemals gewöhnen können. Erwachsene Männer und Frauen sitzen dort in einem teuren Fernsehstudio, blicken sich todernst an und diskutieren mit bedeutungsschwangerer Miene George Clooneys angebliche Liebschaften oder Madonnas Auseinandersetzungen mit Adoptionsbehörden. Und ernten für diesen kognitiven Dünnschiss Applaus vom nicht minder debilen Studiopublikum. Als wäre das alles nicht schon beängstigend genug, sitzen Millionen Spanier in diesem Moment zu Hause vor ihren Fernsehern und ziehen sich diese Scheiße rein.

Nun zur japanischen Fernsehlandschaft. Durch die zahlreichen Videoplattformen im Internet sickern immer wieder schlimme Dinge in den Westen, die selbstverständlich nur als die Spitze des Eisbergs zu betrachten sind. Allerdings ist diese in Japan verdammt spitz. Der wohl prägnanteste Unterschied zwischen deutschen und japanischen Trash-TV-Formaten besteht darin, dass in Deutschland normale Menschen möglichst in Alltagssituationen aus eigenem Antrieb peinliche Dinge tun, dabei gefilmt und mit süffisanten Off-Kommentaren gedemütigt werden. In Japan dagegen setzt man überwiegend auf absurde Spielshows. Beispielsweise die, in der der Kandidat seinen Kopf in eine Kunststoffröhre stecken musste. Erster Haken: In der Röhre saß ein hungriger Waran. Zweiter Haken: Dem Kandidaten wurde ein saftiges Steak auf den Kopf gebunden. Nun wurde gemessen, wie lang der Kandidat seinen Kopf in der Röhre lässt. Oder die andere Sendung, in der ein Kandidat nackt in der Nähe von Moskau ausgesetzt wurde. Ziel der Spielshow: nach Japan zurückfinden. Hat er übrigens geschafft, wenn auch erst nach einigen Monaten. Ein weiterer, eklatanter Unterschied: Während japanische Extremshows überwiegend nur per Pay-TV empfangbar sind, werden wir in Deutschland kostenlos zugemüllt.

Natürlich existieren auch Gemeinsamkeiten. Sowohl in Japan und Spanien als auch in Deutschland boomen jene Sendungen, in denen dummes Geschwätz als wahnsinnig wichtig verkauft wird. In einer bestimmten japanischen Show beispielsweise sitzen fünfzehn besorgniserregend dumme, junge Frauen herum und werden von dem Moderator eine Stunde lang nach Strich und Faden verarscht. Die Sendung erreicht drei Zielgruppen: Die erste möchte einfach attraktive Frauen im Fernsehen sehen. Übrigens muss der Japaner auch hier jedes Klischee erfüllen: Die Frauen sitzen dort in Schuluniformen. Die zweite sieht gern zu, wie andere Menschen verarscht werden, um sich einzubilden, man sei überdurchschnittlich intelligent und sowieso total super. Und die dritte denkt, es handele sich um eine stinknormale Talkshow. Sie bemerkt nicht einmal, dass die jungen Frauen verarscht werden. Die ersten beiden Gruppen sind zu vernachlässigen, aber über die dritte muss man sich doch ernsthafte Gedanken machen. Zu der gehören junge Menschen mit einem niedrigen Bildungsgrad oder, und das kommt häufiger vor, mit einer nur unzureichend ausgeprägten Neugier für die Vorgänge und Zusammenhänge in unserer Welt. Diese Gruppe zieht ihr gesamtes Wissen aus solchen Sendungen oder äquivalenten Publikationen. Wie sollen sich diese Menschen später im Leben zurechtfinden? Wer würde ihnen verantwortungsvolle Aufgaben übertragen? Sender, die den Mist ausstrahlen, handeln meiner Meinung nach einfach nur unverantwortlich, schlicht asozial und gehören eingestampft.

Glücklicherweise laufen vormittags überwiegend Nachrichtensendungen, so auch jetzt hier in dieser Bar. Nebenbei bemerkt vermute ich, dass in Marcos' Kopf ein Telemagnet eingebaut ist: Obwohl er das spanische Fernsehprogramm verachtet wie kaum etwas auf der Welt, dreht sich sein Gesicht vollautomatisch zur Mattscheibe, wenn er irgendwo in der Nähe ein Fernsehgerät wittert. Und es ist ihm völlig gleich, ob er mit dem Rücken zum Gerät sitzt oder direkt davor. Notfalls verrenkt er sich, um sich ein Musikvideo ohne Ton (!) anzusehen. Der Kerl ist ein Fernsehdetektor; bei der GEZ würde er ganz sicher eine steile Karriere hinlegen.

Nach wenigen Minuten betritt Gillian, die Kanadierin aus León, das Lokal und gesellt sich zu uns. Wir beschließen, den Weg nach Astorga zu dritt zurückzulegen.

Manch ein Ort versteckt seine gelben Pfeile äußerst sorgfältig, nicht so aber Villares de Órbigo. Hier prangen an jeder Straßenecke mindestens drei der Markierungen. Der Ort scheint mehr Pfeile als Einwohner zu haben. Wir haben das Dorf fast vollständig durchquert, als uns ein älterer Bauer anspricht.

»Pilger?«, fragt uns der wohlgenährte Herr.

»Ja«, antwortet Marcos.

»Nach Santiago?«

»Ja.«

Als ob uns das zu etwas Großem qualifiziert hätte, verkündet er: »Kommt, ich muss euch etwas zeigen.«

Marcos, Gill und ich schauen uns ein wenig überrumpelt an, aber der Bauer macht einen fröhlichen, geselligen Eindruck, also folgen wir ihm in den Innenhof seines recht stattlichen Hauses.

»Schaut mal«, fordert er uns auf und deutet auf ein offenes Fenster.

Wir lugen hinein und erblicken zwei propere Hausschweine, die im Stroh liegen. Ich weiß auch nicht wieso, aber ich muss lachen. Der zeigt uns seine Schweine wie andere ihre Autos. Sogleich verfallen Marcos und Ángel, so der Name des Hausherrn, in ein Fachgespräch über Hausschweine. Plötzlich fällt unserem Gastgeber etwas ein. Er dreht sich um und geht auf eine Schubkarre voller erntefrischer Gemüse zu.

»Ah«, Ángel greift nach einer riesigen Zucchini, »wollt ihr vielleicht frisches Gemüse mitnehmen?«

Er streckt uns diese grüne Hantel entgegen, und ich muss schon wieder lachen. Marcos und Gill bewahren etwas mehr Contenance als ich.

»Ich befürchte, so viel können wir nicht tragen«, lehnt Marcos dankend ab.

»Wirklich nicht?« Ángel schreitet aus dem Hof, wir hinterher, und er holt eine noch größere Zucchini aus seinem Kleintransporter. »Könnt ihr gerne mitnehmen.«

Ohne Jux, die Zucchini ist so groß wie sein Oberarm.

»Die ist sehr groß«, bemerkt Marcos. Und lehnt natürlich erst recht ab.

Jetzt muss auch Gill lachen. Es wäre schon herrlich absurd, mit dreieinhalb Kilo Gepäck und einer fünfhundert Gramm schweren Zucchini über den Camino zu wandern. Zum Abschied geben wir uns die Hand, und Ángel wünscht uns einen wundervollen und reibungslosen Weg nach Santiago. Den wünschen wir uns auch.

Im Gegensatz zur flachen Meseta wirkt hier die Landschaft so, als hätte eine riesige Faust die Erdkruste von unten nach oben gedrückt. Über hügelige Feldwege gelangen wir nach Santibañez de Valdeiglesias, wo wir eine kurze Rast einlegen. Typisch für diese Region: Zahlreiche Häuser sind mit Adobe gebaut, einem gut isolierenden, uralten Baustoff aus Lehm, Sand und Stroh. Zwar sind viele von ihnen wegen mangelnder Pflege unbewohnt oder sogar eingestürzt, aber hier und da finden sich liebevoll sanierte Schmuckstücke, die nordafrikanisches Feeling aufkommen lassen.

Hinter Santibañez de Valdeiglesias geht es bis zur Hochebene vor Astorga konstant bergauf. Der Anstieg ist moderat, kombiniert mit der Hitze aber dann doch recht knackig. Während wir zu Beginn noch eine karge, savannenartige Landschaft durchqueren, passieren wir schon bald einige dicht bewaldete Abschnitte. Kaum gelangen wir auf die Hochebene, bekommen wir allerdings unser glühend heißes Backblech zurück. Längst haben sich Gill und Marcos mit Kopftuch und Sonnenbrille vermummt. RAF, vierte Generation, unterwegs nach Astorga. Nach wenigen Minuten treffen wir auf einen jungen Mann, der aus eigenem Antrieb heraus den passierenden Pilgern Wasser, Kaffee, Fruchtsaft, frisches Obst und selbstgebackenen Kuchen anbietet. Dafür will er keine Gegenleistung; wer möchte, kann spenden. Immer wieder begegnen wir Menschen, die sich mit unerschöpflicher Energie den Pilgern widmen und ihnen den Weg nach Santiago einen Hauch erleichtern. Wie Marcelino kurz nach Logroño. Oder ein gewisser Agapito, dessen Korb mit Obst, Keksen, Nüssen und Bonbons wir gestern passiert haben. Über dem Korb hing ein Schild mit der Aufschrift: *»Peregrino esto es para ti te lo da Agapito el amigo de los peregrinos«*. Genau so ohne Punkt und Komma. Pilger, dies ist für euch. Von Agapito, dem Freund der Pilger. Mich persönlich beeindrucken diese Menschen wesentlich mehr als jede pompöse Kathedrale.

Heute zickt mal wieder mein rechtes Schienbein herum, aber mittlerweile weiß ich ja, wie ich mich zu verhalten habe. Während Marcos und Gill den Kuchen probieren, laufe ich schon mal im Schneckentempo weiter. Da es hier absolut flach ist, sehe ich schon von Weitem das steinerne Wegkreuz von Santo Toribio. Über Santo Toribio weiß mein Wanderführer zu berichten, dass er im fünften Jahrhundert Bischof von Astorga war. Man sagt, er habe nach einer falschen Anschuldigung wütend die Stadt verlassen. »Noch nicht mal den Staub von Astorga will ich mitnehmen!«, soll er gerufen und seine Sandalen gereinigt haben. Eine Hammergeschichte, wie ich finde. Von hier aus bietet sich dem Pilger ein wunderschöner Panoramablick auf die Zwölftausend-Einwohner-Stadt. Anschließend geht es steil hinunter ins Dorf San Justo de la Vega, wo ich mich erst einmal auf eine Bank fläze und auf meine beiden Terroristen warte.

Auf einem Feldweg geht es schließlich nach Astorga. Bevor wir allerdings auf den Hügel klettern dürfen, auf dem der Ort erbaut wurde, wartet ein Bahnübergang auf uns. Sollte eigentlich nicht der Rede wert sein. Dieser hier allerdings hat es in sich: Um weder Zug noch Pilger aufzuhalten, haben sie die alte Straße mit einem Zaun zu einer Sackgasse gemacht und eine Fußgängerbrücke über die Schienen errichtet. Und damit auch die Fahrrad- und Pferdepilger sicher auf die andere Seite gelangen, wurde auf Treppenstufen vollständig verzichtet. Im normalen Lauftempo dauert es geschlagene drei Minuten, bis man das monströse Rampenkonstrukt überquert hat. Drei Minuten für zehn Meter, ich werd' bekloppt.

Nun geht es steil hinauf, und nach wenigen Augenblicken erreichen wir die Herberge »Siervas de María«, untergebracht in einem ehemaligen Konvent. Wie schon in León begrüßt uns auch hier eine deutsche *hospitalera*. Von innen versprüht die Herberge den Charme einer städtischen Musikschule, aber wenigstens ist es sauber und die Atmosphäre sympathisch. Natürlich treffen wir jede Menge bekannter Gesichter wieder. Apropos bekannte Gesichter: In dem verschachtelten Gebäude gibt es mindestens eine Million Zimmer, es pilgern täglich gut und gerne drei Milliarden Menschen nach Astorga. Aber als Gill, Marcos und ich unseren Acht-Bett-Raum betreten, verpufft die ganze Rechnung innerhalb einer Sekunde. Ich weiß nicht, wer sich hier gegen uns verschworen hat, oder ob in letzter Zeit in Spanien per Dekret die Wahrscheinlichkeitsrechnung abgeschafft wurde, aber auf dem Bett liegt *Mister Missing Link himself*, Simon der Denker! Wie die meisten Menschen nach einem traumatischen Erlebnis fragen auch wir uns völlig zu Recht: Warum?! Völlig stumpf sabbelt er Gill und Marcos auf Deutsch zu, während er sich mit mir ausschließlich auf Englisch auseinandersetzt.

Mein Hinweis »Die können kein Deutsch!« beantwortet er ernsthaft mit einem »Oh, äh … *thank you*.«

Heute ist es mal wieder so heiß, dass die Wäsche schon während des Aufhängens trocknet. Die Terrassenaussicht ist fantastisch, und am liebsten würde ich mich dazuhängen. Marcos hat eine bessere und zugegebenermaßen elegantere Idee: »Lass uns mal sehen, was die Stadt zu bieten hat.«

Gill ist nach ihren ersten beiden Wandertagen völlig geschafft und legt sich schlafen. Bevor sie ins Land der Camino-Träume schwebt, murmelt sie noch: »Ich komme nach, bis später.«

Zuerst bin ich mir nicht sicher, ob wir sie hier mit dem Denker alleinlassen sollten. Allerdings sind noch zwei weitere Pilger und somit potenzielle Zeugen anwesend, die Simon genauso argwöhnisch betrachten wie wir (ich nehme mal an, sie kennen ihn bereits). Ich denke, wir können den Raum ruhigen Gewissens verlassen. Bevor Marcos und ich allerdings unser Sightseeingprogramm angehen, möchte ich unbedingt irgendetwas gegen die perversen Schmerzen am Schienbein unternehmen. Es fühlt sich an, als würde jemand den Muskel mit einem Nagelbrett schrubben. Im Erste-Hilfe-Raum der Herberge werde ich fündig: Spontan schmiere ich mir eine stattliche Portion Voltarén auf die schmerzenden Stellen. Zwar kann ich mit der spanischen Packungsbeilage nichts anfangen, aber nachdem die Schmerzen deutlich nachlassen, stapfe ich mit Marcos in eine *farmacia* und gönne mir eine Tube für läppische drei Euro zwölf. In Spanien werden Medikamente vom Staat subventioniert. Was ein Traum für die Pharmaindustrie. Daher kostet hier eine Tube Voltarén so viel wie eine Dose *pulpo* (deutsch: Krake) in Salsa-Soße. Schmeckt aber nicht so gut – das Voltarén meine ich. Insbesondere gefällt mir, wie sie das Wort aussprechen. Bei uns in Deutschland wird es »Voltaren« geschrieben und »Wolltarehn« ausgesprochen. Die Spanier nuscheln dagegen »Boltaränn«, als wäre es eine Schinkensorte.

Wie fast überall in Spanien um diese Zeit üblich, wirkt Astorga wie ausgestorben. In einer schattigen Ecke finden wir ein überteuertes Restaurant, wahrscheinlich gar nicht für Pilger gedacht, aber wir wollen unser Bier, und hier bekommen wir es. Wir setzen uns draußen an einen Tisch, dösen ein wenig herum und palavern über Belanglosigkeiten, als plötzlich Simon der Denker zielstrebig an uns vorbeimarschiert und in einer Seitengasse verschwindet.

»Der hatte immer noch keinen Schlafsack, oder?«, fragt Marcos.

»Ich glaube nicht«, ich nippe am Bier. »Wieso taucht der immer wieder auf? Und dann auch noch in unserem Schlafraum, das kann doch kein Zufall sein.«

»Den habe ich gestern gesehen.«

»Ich auch«, ich erinnere mich an den speisenden Denker in San Miguel del Camino. »Ich hatte so gehofft, dass wir ihn los sind.«

»Wir werden ihn niemals los«, erwidert Marcos resignierend. »Wir schleppen uns hier einen ab, und der rennt da wie so ein Idiot mit Turnschuhen und T-Shirt …«

»… und ohne Schlafsack …«

Marcos lacht kopfschüttelnd: »… und ohne Schlafsack, genau, nach Santiago.«

»Ich glaube ja, der geht drauf. In den Bergen.«

»Das glaube ich nicht. Der ist total fit, viel fitter als wir.«

Mal sehen, ob das den Felsen interessiert, der ihn erschlägt. Nein, mal im Ernst. Ich kann nur hoffen, dass ihm seine Dummheit nicht zum Verhängnis wird. Über Denkfehler in Astorga können wir alle herzlich lachen. Denkfehler in den Bergen können die letzten sein, die man begeht.

Etwa eine Stunde später taucht Gill auf, und zu dritt machen wir uns auf Richtung Bischofspalast. Im Palacio Episcopal de Astorga ist das Museo de los Caminos (deutsch: Museum der Wege) untergebracht. Der im neugotischen Stil errichtete Bau wurde nach dem Tod des Auftraggebers, Bischof Joan Baptista Grau i Vallespinós, und diversen Streitigkeiten nie als Bischofspalast geweiht. Entworfen hat das Gebäude der berühmte katalanische Architekt Antoni Gaudí, der sich mit dem Nachfolger des Auftraggebers zerstritt und bereits während der Bauzeit einfach abreiste. Im Innern kann man neben der spannenden Architektur und historischen Zeugnissen der Jakobswege das originale Cruz de Ferro bewundern. Morgen werden wir hoffentlich in über tausendfünfhundert Metern Höhe in den Montes de León seinem berühmten Nachfolger begegnen, der eine der wichtigsten Stationen des Camino markiert.

Trotz diverser Verbotsschilder fotografiere ich fröhlich vor mich hin. Eine Mitarbeiterin findet das allerdings überhaupt nicht komisch und ermahnt mich: *»No photos!«* Anschließend folgt sie mir auf Schritt und Tritt, und während ich aus Prinzip möglichst unauffällig weitere Fotos schieße, versucht sie mich auf frischer Tat zu ertappen. Was sie allerdings mit mir anstellen würde, entzieht sich meiner Vorstellungskraft. Ich habe es unterwegs schon häufiger gedacht, aber all die historischen Dokumente und Pilgerutensilien verdeutlichen noch einmal eindringlich, wie viele Opfer unsere mittelalterlichen Vorgänger für eine Pilgerreise aufgebracht haben müssen. Wir nutzen markierte Wege, zig Brunnen, Wanderführer, Supermärkte und Apotheken. Wie lächerlich. Vor sechshundert

Jahren sind die Pilger einfach gen Westen gelaufen, über Felder und Berge, Wälder und Wiesen, Flüsse und Römerstraßen. Unfassbar.

Als wir aus dem Palast treten, wird Gill von einem älteren Spanier abgefangen, der ihr auf seiner Gitarre unbedingt ein Lied vorspielen möchte. Sie lässt sich nicht lange bitten, und er legt eine rassige Flamenconummer hin. Wir klatschen begeistert und verabschieden uns. Allerdings haben wir unsere Rechnung ohne El Mariachi gemacht. Mit einem vielsagenden Blick auf unsere Gill kündigt er seinen nächsten Song an. Zwar sind unserer Gefährtin die Avancen recht gleichgültig, aber neugierig aufs Lied ist sie dann doch. Also lassen wir den Mann gewähren, und er haut in die Saiten. Hm. Hört sich an wie das erste Lied. Sogar mit meinen bescheidenen Spanischkenntnissen kann ich heraushören, dass es sich einmal mehr um die Liebe dreht, um eine, die zurückkommen soll, woher auch immer, aber wieso sollte sie zu einem Jammerlappen zurückkehren, der immer wieder das gleiche Lied spielt? Als der Gute sein drittes Lied ankündigt, grätscht Marcos aber so was von dazwischen, dass der arme Mann nicht mehr weiß wie ihm geschieht. Plötzlich stehen zwei etwa fünfzigjährige Verehrerinnen vor ihm und verwickeln ihn in ein Gespräch. Unsere Chance, denken wir, und flitzen hinfort.

Anschließend erforschen Gill, Marcos und ich die Catedral de Santa María aus dem fünfzehnten Jahrhundert. Die rötlich schimmernde Kathedrale von Astorga versprüht einen ganz eigenen Charme und unterscheidet sich deutlich von denen in Santo Domingo de la Calzada, Burgos und León. Das liegt weniger am romanischen Ursprung denn an den maßgeblich formprägenden Anbauten, die über die Jahrhunderte hinzukamen. So sind zahlreiche Elemente gotisch, die Türme barock und das Hauptportal im Renaissance-Stil erbaut. Besonders die barocken Türme lassen die Kathedrale nicht so protzig wirken. Leider wird der Nordturm gerade restauriert und ist vollständig von einem Baugerüst ummantelt. Auf der Rückseite der Kathedrale steht auch die geplante

Restaurationszeit: 1994 bis 2000. Und ich dachte, wir in Hamburg wären mit unserer Elbphilharmonie in Verzug.

Im Innern der Kathedrale setzt sich der stilistische Mischmasch fort. Wie in Burgos und León wurde auch hier der Chor ohne Rücksicht auf Verluste ins Mittelschiff gepflanzt, sodass einem vom Hauptportal aus der direkte Blick auf den spektakulären Hochaltar verwehrt wird. Auch führt diese architektonische Unart dazu, dass das ursprüngliche Lichtkonzept nicht mehr optimal funktioniert; hinter dem Chor wirkt alles ein wenig schummrig. Marcos erklärt mir, dass sich in der Vergangenheit jeder König, jeder Bischof, jede halbwegs wichtige Person zwecks Machtdemonstration in den Kathedralen verewigen wollte. Das ging nur, wenn irgendwo etwas an- oder eingebaut wurde. Was sich also der ursprüngliche Baumeister bei der Planung der Kathedrale gedacht hatte, interessierte dreihundert Jahre später niemanden mehr. Nur deshalb sehen manche Sakralbauten aus wie Kraut und Rüben.

Da Gill sich noch heute unbedingt ein paar Wanderstöcke besorgen möchte, klappern wir alle nur erdenklichen Geschäfte ab. In einem unscheinbaren Laden in einer Seitengasse werden wir fündig. Da mittlerweile die Schutzkappen meiner Wanderstöcke durchgescheuert sind, kaufe ich mir bei der Gelegenheit zwei Ersatzkappen. Plötzlich taucht Simon im Geschäft auf und fragt Gill unvermittelt: »Wie viel Uhr haben wir's eigentlich?«

Da alle zu verdutzt sind und Gill nebenbei bemerkt in den letzten fünf Stunden keinen Deutschkurs besucht hat, antworte ich: »Alter, die spricht kein Deutsch. Immer noch nicht.«

Und was macht er? Vielleicht die Frage auf Englisch wiederholen? Vielleicht mal mich fragen? Aber nein, er verschwindet einfach wieder, kommentarlos und ohne Uhrzeit. Da gibt's doch bestimmt was von Ratiopharm.

Wir schweigen den Vorfall einfach tot und kaufen im Supermarkt fürs Abendessen ein. Dort treffen wir natürlich die zwei Jungs von gestern Abend wieder. Später hocken Marcos, Gill und ich auf der Terrasse der Herberge und genießen die sagenhafte Aussicht auf das weitläufige Umland. Meine Wäsche hatte offensichtlich einen angenehmen Nachmittag. Im Laufe des Abends teilt sich die Terrasse wie von selbst in zwei Lager: in das deutsche und das internationale. Ich bin mir immer noch nicht sicher, was ich von den deutschen Zusammenrottungen halten soll. Um der Einsamkeit zu entfliehen, die einen packt, wenn man nicht gerade mehrere Fremdsprachen beherrscht wie Marcos, sind sie sicherlich ein hieb- und stichfestes Gegenmittel. Ob ich mich allerdings zwischen all den Nasen, die bereits in der Firma auf mich warten, wohlfühlen und meinen Camino gehen würde? Sicherlich nicht. Gill, Marcos und ich jedenfalls bilden, entspannt über dies und das plauschend, die internationale Hälfte.

Spätabends wollen Marcos und ich noch kurz online gehen. In dieser Herberge ist die Nutzung des Internetzugangs kostenlos, solch ein Angebot können wir natürlich nicht ausschlagen. Noch sind die Rechnerplätze besetzt, also vertreiben wir uns die Zeit mit der Planung der morgigen Etappe. Ich tendiere stark zu Foncebadón, was etwa sechsundzwanzig Kilometer bedeuten würde. Marcos dagegen will unbedingt vier Kilometer weiter nach Manjarín, wo es laut meinem Pilgerführer lediglich eine »einfache, aber sehr spezielle Herberge« ohne Strom- oder Wasseranschluss gibt. Ach ja, warum eigentlich nicht? Neugierig bin ich, und stinknormale Herbergen kenne ich inzwischen in- und auswendig.

Nach fünfzehn Minuten des Wartens sind wir endlich an der Reihe. Doch schon nach wenigen Klicks stellt sich ein Mittfünfziger direkt neben Marcos und beschwert sich über irgendetwas.

»Was ist los?«, frage ich Marcos.

Der schüttelt nur den Kopf und antwortet: »Er meint, dass wir uns beeilen sollen.«

Wie bitte? Der Typ macht Stress, weil Marcos und ich nach fünfzehn Minuten Wartezeit zehn Minuten surfen? Gut zehn Leute vor ihm haben sich geduldig angestellt, miteinander geplauscht, etwas gelesen und gewartet, bis sie an der Reihe waren. Und jetzt kommt Mister Schiebt-mir-eine-Extrawurst-in-den-Arsch und mault *meinen Pilgerfreund* an? Großer Fehler. Nachdem ich meine E-Mails – unter anderem eine an Avril – abgeschickt habe, gehe ich zu ihm und merke an: »Wir haben *alle* gewartet.«

Er guckt mich nur doof an und fragt: »Was?«

Mir reicht's. »Hör zu, alle hier haben ihre verdammten fünfzehn Minuten gewartet. Also was ist dein Problem? Da, mein Rechner ist frei, das hat aber gedauert, was?«

Bevor ich mich in Rage rede, lasse ich den völlig verdutzten Mann stehen. »Ich bin im Schlafraum«, sage ich zu Marcos und verschwinde. Als ich das Zimmer betrete, liegt der Denker in Shorts und T-Shirt gekleidet immer noch ohne Schlafsack im Bett. Neben meinem Schlafplatz steht das Fenster offen. Ohne Frischluftzufuhr würden wir zu acht in diesem winzigen Raum ersticken. Mit Frischluftzufuhr allerdings wird's für den Denker eine ziemlich frostige Nacht.

Etappe 13: San Martín del Camino ⇨ Astorga (23,8 km)

Samstag, 12. September 2009

Im Großen und Ganzen bin ich mit meiner Ausrüstung bisher mehr als zufrieden. Während andere Pilger mit ihren viel zu schweren Rucksäcken kämpfen, schwinge ich nach jeder Rast meinen Dreieinhalb-Kilo-Beutel auf den Rücken und schwebe von dannen. Hätte ich das Doppelte auf den Schultern, ich wäre längst bewusstlos zusammengebrochen. Vermisst habe ich bisher noch nichts. Man braucht auf dem Camino einfach sehr wenig, um glücklich zu sein. Die Billigstöcke von Meru, einer Eigenmarke von Globetrotter, gehen mir allerdings so langsam auf die Eier. Erst klemmt eines der Gewinde, dann sind die Schutzkappen nach zwei Wochen durch. Ich hoffe, die brechen mir nicht irgendwo auf einem Felsvorsprung, und ich mache den Cliff-Mann.

Aus Astorga heraus geht es über eine Landstraße nach Murias de Rechivaldo. Viereinhalb Kilometer liegen hinter uns, als wir unsere erste Rast einlegen. Wir betreten eine winzige Bar und bestellen uns *café con leche*. Als Marcos und ich unser Schokogebäck hervorkramen, raunzt die zierliche, aber drahtige und auch ein wenig gewalttätig wirkende Frau: »Nicht in meiner Bar! Raus mit euch, los!«

Gill darf ihren Apfel drinnen essen, ist aber trotzdem etwas eingeschüchtert.

Marcos und ich verziehen uns schnell nach draußen und nehmen dort frierend unser Frühstück ein. Ab und an trottet ein Pilger vorbei, ansonsten ist es ein ruhiger Camino-Morgen. Doch schon nach wenigen Minuten hat es sich mit der Ruhe erledigt. Die temperamentvolle Barbesitzerin tritt aus der Tür, um den Nachbartisch abzuwischen. Auf diesem allerdings türmt sich dreckiges Geschirr.

Von jetzt auf gleich explodiert die Frau: »Wieso bringen die das Geschirr nicht rein? Lassen alles stehen und liegen. Keine Pilger! Das sind keine Pilger!«

Den Rest grummelt sie in sich hinein, während sie das Geschirr zusammenräumt und in die Küche bringt. Marcos und ich gucken uns etwas verdutzt an. Nachdem wir unseren Kaffee ausgetrunken haben, tragen wir alles unverzüglich in die Bar.

»Da abstellen!«, befiehlt die Dame.

Gill beobachtet uns und kichert.

Wir verlieren keine Zeit und verabschieden uns. Die Frau schreit uns ein *»¡Buen camino!«* hinterher, als würde sie uns mit einer Steinigung drohen. Ein Blick in meinen Wanderführer verrät, dass wir uns in der Region Maragatería befinden, die sich zwischen Astorga und der Sierra del Teleno erstreckt. Die etwa fünftausend Einwohner, die Maragatos, gelten als stolz und charakterstark. Ja, stolz und charakterstark, dagegen habe ich ja nichts einzuwenden. Ich hoffe nur, dass nicht alle Maragatos permanent alles und jeden niederbrüllen.

Als wir wenige Minuten später neben einer Landstraße entlangwandern, werden wir von einem lauten Knattern aufgeschreckt. Wir drehen uns um und blicken zur Straße, die parallel zum Camino verläuft. Eine Kolonne unzähliger Traktoren rollt auf uns zu. Was ist denn hier los? Nach und nach fahren sie mit einem Höllenlärm an uns vorbei, und wir können die unterschiedlichsten Farben, Modelle und Alter bewundern. Manche von ihnen ziehen liebevoll restaurierte Anhänger hinter sich her. Gill und ich winken den Männern auf den Traktoren zu, und sie winken fröhlich zurück. Ganze vier Minuten lang geht das so weiter, bis die Parade schließlich an uns vorübergezogen ist. Eine Traktorparade auf dem Camino hätte ich jetzt nicht erwartet, muss ich zugeben. Auf jeden Fall hat sie unserer Stimmung richtig gutgetan.

Um etwa Viertel nach neun laufen wir in Santa Catalina de Somoza ein. An der nächstbesten Bar stellen Gill und ich unsere Rucksäcke und Wanderstöcke in die Ecke und gönnen uns eine weitere kleine Rast. Aber ich merke, dass es Marcos nicht passt. Er möchte heute so schnell laufen, wie er verträgt, sodass er sich kurz hinter dem Ort von uns absetzt. Dann absolvieren Gill und ich die Etappe eben als Duo. Die heutige Strecke ist wahrlich nicht ohne: Bis zum höchsten Punkt des Camino Francés in über tausendfünfhundert Metern Höhe, wo das Cruz de Ferro steht, geht es konstant bergauf. Ununterbrochen muss ich darauf achten, nicht schon wieder zu schnell zu gehen. Unterwegs fällt uns eine hübsche junge Dame auf, die wir niemals wandern sehen. Wir überholen sie mehrmals, während sie am Straßenrand rastet. Trotzdem ist sie immer wieder vor uns. Nach dem dritten oder vierten Mal wird es uns ein wenig unheimlich.

Heute ist ein wunderbarer Wandertag. Es ist weder zu heiß noch zu kalt, die Strecke präsentiert sich abwechslungsreich, und dank unserer ausnahmsweise vorhandenen Disziplin legen wir etliche Pausen ein. In so gut wie jedem Dorf halten wir an, setzen uns in eine Bar und trinken oder essen etwas. Meistens läuft Gill einige Meter vor oder hinter mir, sodass keine dauerhafte Unterhaltung entsteht. Mal reden wir über dies, mal über das, und so erfahre ich Details nur im Stundentakt. Gill ist trotz ausgeprägter Smalltalk-Liebe eine nachdenkliche Zeitgenossin. Leider benutzt sie häufiger etwas komplexere Satzbauten, sodass ich nicht alles auf Anhieb verstehe. Dabei arbeitet sie als Grundschullehrerin; das verdeutlicht eigentlich nur mein Englischniveau. Jedenfalls möchte sie bald auch höhere Schulklassen unterrichten. Um anspruchsvollere und damit besser bezahlte Stellen annehmen zu können, möchte sie sich nun weiterbilden. Wobei »möchte« das falsche Wort ist, wird sie doch trotz ihrer Kompetenz gezwungen, irgendwelche zeitraubenden Prüfungen abzulegen, nur um offiziell als geeignet zu gelten.

»Den meisten Schulen ist ein abgeschlossenes Studium wichtiger als Lebenserfahrung«, beschwert sie sich lautstark. »Kein Wunder, dass zu viele Kinder Schwierigkeiten mit ihrer Persönlichkeitsbildung haben!«

Ihrer Meinung nach neigt sich die Bildungswaage zu sehr auf die Sich-merken-Seite, weg von der Selbst-denken-Seite. Ja, ungefähr so funktioniert die japanische Gesellschaft, und auch in Deutschland sind wir auf dem besten Weg dorthin. Mit neunundzwanzig will Gill endlich ein berufliches Fundament schaffen, auf dem sie so etwas wie eine Karriere aufbauen kann. In ihren Augen bin ich den umgekehrten Weg gegangen: Studium, Arbeitsleben, Welt entdecken. Ihr Weg: erstes Arbeitsleben als Versicherungsmaklerin, Welt entdecken, zweites Arbeitsleben und Studium. Danach, so plane sie, wolle sie wieder die Welt bereisen, vielleicht mal den Camino ab Saint-Jean gehen. Und dann ab nach Neuseeland, in die Antarktis, quer durch Afrika, am liebsten alles zusammen und gleichzeitig. Wenn ich Zeit habe, werde ich mich anschließen, aber ganz sicher.

Und jetzt müssen wir alle für einen Moment ganz tapfer sein. Die folgende Geschichte wird nicht jedem gefallen, aber so ein Erlebnis brennt sich ein, wie alles unvorstellbar Schreckliche. In El Ganso kehren wir in der Bar »Merendero La Barraca« ein und gönnen uns eine eiskalte Cola. Die ist so kalt, dass sie teilweise noch gefroren ist. Die Toiletten der Bar befinden sich in einem halbherzig abgetrennten Bereich. Vor allem akustisch sind sie nur unzureichend separiert, was dazu führt, dass der ganze Raum am Stuhlgang eines jeden Gastes teilnimmt, der seine Rohrpost etwas zu laut abschickt. Und gerade jetzt lässt jemand seinen allernatürlichsten Bedürfnissen freien Lauf. Früher haben Senatoren auf dem Lokus nebeneinander scheißend über Tagespolitik diskutiert, keine Frage. Allerdings finde ich, dass es reicht, die Pilgertradition wiederzubeleben. Noch ältere Traditionen sollte man einfach mal in den Geschichtsbüchern ruhen lassen.

Hinter El Ganso laufen wir immer noch an der Landstraße entlang, allerdings tauchen auf der rechten Seite des Camino dichte Wälder auf. Bald geht es in ein Waldstück hinein und die Steigung nimmt drastisch zu. Damit man sich nicht in irgendwelche Jagdreviere verläuft und abgeknallt wird, hält ein Zaun die Pilger davon ab, sich hier ins Gestrüpp zu schlagen. An diesem hängen wieder unzählige Kreuze aus Zweigen oder Papier und sogar ein Bilderrahmen mit einem Porträtfoto eines Mannes. Kurz vor Rabanal del Camino steht ein Bauschild mit der Aufschrift »Peligro Obras« sowie mehrere Übersetzungen. Frei übersetzt bedeutet

»peligro obras« »gefährliche Arbeiten«. Geschrieben haben sie aber »Gefahr-Arbeiten«. Noch besser finde ich allerdings die Herleitung ins Japanische. Ich wette, sie haben immer eins zu eins in die nächste Sprache übersetzt, anders kann ich mir das absurde Ergebnis nicht erklären. Unter dem Deutschen steht nämlich auf Englisch: »Danger Works«. Und da *»works«* sowohl den Plural von Arbeit als auch »arbeitet« bedeutet, steht dort auf Japanisch: »Kiken wa hataraku«, zu Deutsch: Die Gefahr arbeitet. Ich weiß ganz genau, wo die Gefahr arbeitet, nämlich im Büro des Typen, der für die Übersetzungen zuständig ist. Kann es so schwer sein, mal ein paar Bekannte zu fragen oder im Internet nachzusehen, ob die Übersetzungen denn stimmen? Was soll denn der Durchschnittsjapaner denken, wenn er auf einem Bauschild liest: »Die Gefahr arbeitet«? Der bekommt doch fürchterliche Angst. Für wen arbeitet die Gefahr? Lauert sie bereits irgendwo im Gebüsch? Und vor allem: Woran arbeitet sie? Dass ich nicht heil ankomme? Schnell weiter, bevor mich die Gefahr erwischt.

In Rabanal del Camino, bereits seit dem Mittelalter der letzte Ort vor dem beschwerlichen Anstieg in die Berge, legen Gill und ich eine weitere Rast ein. Wir setzen uns in die örtliche Bar und essen eine Kleinigkeit. Dazu trinken wir Bier, was bei mir recht kompromisslos reinhaut, wie ich verwundert feststelle. Die Bar ist rappelvoll, das Geschäft brummt. Schon auf dem Weg hierher sind wir überdurchschnittlich vielen Pilgern begegnet. Da sich Rabanal als Übernachtungsort großer Beliebtheit erfreut, staut sich hier der Pilgerstrom, und die Kassen klingeln. Gill und ich allerdings haben heute noch zehn Kilometer Wegstrecke und insgesamt zweihundertvierzig Höhenmeter zu überwinden, sodass wir das Lokal nach unserer kurzen Snackpause wieder verlassen. Bevor wir weiterwandern, suchen wir den örtlichen Supermarkt auf, der aus einem überschaubaren Raum mit recht willkürlich zusammengestellten Artikeln besteht. Wir decken uns mit Wasserflaschen ein und wollen uns auf den Weg Richtung Foncebadón begeben, als ich feststelle, dass eine der Gummi-Schutzkappen für meine Wanderstöcke fehlt. Diese sind überaus wichtig, um nicht von wütenden Mitpilgern erschlagen zu werden; die Kappen verhindern auf Asphalt das nervige Klack-klack-klack. Gebückt suchen Gill und ich die Hauptstraße von Rabanal ab, bis ich die Kappe entdecke: Sie liegt in einem Gulli, und leider komme ich nicht ran. Dabei habe ich das Teil doch erst gestern gekauft. Ich fluche herum, aber es hilft nichts. Gill findet das alles halb so tragisch, und da sie weit und breit die einzige Pilgerin ist, die durch meine Stöcke akustisch belästigt werden könnte, kehren wir Rabanal schließlich den Rücken und machen uns auf den teils knackigen Aufstieg in die Montes de León. Der abwechslungsreiche Weg, manchmal geradlinig und klar, manchmal verschlungen und von dichtem Gebüsch flankiert, entschädigt für jeden Tropfen Schweiß. Zwischendurch ziehen sogar einige Wolken auf, um uns die Landschaft in einem anderen Licht zu präsentieren. Kaum ist die Hitze weg, lässt es sich wesentlich entspannter den Berg hochkraxeln. Unterwegs an einem Baum baumelt eine Schaukel. Einfach so. Ich probiere sie nicht aus, hätte es doch etwas äußerst Lächerliches, samt Schaukel einen Abflug hinzulegen und sich den Hals zu brechen. Er war ein guter Mann und starb beim Schaukeln in den Bergen.

Nach etwa anderthalb Stunden erreichen Gill und ich Foncebadón. Am Ortseingang steht ein längst vergessenes Škoda-Wrack. Ich möchte das Fahrzeug erklimmen und Gill bitten, ein Erinnerungsfoto zu schießen. Dass das keine besonders schlaue Idee ist, merke ich erst, als ich mit beiden Füßen gleichzeitig auf der Motorhaube lande (dazu muss ich erwähnen, dass meine Sprungkraft aus dem Stand legendär ist!). Kniescheiben und Knöchel brüllen gleichzeitig: »Bist du eigentlich völlig bescheuert?!« Da schone ich mich stundenlang, um einigermaßen heil den Berg hochzukommen, und verwandle mich innerhalb einer Sekunde zur äußerst unvorteilhaften Kombination Volltrottel/Sportinvalide. Gill lacht sich natürlich kaputt und hat beim spontanen Fotoshooting ihre helle Freude. Zwangsläufig legen wir im Ex-Geisterdorf eine Cola-Rast ein. Ich sag' ja, wir sind heute nur am Rasten. *Ex*-Geisterdorf deshalb, da der zwischenzeitlich verlassene und verfallene Ort aufgrund des neuerlichen Pilgerbooms inzwischen wieder zaghaft besiedelt wird. So schießen neben völlig verfallenen Ruinen nagelneue Häuser aus dem Boden. Ein absurdes, wenig romantisches Bild. Nachdem wir den sauberen Boden des ortsansässigen Restaurants ordentlich besudelt haben, kehren wir dem Dorf den Rücken und machen uns auf zum etwa zwei Kilometer entfernten Eisenkreuz, dem auf einem Eichenpfahl thronenden Cruz de Ferro. Oder besser gesagt zur Kopie, das Original haben wir ja gestern im Bischofspalast von Astorga gesehen. Das Kreuz markiert die mit tausendfünfhunderteinunddreißig Metern höchste Stelle des Camino Francés auf spanischem Boden und die höchste Stelle zwischen Saint-Jean-Pied-de-Port und Santiago de Compostela. Hier soll der Pilger all seine Seelenlast in Form eines von Zuhause mitgebrachten Steins ablegen, um anschließend beschwingt gen Tal zu schweben. Nach einer halben Stunde ist es endlich soweit. Ich lege den aus meinem Heimatort Gladbeck mitgenommenen Stein an den Eichenpfahl und denke mir meinen eigenen Teil, den ich nicht niederschreibe. Während Gill und ich die unterschiedlichsten Steine um den Pfahl herum bestaunen, rauscht ein weißer Wagen heran. Ein Taxi. Zwei Frauen in Pilgermontur steigen aus, mustern uns etwas pikiert und besteigen den Steinhaufen. Als sie ihre Fotokameras zücken, suchen Gill und ich das Weite.

Obwohl ich nicht besonders spirituell unterwegs bin, fühle ich mich beschwingt und leicht euphorisiert. Sowieso bin ich der festen Überzeugung, dass Gläubige einen wesentlichen Vorteil gegenüber denen genießen, die des Glaubens unfähig sind. Wenn es um die vermenschlichte, künstliche Definition Gottes der römisch-katholischen Kirche geht, bezeichne ich mich als ungläubig. Wenn es allerdings um spirituelle Gedanken geht, verbiete ich mir nichts. Schließlich gründen die meisten meiner spirituellen Gedanken auf bestimmten fassbaren Ereignissen, nicht auf irgendeinem Drogenrausch. Ich meine, was unterscheidet uns Menschen vom Rest der Tierwelt? Sicherlich nicht der Punkt, dass wir die Geilsten sind.

Oder die Intelligentesten (hello Simon!). Nein. Wir besitzen Möglichkeiten, mehr als jedes andere Lebewesen auf diesem Planeten. Und auch wenn der Mensch niemals selbstlos agieren kann, so kann er doch durch sein Verhalten das Zusammenleben erleichtern. Wenn Spiritualität und Glauben zu ebendiesem Ergebnis führen, dann soll es so sein – wieso nicht?

Endlich erreichen Gill und ich unser heutiges Etappenziel Manjarín. Mein Pilgerführer weiß zu berichten, dass das vor gut zweihundert Jahren vollständig verlassene Ruinendorf genau einen Einwohner hat: »Tomás, der sich in der Tradition der Tempelritter sieht.« Tomás Martínez, ein grauhaariger Mann mit Bart, Brille, Baseballkappe und Bauchansatz, führt seit 1993 die von ihm gegründete und gemeinsam mit Helfern aufgebaute, äußerst spartanisch ausgestattete Pilgerherberge. Zwanzig Matratzen, keine Duschen, kein fließendes Wasser, der Strom kommt aus dem Generator, um zweiundzwanzig Uhr wird das Licht ausgeschaltet. Marcos ist bereits seit gut drei Stunden hier und hat mit Tomás und seinen Helfern zu Mittag gegessen. Nun sitzt er entspannt in der Sonne und krault dem ebenso entspannten Hund den Nacken. Als er uns kommen sieht, hat er uns dringend etwas mitzuteilen. Es muss Schicksal sein, oder irgendein kosmischer Scheiß mit Ying und Yang, Gleichgewicht des Universums und so; kaum dass ich mich freue, neben ihm auch noch unsere kleine Bochumer Pilgerrakete Chris wiederzusehen, deutet er schon auf den schlafenden Sack drei Meter neben uns auf der Holzpritsche. Nein, nicht schon wieder. Simon! Ich glaube, ich breche zusammen. Da gibt es vier exzellente Herbergen in Rabanal del Camino, zwei weitere in Foncebadón, eine kirchliche in El Acebo sieben Kilometer weiter. Aber nein, Eure Gedanklichkeit Simon I. wünscht hier zu nächtigen, mitten im Nichts, mit uns, verdammt!

O-Ton Marcos: »Ich kann kaum beschreiben, wie sich mein gesamter Körper anfühlte, als ich ihn (auf dem Camino) wiedersah. Ich holte ihn ein, wie er da mit seinem Wanderstock entlangging.

Er sah mich und sagte zu mir, hätte er statt des Wanderstocks ein Kreuz dabei, er wäre der Jesus Christus des einundzwanzigsten Jahrhunderts. Und … es war sein voller Ernst!«

Es ist un-fass-bar.

Und was tut der Denker, nachdem er aufwacht? Er geht hinter die Hütte, wo der teure Trinkwassertank steht, und wäscht sich mit dem kostbaren Nass seine Füße! Aber wenn er sich für Jesus hält, kann er ja eh machen, was er will. Während unseres Aufenthalts flüstert Tomás auf den Denker deutend Gill zu: *»Tormento.«* Das spanische Wort für Qual, Plage, Folter. Passt.

Unsere Schlafplätze befinden sich direkt unterm Dach. Zwanzig Matratzen für nicht einmal zehn Pilger, da müsste man sich doch einigermaßen ausbreiten können. Prima. Außerdem liegen hier noch jede Menge Decken herum. Ich kann mir gut vorstellen, dass es hier im Winter brutal kalt werden kann. Marcos' Idee, nach Manjarín zu kommen und hier zu übernachten, erweist sich – bis auf den Denker alias El Tormento – als Glücksgriff. Letztendlich entscheiden sich sechs Pilger, in Manjarín zu übernachten: Herr Hideo Abe aus Japan, der Denker, Chris, Gill, Marcos und ich. Abe-san hängt sich sogleich an mich, den einzigen Asiaten weit und breit.

»Sind Sie Japaner?«, fragt er mich.

Ich nicke. »Freut mich Sie kennen zu lernen, ich heiße Maori.«

Erleichtert atmet er auf. »Ich heiße Abe.«

Er stellt sich mit Nachnamen vor, was ich als etwas zu höflich für den Camino empfinde. Aber in Japan ist das üblich, sodass ich ihm kurz erklären muss, dass Maori mein Vorname ist. Natürlich will er wissen, woher ich komme und was ich mache. Ich will von ihm wissen, ob er in Saint-Jean-Pied-de-Port gestartet ist, was er bejaht. Alle Japaner starten in Saint-Jean-Pied-de-Port, da kannst du dein Hab und Gut drauf verwetten. Denn die japanischen Pilgerführer beginnen immer dort, und der Japaner an sich weicht nicht *easy peasy* vom Plan ab wie unsereins. Wenn der Weg laut Pilgerführer in Saint-Jean beginnt, dann wird er ab Saint-Jean gegangen. Fertig, aus.

Abe-san bemerkt: »Das hier ist aber ein ungewöhnlicher Ort, nicht? So etwas habe ich noch nie gesehen.« Er spricht den Ortsnamen »Mandschalinn« aus, was ich äußerst witzig finde. Hört sich an wie eine hinduistische Gottheit.

»Ich finde es schön hier«, antworte ich zugegebenermaßen äußerst unkreativ.

»Wusstest du, dass das so ein Ort ist?«

»Deshalb sind wir extra hierher gekommen«, erkläre ich ihm.

Abe-san wirkt ratlos. »Wirklich? Ich dachte, Mandschalinn sei ein ganz normales Dorf mit einer ganz normalen Herberge. Hier gibt es ja nicht einmal eine Bäckerei.«

»Oder Einwohner«, ergänze ich. Sein japanischer Pilgerführer scheint ein ziemlich schweigsames Büchlein zu sein, schließlich gehört Tomás zu den berühmtesten Persönlichkeiten des Weges.

Aus welchen Gründen auch immer, es strengt mich ein wenig an, mit Abe-san zu reden. Er ist nett, sicherlich, aber auch ein wenig speziell. Zudem kommt er mir für einen Japaner ein wenig zu nahe. Abe-san ist der dritte Japaner, den ich kennen lerne, nach Iguchi-san und Kazuko. Sie alle entsprechen überhaupt nicht der gesellschaftlichen Norm Japans. Aus Deutschland herzukommen und den Weg zu gehen erscheint mir verglichen mit dem Aufwand und den Risiken der japanischen oder koreanischen Pilger kinderleicht. Ich respektiere also Abe-sans Leistungen durchaus, nur möchte ich gerade nicht von ihm bedrängt werden, und so wende ich mich lieber meinen Pilgerfreunden zu. Sogleich heftet sich mein Landsmann an den Denker, was dieser erfreut zur Kenntnis nimmt. Endlich jemand, der freiwillig auf ihn zugeht.

Chris, Gill, Marcos und ich hocken am großen Tisch und genießen das milde Wetter hier oben. Der einmalige Panoramaausblick weckt Sehnsüchte, und an die Ruhe müssen wir uns noch gewöhnen. Ab und an flitzen Radpilger an uns vorbei, bemerken nicht einmal die Magie dieses besonderen Ortes, und schießen mit atemberaubender Geschwindigkeit Richtung El Acebo. Marcos hat seine Landkarte ausgebreitet und grübelt über die nächsten Etappen. Chris widmet sich ihrem Tagebuch. Gill genießt einfach den Moment und hat sich eine Zigarette angezündet. Ich versuche, die Stimmung in mich aufzunehmen und den Augenblick wertzuschätzen. Nach einer Weile werden mir Aufnehmen und Wertschätzen etwas langweilig, sodass ich mich auf einen *camino walk* durchs verfallene Dorf begebe. Nur wenige Häuser haben Tomás und seine Helfer restauriert, die anderen rotten einfach vor sich hin. Über einen rutschigen Hang klettere ich in die ehemalige Kirche, in der Tomás ein provisorisches Holzkreuz an die Wand genagelt hat. Vor zweihundert Jahren saßen hier in der Iglesia de San Martín die paar Einwohner von Manjarín, sangen und beteten. Inzwischen ist bis auf wenige Mauern alles eingestürzt und überwuchert. Die Ruinen an der Straße sehen aus wie überdimensionale Blumenkästen, aus denen Bäume wachsen.

Geisterdörfer und -städte haben mich schon immer fasziniert. Jedes Mal, wenn ich in Dokumentationen über den Wilden Westen oder die Kolonialzeit in Afrika ausgestorbene Siedlungen sehe, möchte ich direkt vor Ort sein und die Hinterlassenschaften längst vergangener Leben inspizieren. Etwas, das für zahlreiche Menschen ihr Lebensmittelpunkt war, ist nur Jahrzehnte später längst vergessen. Ich denke, ich bin immer wieder von solchen Orten fasziniert, weil sie in aller Stille unsere Vergänglichkeit aufzeigen. Sie rücken insgesamt die Relationen der Selbstwahrnehmung zurecht. Menschen neigen ja dazu, sich als das Geilste und Wichtigste auf Erden zu betrachten. Und nicht umsonst stellen viele Religionen den Menschen über alle anderen Lebewesen; wir sehen ja überdeutlich, tagtäglich in den Nachrichten, wohin der Schwachsinn führt. Ich bin ehemaliger Waldorfschüler, und mein damaliger Klassenlehrer wollte uns beibringen: »Menschen sind keine Tiere.« Ich widersprach ihm und erklärte ihm die Evolutionstheorie. Da war ich etwa elf Jahre alt und interessierte mich wahnsinnig für Dinosaurier. Aber meine Argumentation schien ihn nicht zu überzeugen. Er berief sich auf die Bibel und war der Überzeugung,

Gott habe die Menschen erschaffen. Als ich ihn fragte, wieso Dinosaurier nicht in der Bibel auftauchten, sondern einzig und allein die Tiere, die zur Zeit der Evangelisten bekannt gewesen seien, konnte er mir nicht antworten.

Im Gegensatz zu vielen Atheisten stelle ich die Existenzberechtigung von Religionen nicht generell in Frage, solange sie zum Glück der Menschen beitragen. Führen sie allerdings zu Krieg und Hass, Hunger und Tod, so liegt das weder an Gottes Befehlen noch an heiligen Prophezeiungen, sondern einzig und allein an der schier endlosen Dummheit der Menschen.

Um Punkt neunzehn Uhr dreißig wird eine Glocke geläutet, und Tomás und seine Helfer halten ein Templerritual ab. Ich nehme nicht teil, und ich schaue auch nicht zu. Ehrlich gesagt weiß ich nicht, was ich von Ritualen mit lateinischem Gesang, spanischen Gebeten und antiken Schwertern inmitten einer Welt voller Telekommunikation und Maschinen halten soll. Die Ideen des Templerordens entstanden in einer längst vergangenen Epoche, einer Zeit, in der sich Christen und Moslems gegenseitig massakrierten und nichts Falsches daran fanden. Okay, das klingt eigentlich nach George W. Bush und Saddam Hussein, aber die beiden würde ich nicht unbedingt als die Mustervertreter der heutigen Zeit in die Verantwortung nehmen. Auch nicht als Mustervertreter ihrer Religionen. Jedenfalls folgt dem Ritual etwas, das völlig konfessionslos funktioniert: das Abendessen. Uns Pilgern serviert die äußerst nette Helferin Nudeln mit einer Gemüsesoße sowie frischen Salat und Brot. Tomás isst ausschließlich seinen eigenen Salat und zeigt sich nicht besonders redselig. Während seine Arbeit für uns ein Highlight unseres Weges ist, sind wir für ihn schlicht Alltag. Seit Jahren sieht er Pilger kommen und gehen, einer gleicher als der andere, die nur selten etwas Besonderes zu erzählen haben. Ich beschließe einfach, ihm im Stillen dankbar zu sein, und irgendwie vertraue ich seiner Menschenkenntnis, dass es ihm nicht verborgen bleibt. Von Marcos lässt er sich immerhin entlocken, dass er im

Winter bereits häufiger eingeschneit wurde; zuletzt fünf Tage am Stück. Daher bunkert er haltbare Nahrungsmittel wie eingelegte Tomaten oder Würste und Schinken, die von der Decke hängen. Zudem liest er regelmäßig Zeitungen und erfreut sich seit kurzer Zeit eines Internetzugangs. Schwerter hin, Rituale her, Tomás scheint offensichtlich sehr gern mit der Zeit zu gehen.

Es ist bereits stockdunkel, als wir nach dem Essen noch ein wenig an der frischen Luft sitzen und die Stille genießen. Mir fällt auf, dass Simon in kurzer Hose und T-Shirt auf der Bank sitzt und zittert.

»Das ist schon kalt hier«, sagt er. Obwohl er mich ansieht, spricht er mehr zu sich selbst. Ein bisschen unheimlich, aber das ist eben Simon. »Gestern in der Herberge war es auch so kalt, ich wär' fast erfroren.«

Irgendwie kann ich mir das Elend nicht mehr mit ansehen, also frage ich ihn: »Wieso hast du dir denn nichts übergezogen? Und wieso sitzt du hier im T-Shirt in der Kälte rum?«

Schon folgt der nächste Knaller. Sich die Oberarme reibend, antwortet er: »Ich hab' mein Sweatshirt in León verloren.«

Als ob das nicht schon dumm genug wäre, sitzt er hier stumpf in der Kälte herum und friert sich den Arsch ab, anstatt sich nach oben unters Dach zu verkriechen. Wieso tut er das? Wieso sitzt er hier neben mir, zittert wie Espenlaub, und erläutert mir detailliert, wie sein Denkerhirn von einem enttäuschenden Resultat zum nächsten holpert? Ich seufze hörbar und taste mich in die Dunkelheit. Lieber breche ich mir den Hals bei einer totalen Nachtwanderung als weiterhin diesem kognitiven Brachland beizuwohnen. Im Übrigen spekulieren Marcos und ich, was sich in seinem ausgebeulten Rucksack befinden könnte. Keine lange Hose, kein Sweatshirt, kein Schlafsack. Es kann sich nur um einen abgetrennten Kopf handeln.

Etappe 14: Astorga ⇨ Manjarín (30,7 km)

Sonntag, 13. September 2009

Ich bin zu Hause bei meinen Eltern. Dass ich es nicht bis nach Santiago geschafft habe, ist für mich eine Riesenenttäuschung. Was mache ich hier eigentlich? Wieso habe ich abgebrochen? Ich fühle mich elendig. Und wache auf.

Dachgeschoss? Es ist hell, zumindest das. Ach ja, richtig, ich bin in Manjarín. Diese Erleichterung, so winzig und doch so herrlich. Ich rolle mich auf die andere Seite und zucke zusammen. Neben mir liegt des Denkers rumorender Körper. Ich drehe mich wieder weg.

Gestern, als um ziemlich genau zweiundzwanzig Uhr das Licht ausgeknipst wurde, fragte ich mich, wie um alles in der Welt ich neun Stunden durchschlafen könnte. Denn verlassen dürfen die Pilger das *refugio* frühestens um sieben, so sind die Hausregeln. Wie ich mitbekomme, haben ausnahmslos alle Anwesenden so tief und fest geschlafen wie nie zuvor auf dem Camino. Mir geht es blendend, trotz des merkwürdigen Traums. Zum Frühstück wird uns eine ungewöhnliche Kombination kredenzt: Kekse, Butter, Marmelade, diverse Brotaufstriche, Müsli und eine riesige Kanne Kaffee. Während jeder für sich selbst sorgt, lässt sich Simon von der spanischen Helferin bedienen, als wäre er der König von Monte Irago. Aus den Augenwinkeln sehe ich Chris an, dass sie kurz davor steht, ihn mit einem gezielten Handkantenschlag zu erlegen.

Zum Abschied schießt die Helferin ein paar Gruppenfotos, auf denen einer fehlt: Abe-san lässt sich vom fantastischen Morgenpanorama zu einem kleinen Spaziergang verführen. Schön für ihn, schade um die Fotos.

Der steile Abstieg folgt über ungesicherte Schotterwege und geht ordentlich auf die Knie. Da ich mich bereits mit einigen Blessuren abplage, bewege ich mich vorsorglich nur extrem behutsam vorwärts. Lieber spät und heil ankommen als schnell und kaputt. Auch Gill ist nach den vergangenen Tagen ziemlich im Eimer und bildet mit mir das schleichende Duo. Etwa anderthalb Stunden nach unserem Aufbruch erreichen wir das idyllisch gelegene Bergdorf El Acebo. Leben könnte ich hier nicht, die Langeweile würde mich dahinraffen, aber für ein paar Tage Urlaub könnte ich mich durchaus begeistern. Bevor ich mich mit dem Gedanken anfreunde, gehe ich lieber weiter.

Wenige Minuten später geschieht etwas ziemlich Unheimliches. Kurz hinter El Acebo kämpfen Gill und ich mit dem immer steiler werdenden, felsigen Abstieg. Rechts von mir der Berg, links von mir der Abhang. Wie ein Slalomläufer stütze ich mich immer wieder auf meinen Wanderstöcken ab, um die Gelenke zu schonen. Plötzlich ein Knacks, der linke Stock rutscht mir ruckartig weg, und ich schnelle mit meinem linken Fuß an die Kante des Abhangs heraus, um mich zu halten. Kieselsteine rieseln in die Tiefe. Erschrocken trete ich erst einmal vom Abhang weg und drehe mich zu Gill um, die mich nur mit großen Augen ansieht. Mein linker Stock ist durchgebrochen. Der Billigstock Meru Trekker CX-4 von Globetrotter ist durchgebrochen! Um ein Haar wäre ich zig Meter in die Tiefe gestürzt. So schnell kann es also vorbei sein. Ich beschließe, erst einmal konzentriert nach Riego de Ambrós zu kommen und meine Wut über Globetrotter später rauszulassen. Dabei fällt mir ein, dass ich erst gestern in mein Tagebuch geschrieben habe: »Die Billigstöcke (…) gehen mir langsam auf die Eier. Erst klemmt eines der Gewinde, dann sind die Schutzkappen nach zwei Wochen durch. Ich hoffe, die brechen mir nicht irgendwo auf einem Felsvorsprung.« Genauso ist es jetzt gekommen, und ich frage mich, ob mir mein Unterbewusstsein soeben den Arsch gerettet hat.

In Riego de Ambrós, einer langgezogenen Kopie von El Acebo, legen wir eine kurze Pause ein. Danach geht es richtig steil ab, ich frage mich, wie es die ganzen siebzigjährigen Pilger heil ins Tal schaffen. Statt gemütlich auf einem Wanderweg zu laufen, balanciert man vorsichtig über nackte Felsschichten, die aus dem Boden ragen. Wäre mir der Stock hier gebrochen, ich wäre bis nach Molinaseca ins Tal geschlittert. Daher tasten Gill und ich uns extrem vorsichtig hinunter, bis wir schließlich an der Kapelle des Santuario de la Virgen de las Angustias am Ortseingang von Molinaseca vorbeikommen. Während Gill kurz ins Innere des Gotteshauses verschwindet, läuft ein Pilgerpaar an mir vorbei, das die gleichen Rucksäcke trägt wie ich. Ich spreche die beiden an und erfahre, dass sie genau wie ich aus Hamburg kommen. Drei Hamburger, drei GoLite-Rucksäcke, drei glückliche Rücken. Wir verabschieden uns, und sie ziehen weiter.

Gill und ich biegen Richtung Dorf ab. Nach der herrlichen Stille in Manjarín haut uns der Radau hier beinahe um. Überall rennen Touristen und Ausflügler herum. Mittlerweile hat die Außentemperatur wieder um die dreißig Grad erreicht, wir haben sechzehneinhalb Kilometer Abstieg hinter uns; kein Wunder, dass wir ziemlich geschlaucht sind. An einem Getränkeautomaten ziehen wir uns pures Zuckerwasser. Dabei sind wir im normalen Leben überhaupt keine Cola-Trinker. Und das geht den meisten Pilgern so: Zu Hause würden sie eine Cola-Dose nicht einmal mit dem kleinen Zeh antippen, aber hier auf dem Camino saufen sie das Zeug wie die Irren. Vor einem Haus entdecken wir einen winzigen Holztisch und zwei klapprige Stühle, perfekt für unsere kleine Pause. So fläzen wir uns vor einem Privathaus auf die Stühle und beobachten die Pilger. Mit Gill verstehe ich mich mindestens genauso blendend wie mit Marcos, wobei sie wesentlich redseliger ist als er. Anders als er gehört die Kanadierin zu den Menschen, die einfach drauflos palavern können. Und was sie zu sagen hat, empfinde ich als durchaus bereichernd, nicht als heißen Dampf. Plötzlich steht die Bewohnerin des Hauses vor uns und möchte hinein. Wir entschuldigen uns und wollen aufstehen, aber sie sieht das ganz anders. Ihrer Meinung nach werden ruhende Pilger nicht verscheucht, sie besteht darauf, dass wir bleiben. Sie möchte nur an uns vorbei und betont Gill gegenüber noch einmal ausdrücklich, dass wir sitzenbleiben dürfen, solange wir wollen. Nun ja, das ist nett, aber so lang wollten wir nun auch wieder nicht bleiben. Nachdem wir uns einigermaßen fit fühlen, wagen wir uns wieder auf den Camino.

Während ich in Zeitlupe hinter Gill hertrotte, merke ich bereits, dass mit meinen Knöcheln etwas nicht stimmt. Der unendlich lange, knallharte Bürgersteig Richtung Ponferrada trägt auch nicht besonders zur Entlastung bei. Aber ich bleibe optimistisch, schließlich habe ich heute noch fast zwanzig Kilometer vor mir. Eigentlich wollte ich nur bis Ponferrada laufen, aber Chris warf gestern ein, dass bisher alle großen Städte schrecklich gewesen seien. Deshalb schlug sie vor, dass wir im beschaulichen Cacabelos einkehren. Ich persönlich habe nichts dagegen einzuwenden, schließlich reizt mich Ponferrada nicht im Geringsten. Einzig und allein die Templerburg möchte ich mit eigenen Augen sehen, und die liegt auf unserem geplanten Weg.

Etwa eine Dreiviertelstunde hinter Molinaseca hockt Marcos auf dem Bürgersteig und lässt es sich gut gehen.

»Da seid ihr ja endlich!«, ruft er erfreut und rappelt sich auf. »Ich warte schon seit einer halben Stunde hier.«

Zu dritt stapfen wir weiter nach Ponferrada, der Hauptstadt der *comarca* (regionaler Verwaltungsbezirk) El Bierzo. Am äußersten Rand der stetig wachsenden, von aktuell knapp siebzigtausend Menschen bevölkerten Stadt steht eine sperrige Großherberge. Und genau da möchte Gill absteigen, denn unser Tempo ist ihr auf Dauer dann doch etwas zu hoch. Sie ist einfach fix und fertig. Ich habe einen Riesenrespekt vor meiner tapferen Gefährtin, schließlich hat sie untrainiert einen rabiaten Kaltstart hingelegt und einhundert Kilometer in vier Tagen geschafft. Und das nicht durch das Flachland Schleswig-Holsteins, sondern einmal komplett über die Montes de León. Außerdem hat sie theoretisch fast bis zum Monatsende Zeit. Gerade als ich mich an sie gewöhnt habe, verlässt sie uns wieder. Ich gebe es zu, ich bin ein wenig traurig. Aber die Trauer wird mir auf den nächsten fünfzehn Kilometern von heißen Betonplatten unter meinen Füßen herausgeprügelt.

Erst einmal passieren wir allerdings die stattliche Templerburg, die eine wechselhafte Geschichte hinter sich hat. Der Nordteil wurde im zwölften Jahrhundert erbaut, der Südteil im fünfzehnten. Durch politische Querelen und die Auflösung des Templerordens zu Beginn des vierzehnten Jahrhunderts wechselte die Festung mehrmals den Besitzer. Ab der Mitte des neunzehnten Jahrhunderts verschacherte die Stadtverwaltung Mauerstücke als Baumaterial. Schon damals hatten die Bürokraten nur Blödsinn im Kopf. 1924 wurde diese unfassbare Dummheit von höchster Stelle unterbunden und die Burg zum nationalen Denkmal erhoben. Seitdem arbeiten zahlreiche Historiker daran, die bereits zerstörten Teile zu rekonstruieren. Natürlich fragt man sich, wieso die Spanier eine solch geschichtsträchtige Burg ohne mit der Wimper zu zucken als Steinbruch verwendet haben. Ganz einfach: Nur zeitliche Distanz und ausführliche historische Reflexion verwandeln einen Steinhaufen in ein historisch bedeutsames Gebäude. In Syrien oder Äthiopien etwa werden ganze Wohnsiedlungen von vor mehreren tausend Jahren denkmalgeschützt. Ganz normale Häuser. Niemand würde auf die Idee kommen, Plattenbauten in Stralsund unter Denkmalschutz zu stellen und sich dagegen auszusprechen, sie bei Leerstand als Steinbruch zu nutzen. Aber in achthundert Jahren sieht das Ganze vielleicht etwas anders aus.

Der Weg aus Ponferrada gestaltet sich erwartungsgemäß: Wie jede größere Stadt auf meinem bisherigen Weg wird auch diese hier von einer Riege hässlichster Neubauten umringt. Meine Vorstellungskraft reicht hinten und vorne nicht, um zu begreifen, woher die ganze Kohle stammen soll. Aber die Spanier (oder wer auch immer) bauen wie wahnsinnig, völlig außer Kontrolle. Hunderte gigantischer Wohnblöcke, ja ganze Stadtviertel stehen praktisch leer, die Straßen sind wie ausgestorben, aber wen kümmert das? Es wird immer weitergebaut, ein Hochhaus nach dem anderen hochgezogen. Und dann dürfen wir geschundene Pilger da durchdackeln, vielen Dank. Die modisch karierten Bodenplatten sind der blanke Horror, und ich merke, dass ich Meter für Meter abbaue. Durch den Ausrutscher beim Stockbruch scheine ich mir meinen linken Fuß verdreht zu haben; das Fußgelenk schmerzt höllisch.

Dabei waren die Gelenke bis heute Morgen noch meine letzten Trumpfkarten. Da ich inzwischen dermaßen unregelmäßig laufe und meine Geschwindigkeit keine zwei Minuten konstant halte, kann Marcos überhaupt nicht mit mir gemeinsam nach Cacabelos laufen, auch wenn er wollte. So verbringt er die letzten fünf Kilometer damit, permanent auf mich zu warten. Sicher denkt er, ich würde gleich tot umfallen, um zwei Minuten später von einem hässlichen Neubau überbaut zu werden. Als aktueller Mitpilger und zukünftiger Stararchitekt kann er das natürlich nicht zulassen. Einmal mehr erreiche ich hinkend das Etappenziel, diesmal Cacabelos.

Als wir uns bereits im Dorf befinden, holt uns Chris ein. Sie hat sich in Ponferrada völlig verlaufen und wahrscheinlich einmal mehr die Vierzig-Kilometer-Marke überschritten. Trotzdem macht sie einen zehnmal fitteren Eindruck als ich; wie deprimierend. Gemeinsam durchqueren wir das gesamte Dorf. Wieso eigentlich das gesamte Dorf? Nun ja, im Gegensatz zur *albergue* in Hontanas befindet sich die von Cacabelos hinter dem Ort. Um genauer zu sein, hinter einer Brücke hinter dem Ort. Während Chris und Marcos fröhlich plaudernd vorangehen, krieche ich wie ein Opfer hinterher. Als ich allerdings die Herberge erblicke, bessert sich meine Laune schlagartig: Wie Umkleidekabinen sind fünfunddreißig Zweibettzimmer um die Kirche Nuestra Señora de la Quinta Angustia herum an die Kirchenmauer angebaut. Ob religiös oder nicht, diese Herberge löst bei nahezu allen Pilgern Begeisterung aus; auch bei mir. Weniger begeistert bin ich von meinem linken Knöchel, der dick angeschwollen ist. Bei Schokoladenriegeln sind Knubbel ja ganz witzig, am Fußgelenk dagegen echt scheiße. Jetzt habe ich eine halbe Tube Voltarén aufgetragen. Ist es eigentlich schlimm, dass ich die spanische Packungsbeilage nicht verstehe? Wir werden es sehen. Jedenfalls habe ich meinem Körper mal wieder zu viel zugemutet. Während meine konditionelle Verfassung noch nie so gut war wie heute, sind meine Gelenke ziemlich ramponiert. Der *camino walk* als Dauerzustand sozusagen.

Immerhin gibt es neben der Herberge eine weitere schöne Nachricht: Höchstwahrscheinlich haben wir den Denker abgehängt. Nur Marcos hat ihn heute gesehen, und die Begegnung scheint äußerst merkwürdig verlaufen zu sein. Unterwegs nach Molinaseca will mein Pilgergefährte eine Rast einlegen. Da er jedoch sieht, wie der Denker wenige Meter vor ihm gerade seine Pause beendet, wartet er einige Minuten ab, um jegliche Kontaktaufnahme zu vermeiden. Nachdem Simon weiterwandert, lässt sich Marcos endlich nieder und genießt die Sonne. Nach einer Weile rafft auch er sich auf und setzt seinen Abstieg fort. Plötzlich vernimmt er Atemgeräusche hinter sich. Er dreht sich um, und im nächsten Moment rennt Simon an ihm vorbei Richtung Tal. Von hinten! Dabei habe er ihn definitiv nicht überholt, versichert Marcos uns. Willkommen in der unerklärlichen Welt des Denkers. Woher kam Simon? Wieso ist er gerannt? Und überhaupt: Wer ist Simon?

Auf dem Hof sitzt wieder die zierliche junge Dame, die ich bereits aus der Herberge von Burgos und dem Café vor der Kathedrale von León kenne. Und von wegen Französin, sie heißt Ewelina, wird von den anderen Pilgern der Einfachheit halber Evelyn genannt, ist vierundzwanzig Jahre jung und kommt aus dem wunderschönen Polen. Obwohl ich noch nie dort war, zählt Polen zu meinen Lieblingsländern. Vor der Fußball-WM 2006 in Deutschland nahm ich bei einem Gewinnspiel von McDonald's teil und gewann prompt ein Hundert-Euro-Ticket für das völlig bedeutungslose Spiel Polen gegen Costa Rica. In kompletter Japan- und Schalke-Montur fuhr ich allein nach Hannover, lernte jede Menge merkwürdiger Menschen kennen und saß mitten im Polen-Fanblock neben einem jungen Kerl, der mir permanent die polnischen Sprechchöre übersetzte: »Jetzt fordern sie die Entlassung des Trainers. Und jetzt beschimpfen sie den Fußballverband.« Einfach großartig. Außerdem wuseln jede Menge Polen in meinem Bekanntenkreis herum, die ich zu fünfundneunzig Prozent mag. Keine andere Nationalität weist eine höhere Quote auf. Ergo: Ich werde bald mal nach

Polen reisen. Aktuell allerdings schaffe ich es lediglich, mit Ach und Krach ins Dorf zu hinken. Zu viert – Chris, Marcos, Evelyn und ich – suchen wir nach einer großartigen, urigen, typisch spanischen … im Grunde ist es uns völlig egal. Wir haben einfach einen monströsen Hunger, und außer Evelyn sind alle etwas knatschig. Also marschieren wir in ein furchtbar eingerichtetes Fastfood-Restaurant. Der Burger, den sie mir kredenzen, ist der wohl schlechteste Burger a) der Welt und b) aller Zeiten. Wie können so viele Zutaten (Getreide, Rindfleisch, Salat, Tomate, Käse, Ei, Zwiebel) nach so wenig schmecken? *Dafür* bin ich zurück nach Cacabelos Downtown gehinkt? Man möchte vermuten, dass der permanente Verzicht auf dem Camino bescheidener und gelassener macht. Aber egal wie weit ich auch durch die Gegend wandere, für acht Euro achtzig erwarte ich zumindest eine grobe Geschmacksrichtung.

Unbefriedigt hinke ich mit den anderen zur Herberge zurück. Gegenüber befindet sich eine Wohnanlage für Senioren. Sogar deren Bewohner sehen heute wesentlich fitter aus als ich. Bei dem aktuellen Wandertempo fällt es mir immer schwerer, die Zeit auf dem Camino zu genießen. Heute habe ich einmal mehr einen richtig qualvollen Tag erlebt; den dritten in dieser Intensität. Irgendwann reicht es dann auch mit Schmerzen. Bisher waren meine Beschwerden nur spürbar, jetzt sind sie auch noch sichtbar: Der dick geschwollene Knöchel bereitet mir Sorgen. Morgen früh werde ich entscheiden, ob ich weiterhin diese Distanzen zurücklegen möchte, radikal abbremse oder gar einen Tag aussetze.

Abends wirkt die sanft beleuchtete Kirche im Innenhof besonders magisch. Nach und nach verkriechen sich die Pilger in ihre Zweierkabinen. Marcos und ich sind mit die letzten, die sich schlafen legen. Während wir so daliegen, unterhalten wir uns flüsternd über die Ereignisse des Tages. Plötzlich hören wir aus der Nebenkabine ein forsches »Psssst!« Marcos und ich verstummen augenblicklich. Leider sind die Kabinen nicht vollständig voneinander abgetrennt, sondern nur durch eine etwa zweieinhalb bis drei Meter hohe Trennwand. Darüber sind die Kabinen allesamt miteinander verbunden. Nicht einmal unterhalten kann man sich hier also. Im nächsten Moment beginnt in der Nebenkabine ein Handy zu klingeln. Ironie des Schicksals, das Leben hat einfach die besten Geschichten parat. Marcos und ich müssen natürlich loslachen, und die beiden Nachbarinnen lachen mit. Schnell wird das Handy ausgeschaltet und wir wünschen uns durch die Wand eine gute Nacht.

Etappe 15: Manjarín ⇨ Cacabelos (35,9 km)

Montag, 14. September 2009

Mit einem nicht mehr ganz so dicken, aber immer noch stark übergewichtigen Knöchel gehe ich den heutigen Tag an. Glücklicherweise schenkt mir Marcos eine Knöchelbandage, die verhindern soll, dass sich der Fuß zu stark hin und her bewegt. Ob das hilft, werde ich sehen. Von Tomás' Helfer in Manjarín haben wir die Empfehlung bekommen, unbedingt in Ruitelán bei *hospitalero* Carlos vorbeizuschauen. Bis dorthin sind es achtundzwanzig Kilometer, etwa acht weniger als gestern. Meine Knöchel werden es mir hoffentlich danken. Logischerweise gestalte ich den Etappenstart relativ ruhig, während Marcos schon wieder zum Sprint ansetzt. Es dauert nicht lang, und ich laufe ganz allein die kaum befahrene Landstraße entlang. Zum Glück verlässt der Camino sie nach kurzer Zeit und biegt in einen Feldweg ab.

Mittlerweile haben wir es uns angewöhnt, vor jeder Etappe einen Ort für unsere Frühstückspause zu bestimmen. Für diesen Ort hat sich bereits die Bezeichnung »Café-con-Leche-Town« etabliert. Unsere heutige Café-con-Leche-Town ist gut acht Kilometer entfernt und hört auf den klangvollen Namen Villafranca del Bierzo. Hier scheint es von Villafrancas nur so zu wimmeln. Auf halber Strecke dorthin fliegt Evelyn an mir vorbei, aber ich lasse mich nicht zu einem höheren Tempo verleiten; auf der heutigen Etappe könnte ich das nämlich bitter bereuen. Stattdessen schleiche ich extrem langsam voran und nutze die Zeit, um die traumhafte Umgebung zu genießen. Nach der wüstenähnlichen, flachen und ausgedörrten Meseta bildet die von saftigem Grün bewachsene Hügellandschaft einen willkommenen Kontrast. Immer wieder entdecke ich in fernen Tälern gelegene, abgeschiedene Dörfer, vollständig umgeben von Feldern mit akkurat aufgereihten Weinreben. Am Ortseingang von Villafranca del Bierzo wartet Marcos auf mich, und gemeinsam passieren wir die Iglesia de Santiago aus dem zwölften Jahrhundert. Zwar stellt der einschiffige Klotz wahrlich keinen Höhepunkt der Architekturgeschichte dar. Etwa ab dem siebzehnten Jahrhundert allerdings waren zahlreiche Pilger heilfroh, die Kirche zu erblicken. Denn war man zu krank und zu schwach, um den beschwerlichen Weg über den Cebreiropass anzugehen, wurde einem beim Durchschreiten des Nordportals die Absolution erteilt. Deshalb wird Villafranca del Bierzo auch »Das kleine Compostela« genannt. Einen winzigen Haken hat die Sache: Das Nordportal, auch Puerta del Perdón (deutsch: Gnadenpforte) genannt, wird ausschließlich in Heiligen Jahren geöffnet. Hatte man Pech, musste man neun Jahre warten, bis das Portal wieder geöffnet wurde. Denn ein Heiliges Compostelanisches Jahr wird begangen, wenn der Tag des Jakobus, der 25. Juli, auf einen Sonntag fällt. Der Jahresrhythmus lautet: sechs, fünf, sechs, elf; die letzten Heilige Jahre waren 1965, 1971, 1976, 1982, 1993, 1999 und 2004. Wenn ich also mit meinem dicken Knöchel auf der Stelle zusammenbräche, müsste ich nur knapp dreieinhalb Monate warten. Dann beginnt das Heilige Jahr 2010.

Bevor ich auf irgendwelche dummen Gedanken komme, schleppt mich Marcos weiter. Im Gegensatz zu Villafranca Montes de Oca ist dieses Villafranca ein wahres Schmuckstück. Seit dem Mittelalter scheint sich nicht allzu viel verändert zu haben. Schon kurz nach der Iglesia de Santiago passieren wir den Castillo-Palacio de los Marqueses de Villafranca (deutsch: Burgpalast der Markgrafen von Villafranca), eine kompakte, quadratische Privatburg aus dem sechzehnten Jahrhundert. Da das Dorf ohne großartige Veränderung der Landschaft auf den hügeligen Grund gepflanzt wurde, sind die Altstadtgassen mindestens so steil und durcheinander wie in Wuppertal. Bald erreichen wir den nahezu menschenleeren *plaza mayor* von Villafranca und nehmen unser bescheidenes Frühstück ein. Mal eben acht Kilometer vor dem Frühstück abgegrast; das hätte ich mir mit meinem läppischen Kreislauf vor ein paar Monaten wohl kaum zugetraut. Seit Avril mit diesem gesungenen »Bocadillo-Man« angefangen hat, bestelle ich mir zum Frühstück immer seltener eins. Stattdessen kommen immer häufiger unterschiedlichste Backwaren mit Schokolade auf den Tisch: Teigrollen mit Schokoladenfüllung, Schokocroissants, Brötchen mit Schokoladenstückchen. Aber meinem *café con leche* bleibe ich treu, der gehört für mich irgendwie zum Camino dazu wie die gelben Pfeile oder die Agua-no-potable-Schilder.

Auf dem Weg zum Ortsausgang ertappen wir einige Taxipilger. Zwei junge Frauen hieven ihre viel zu schweren Rucksäcke in den Kofferraum und brausen davon. Was soll's, denken wir uns, sie werden sicher ihre Gründe haben. Auf dem Camino soll man ja nicht allzu schnell urteilen, genau wie im richtigen Leben. Wie oft habe ich mich selbst dabei ertappt, die Taxipilger zu verspotten und sich über sie zu beklagen. Aber genauso gut könnte sich eine der beiden verletzt haben, oder sie sind mit Familienangehörigen in der nächsten Stadt verabredet und haben es zeitlich einfach nicht geschafft. Mein Charakter würde einen stattlichen Schritt nach vorn machen, wenn ich es mir endlich abgewöhnen würde, Menschen vorschnell zu kategorisieren. Ich bin ja keine hirnlose Boulevardzeitung mit vier großen Buchstaben, sondern ein Mensch mit Denkvermögen und Verstand. Wenn möglich, sollte meiner Meinung nach niemand auch nur auf einen einzigen Kilometer verzichten. Aber eben nur, wenn möglich.

Nachdem wir einmal mehr vergeblich nach gelben Pfeilen suchen, spricht Marcos einen älteren Einheimischen an. Bei der Gelegenheit möchte ich kurz anmerken, dass wir uns inzwischen auf das Ansprechen älterer Einheimischer eingeschossen haben. Zwar dauert es bei ihnen gern einige Minuten länger, dafür erfahren wir bei jeder Kontaktaufnahme sehr viel Warmherzigkeit, Zuneigung und Freude. Jüngere Einheimische sind zwar ebenso hilfsbereit, sie gehen jedoch weitaus pragmatischer vor und wollen den hilflosen Pilger lediglich informieren. Bei älteren Menschen hatten wir bisher stets das Gefühl, dass es ihnen wie ein Privileg erscheint, ihren persönlichen Beitrag zum Gelingen einer Pilgerschaft nach Santiago de Compostela zu leisten. Sowohl in der Motivation als auch in der Gesprächsführung ein gewaltiger Unterschied. Auch diesmal sind wir von der Freundlichkeit und Hilfsbereitschaft des warmherzigen Seniors beeindruckt.

»Hallo, Pilger!«, begrüßt er uns und zeigt uns grinsend seine ihm verbliebenen Zähne.

Marcos übernimmt das Ruder. »Entschuldigen Sie, wir suchen den Camino de Santiago.«

»Das ist ganz einfach, mein Freund.« Mit Handzeichen und Elan erklärt er uns den Weg. »Bis wohin wollt ihr heute laufen?«, fragt er uns schließlich. Diese Frage stellt uns eigentlich jeder, egal ob Einheimischer, Mitpilger oder *hospitaleros*.

»Nach Ruitelán«, antwortet Marcos.

Der Alte nickt. »Hinterm Dorf könnt ihr über die Landstraße oder über den Berg. Entscheidet euch für den Berg.«

»Das wollten wir sowieso«, bemerkt Marcos. »Lohnt es sich?«

»Ja, auf jeden Fall. Ein wundervolles Panorama, man kann unendlich weit blicken. Erst einmal geht es steil bergauf, aber dann … Traumhaft, einfach traumhaft! Rechts hoch, da steht auch ein Schild, ihr könnt es nicht verfehlen.«

Wir bedanken uns herzlich, und er wünscht uns einen *buen camino*.

Die Wegbeschreibung ist perfekt. Wir überqueren den Río Burbia und stehen vor der Abzweigung. Mit einem knapp formulierten Verkehrsschild werden wir vor die Wahl gestellt: Links geht es durchs flache Tal zehn Kilometer nach Trabadelo, rechts über den sogenannten *camino duro* (deutsch: beschwerlicher Weg), also über ein paar Berge elf Kilometer in dasselbe Dorf. Und was macht man, wenn man mit einem kaputten Stock und einem dick geschwollenen Knöchel unterwegs ist? Richtig, man wählt den steilen Berghang. Auf einem Schild wird noch einmal eindringlich gewarnt: *»Camino muy duro. Solo para buenos caminantes …«* Sehr beschwerlicher Weg. Nur für gute Wanderer. Kein Ding, wir halten uns für fabelhafte Wanderer. Mein Knöchel ist zwar ganz anderer Meinung, aber mit der richtigen Laufgeschwindigkeit müssten die läppischen vierhundertsechzig Meter Auf- und dreihundertachtzig Meter Abstieg problemlos möglich sein. Ergo schleppen Marcos und ich uns im Schneckentempo den Berg hinauf. Irgendwann blicke ich zurück ins Tal nach Villafranca del Bierzo, und der Anblick verschlägt mir erst einmal den Atem. Durch die sagenhafte Aussicht kehren sämtliche Lebensgeister in meinen gebeutelten Körper zurück: Hinter den fernen Montes de León klettert die strahlende Morgensonne den Himmel hinauf. Die Dächer Villafrancas schimmern und funkeln, und hier und da ziehen zerbrechliche, milchige Nebelschwaden durchs Tal. Flugs verwandelt sich der eigentlich knallharte Aufstieg in ein Fotoshooting. Weit und breit ist niemand zu sehen, und Marcos und ich lassen uns alle Zeit der Welt, die spektakuläre Landschaft zu genießen. Wir bemerken nicht einmal, dass wir bereits oben angekommen sind. Denn immer noch blicken wir permanent links hinunter ins Tal, wo wir all die armen Pilger vermuten, die sich statt für diesen Traum hier oben für die extrem unspannende Nationalstraße N-VI entschieden haben. Einige Kilometer wandern wir schattenlos am Berghang entlang, hier und da unter surrenden Stromleitungen hindurch, als es plötzlich hinter uns brutal laut knallt. Marcos und ich zucken erschrocken zusammen und drehen uns um. Nichts. Nur wenige Sekunden später knallt es erneut. Meine Fresse, ist das laut! Ganze zwölfmal ballert es hinter uns, und jedes Mal schüttelt es mich ordentlich durch.

Seit jeher löst lautes Knallen Angstzustände in mir aus. Deshalb ist für mich die Silvesternacht auch die schlimmste Nacht des Jahres. Die Unart in Deutschland, am Jahreswechsel Hunderte Millionen Euro in die Luft zu jagen, ist mir abgrundtief zuwider. Als ich fünfzehn war, habe ich mit einem Freund in unserem Garten ein paar D-Böller hochgejagt. Aus Übermut warf er einen davon in eine Glasflasche. Sie explodierte und mein Freund erblindete auf einem Auge. Ich war damals noch Brillenträger, weshalb ich mein Augenlicht behalten durfte. Danach ging der Scheiß erst richtig los. Seine Eltern zeigten mich wegen schwerer Körperverletzung an und erzählten in unserer Schule herum, ich hätte den Böller in die Flasche geworfen. Lehrer und Schüler kamen zu mir, machten

Witze, machten Vorwürfe, wochenlang ein einziger Spießrutenlauf. Was soll ich halten von zwei vermeintlich erwachsenen Menschen, die die Wahrheit nicht akzeptieren wollen und ein Kind gezielt fertigmachen, jahrelang prozessieren, obwohl sie keine Chance auf Erfolg haben? Mit der Volljährigkeit hat mein Freund das Ganze stoppen lassen, und der Spuk war vorbei. Knallt es irgendwo, beginnt meine Herzfrequenz in die Höhe zu schießen, die Nervosität steigt, und manchmal kann es vorkommen, dass ich in Panik gerate und um mein Leben fürchte. Und obwohl mir damals, als ich per Anwalt systematisch unter psychischen Druck gesetzt wurde, eigentlich alles scheißegal war, ganz spurlos geht solch eine Erfahrung an niemandem vorbei.

Ein Blick in meinen Wanderführer verrät allerdings, dass mitnichten auf uns geschossen wurde. Am 14. September steigen in Villafranca die Patronatsfeiern Santísimo Cristo de la Esperanza mit Prozessionen und Umzügen. Können die sich nicht einfach aufs Tanzen und Saufen beschränken? Immer dieses Geballer.

Bald erreichen wir einen gewaltigen Esskastanienwald. Über uns ragen die stolzen Baumkronen in den Himmel, und wir müssen aufpassen, dass wir nicht von herunterfallenden Kastanien getroffen werden. Aus unbekanntem Grund habe ich es mir in den vergangenen Tagen angewöhnt, mich ab und an umzusehen. Gestern beispielsweise drehte ich mich in Cacabelos um, und genau in diesem Moment kam Chris auf uns zugelaufen. Wieder verspüre ich den Drang mich umzudrehen, und wer kommt da in flotten Schritten auf uns zugeflogen? Schon wieder Chris! Wo kommt die denn auf einmal her? Ich vermute stark, dass sie sich mit dem Aufstieg nicht so viel Zeit gelassen hat wie Marcos und ich. Wir freuen uns total, uns hier oben wiederzusehen. Nachdem wir uns kurz gegenseitig versichert haben, Simon nirgendwo gesehen zu haben, wandern wir zu dritt weiter. Nur wenige Kilometer weiter lockt ein Schild zu einer Bar. Aber, liebe Berggastronomen, fünfhundert Meter vom Weg entfernt bedeutet einen Kilometer extra für einen Kaffee, das muss definitiv überdacht werden. Kommentarlos wandern wir weiter, und zeitweise ist der Weg nur schwer zu erkennen. Kaum dass wir den Kastanienwald verlassen, beginnt auch schon der wahnwitzig steile Abstieg. Da sich mein dicker Knöchel meldet, bewege ich mich maximal mit zwei Kilometern pro Stunde voran. Ich muss meinen Stock reparieren, ansonsten kann ich mich gleich ins Gras legen und es bleiben lassen.

Geschafft – zumindest die ersten neunzehn Kilometer des heutigen Tages. Wir sitzen vor der Herberge von Trabadelo und wundern uns, wie flott wir den *camino duro* hinter uns gebracht haben. So wahnsinnig schwierig war der gar nicht. Aber es herrscht ja auch mal wieder ein Bombenwetter, und außerdem haben wir unsere Schrittfrequenz konstant niedrig gehalten. Gerade eben habe ich wieder einen neuen Begriff gelernt, nämlich *zumo de naranja*, auf Deutsch O-Saft. Entschuldigen Sie bitte, ich hätte gern Saft der Orange. Wenn wir im Deutschen genauso reden würden, ich fände das durchaus witzig. Königliches Madrid Klub des Fußballs. Wieso wir immer alles aneinanderreihen müssen? Fußballweltmeisterschaftsqualifikationsspiel. Schienenverkehrsüberwachungssystem. Der Spanier würde seine Auswahl der Spieler des Landes ausschließlich zu einem Spiel der Qualifikation der Meisterschaft der Welt des Fußballs schicken. Und RENFE benutzt garantiert nur Systeme zur Überwachung des Verkehrs auf Schienen.

Von Chris borge ich mir ein paar Zentimeter Leukoplast, um das abgebrochene Stück meines Wanderstocks zu fixieren. Und siehe da, das Zeug ist nicht nur gut, um abgerissene Unterschenkel an den Kniestumpf zu kleben, sondern auch zur Behebung lebensbedrohlicher Produktionsmängel im Hause Meru. Meine fachgerechte Reparatur, Typ »Mumie 2009«, hält bombenfest. Damit müssten die restlichen Kilometer nach Ruitelán doch ein Klacks sein.

Aber von wegen: Jetzt kommen auch wir in den Genuss der Nationalstraße. Lediglich zweieinhalb Kilometer laufen wir an ihr entlang, aber die reichen uns vollkommen. Verglichen mit der

N-VI ist die N-120 ein idyllischer Spazierweg für Kinder und Senioren. Mit unchristlicher Geschwindigkeit rasen tonnenschwere Lkws an uns vorbei, pusten uns jede Menge grauen, trockenen Straßenstaub ins Gesicht. Zehn Kilometer mehr davon und mir wären wohl sämtliche Sicherungen durchgebrannt. Inzwischen ist mein Knöchel mal wieder dermaßen dick, dass mir Chris und Marcos längst enteilt sind. Egal. Ich muss jetzt mit aller Konsequenz meine Geschwindigkeit halten. Oder besser gesagt: Wenn ich nicht meine Geschwindigkeit halte, werde ich mit allen Konsequenzen rechnen müssen.

Als Pilger erkenntlich, wird man von allen möglichen Leuten gegrüßt: von Dorfbewohnern, Nonnen, Bauern auf Traktoren, Kassiererinnen, Bier trinkenden Arbeitern in Bars oder jungen Menschen auf dem Weg zur Arbeit. Und sie alle grüßen auf unterschiedlichste Weise: Mal begegnen sie uns mit *»¡Hola!«*, *»¡Buen camino!«* oder *»¡Buenos días!«*, mal winken sie, nicken uns lächelnd zu oder heben kurz die Hand. Aber es gibt eine Art Gruß, die ich beim besten Willen nicht ausstehen kann. Manch ein Lkw- oder Pkw-Fahrer hält es für besonders motivierend, beim Vorbeifahren (mit hundertzwanzig Stundenkilometern) einfach mal kräftig auf die Hupe zu hauen. Man stelle es sich vor: Schwitzend und keuchend schleppt man sich über den Asphalt, und im nächsten Moment geht neben dir die Tröte los. Das Gegenteil von gut ist eben gut gemeint.

Schon wieder laufe ich mutterseelenallein. Der ganze Beton um mich herum macht mich aggressiv, aber mit kaputtem Knöchel kann ich nicht einmal vor Wut stampfen oder irgendetwas durch die Gegend treten. Wenigstens ist der Wanderweg durch eine hüfthohe Betonmauer von der Fahrbahn abgetrennt, was – soweit ich richtig informiert bin – früher nicht der Fall war. Allerdings haben sich die Planer des Camino für die letzten Meter an der N-VI etwas ganz Bezauberndes ausgedacht. Erst verschwindet die schützende Mauer, sodass man wie früher auf dem ungesicherten Seitenstreifen laufen muss, anschließend überquert man die Ausfahrt zu einem Rastplatz. Für einige Meter läuft man mitten auf der Straße, während rechts und links die Lkws vorbeidonnern. Ich denke, in Zukunft werde ich eine sechsspurige Straße im Hamburger Berufsverkehr relativ entspannt überqueren können.

Kurze Zeit später verlässt der Camino die N-VI und biegt in das Straßendorf La Portela de Valcarce ein. Das winzige Nest besteht aus nicht einmal zwanzig Häusern und wirkt wie eine alte Westernsiedlung. Auf einer stämmigen Sitzbank lege ich eine kurze Verschnaufpause ein. Noch einmal geht es für wenige Meter an der N-VI entlang, bevor ich sie endgültig verlassen darf. Schlagartig bessert sich die Stimmung, denn nun führt der Weg entlang des Río Valcarce und ist von Bäumen gesäumt. Das idyllische Plätschern beruhigt die Gedanken, und ich habe das Gefühl, irgendwo im Harz unterwegs zu sein. Etwa vierzig Minuten später, kurz hinter Vega de Valcarce, entdecke ich auf einer Anhöhe links vom Camino eine verfallene Burg. In meinem Wanderführer steht leider überhaupt nichts darüber. Später erfahre ich, dass es sich um die Ruinen des Castillo de Sarracín des Templerordens handelt.

Durch das anstrengende Wandern auf Asphalt lässt mein gerade gewonnener Energieschub rapide nach. Obwohl nur noch wenige Kilometer zu laufen sind, ziehen sich diese wie zäher Kaugummi in die Länge. Ab und an rasen vereinzelte Autos mit irrer Geschwindigkeit an mir vorbei. Völlig bescheuert. Wenn sie gegen einen Baum klatschen, ist das ihre Sache. Wenn sie allerdings mich wegklatschen, werden sie es mit meiner Mutter zu tun bekommen. Prophylaktisch wünsche ich denen schon mal viel Spaß. Apropos Raser, hoch oben über mir schlägt die Autobahn riesige Betonbrücken von Berg zu Berg und verschandelt die Landschaft. Wahrscheinlich ist es für die Dorfbewohner hier unten trotzdem besser, dass die ganzen Lkws nicht an ihren Häusern vorbeibrausen. Wesentlich nerviger als die Autobahn finde ich diese Bauschilder mit der Aufschrift »Plan E«, die den Bewohnern der Dörfer fernab der Hauptstadt einen Aufschwung suggerieren sollen. Lächerlich! Auf den Plan-E-Baustellen habe ich bisher kein Schwein arbeiten sehen, und die angekündigten Baufristen sind teils um Jahre überschritten. Kein Wunder, dass die Leute hier das Vertrauen in die Regierung verlieren. Dann lieber überhaupt kein Schild.

Leider liegt der Höhepunkt des Tages mit dem *camino duro* bereits hinter mir. Jetzt muss ich mich also doch noch einmal quälen, schließlich sind achtundzwanzig Kilometer am Ende des Tages dann doch achtundzwanzig Kilometer. Klingt einleuchtend, aber heute Morgen dachte ich noch, achtundzwanzig Kilometer sind ja ungefähr zwanzig Kilometer. Es sind fast dreißig Kilometer, lieber Kopf. Danke.

Kurz vor Ruitelán wartet wieder einmal Marcos auf mich. Langsam kriege ich ein schlechtes Gewissen. Dabei braucht der doch keine Rücksicht auf mich zu nehmen. Aber er tut es, einfach so, der Mann hat eben Charakter. Gemeinsam wandern wir nach Ruitelán zur auf den ersten Blick trostlos wirkenden Herberge. Kaum betreten wir sie, empfängt uns auch schon ein netter Herr mit einer rauen, kräftigen Stimme: Carlos, der *hospitalero*. Und schnell stellt sich heraus, dass er der geborene Entertainer ist. Er lässt nicht eine Gelegenheit aus, um einen Spruch loszulassen, und steckt mich schnell mit seiner guten Laune an. Ich weiß nicht, ob er Buddhist ist oder lediglich Buddha-Fan, jedenfalls ist der fernöstliche Einfluss auf die Herberge kaum zu übersehen. Mal was anderes, das muss ich schon zugeben.

Eine weitere gute Nachricht: Mein Knöchel ist nicht dicker geworden; das lässt hoffen. Kann man seinen Knöchel schonen, indem man achtundzwanzig Kilometer läuft, darunter elf Kilometer über einen Berg? »*Obviously*«, würde Chris sagen. Apropos, die ist natürlich auch anwesend. Sie verbringt ihren Nachmittag auf besondere Art und Weise. Erst bucht sie erfolgreich ihren Rückflug nach Deutschland und freut sich einen Wolf. Dann trinkt sie fast eine ganze Kanne Kaffee aus, weil sie nichts stehen lassen möchte. Anschließend redet sie im Koffeinrausch ohne Punkt und Komma komplett wirres Zeug. Schließlich legt sie sich ins Bett und schläft bis zum Abendessen durch, wohlgemerkt nach einem Koffeinrausch. Die Frau ist eine Granate. Wer braucht schon Kabelfernsehen? Wir haben Chris!

Während unsere Kleine ratzt und Marcos chillt, erkunde ich das Dörfchen. Laut meinem Wanderführer leben vierzig Menschen in Ruitelán. Von denen fehlt allerdings jede Spur. Seit ich auf dem Camino bin, besonders seit dem Erlebnis in Villadangos del Páramo, betrete ich gerne die kleinen Dorfkirchen am Weg. Ohne Schnickschnack, ohne Protz, ohne Wahn. Einfache, ruhige Rückzugsorte, sogar für Atheisten. Ich sag' ja: Religionen haben auch ihre guten Seiten. Die Iglesia de San Juan Bautista ist winzig und erwartungsgemäß menschenleer. An der Westtür (»Portal« kann man die nun wirklich nicht nennen) liegt ein Stempel aus, der scheinbar nur sehr selten benutzt wird. Meinen Pilgerpass trage ich immer bei mir. Der ovale, blaue Stempel zeigt Johannes den Täufer, San Juan Bautista. Wieso klingen die Namen auf Spanisch nur so rassig? »San Juan Bautista« hört sich an wie ein Fußballstar. Aber »Johannes der Täufer« würde es nicht einmal auf die Ersatzbank der Reserve schaffen. Ich genieße die Ruhe.

Um halb acht rufen Carlos und seine Helfer zum Abendessen. Ich wecke Chris, die Verrückte. Gemeinsam mit seinen Helfern tischt Carlos das viergängige Abendessen auf: Zunächst gibt es eine leckere Suppe, dem folgt ein sensationeller Salat, als Hauptgericht gibt es Spaghetti Carbonara, und zum Nachtisch dürfen wir uns über Flan freuen. Carlos ist ein begnadeter, lustiger, vorzüglicher Gastgeber. So entwickelt sich das gemeinsame abendliche Pilgeressen nicht nur zu einem kulinarischen, sondern auch zu einem Unterhaltungshöhepunkt. Besonders die Kombination der Anwesenden begeistert mich. Neben mir sitzt eine notorisch mies gelaunte Mittfünfzigerin. Ihr missfällt das nagelneue Haus gegenüber der Herberge, das weder extrovertiert noch ungewöhnlich ist. Es ist einfach nur neu. Aufgebracht wettert sie: »Es verschandelt die ganze Umgebung. Bei uns in Deutschland würden die niemals eine Baugenehmigung bekommen.« Als das Hauptgericht aufgetischt wird, entdeckt sie weitere skandalöse Missstände in der spanischen Gesellschaft. »Das ist viel zu viel. So viel kann ich nicht essen.« Wohlgemerkt, die Schüsseln stehen alle in der Tischmitte; jeder darf nehmen, so viel oder so wenig er möchte. »Ich mag das *gar* nicht, dass die Spanier alles nacheinander bringen. Jetzt zum Beispiel hätte ich gern ein bisserl Salat dazu.« Die Süddeutsche mag es am liebsten so: Alles auf einen Teller, Soße drüber, fertig. Aber sie ist noch längst nicht fertig: »An was ich mich überhaupt nicht gewöhnen kann, sind ja die Öffnungszeiten. Mitten in der Woche, und alles hat zu. Alles.« Hätte man wissen können, finde ich. Im Grunde führt sie den gesamten Abend über eine beispiellose Selbstdemontage durch. Alles, was sie verbal absondert, verdeutlicht lediglich eines: Dass sie sich vor ihrer Abreise null mit dem Gastland beschäftigt hat. Das wirklich Lustige daran ist allerdings, dass sie immer wieder von mir Zustimmung für ihren Schrott einfordert. Interessante Strategie. Mir gegenüber sitzt ein Herr, der permanent versucht witzig zu sein. Dank seines mangelhaften Timings ist er nach wie vor der Einzige, den ich über seine Witze lachen höre.

Nach und nach spricht sich herum, dass ich derjenige am Tisch mit dem bodenlosen Magen bin. Bei jedem Gang werden die Reste zu mir geschoben, denn Carlos serviert den nächsten erst dann, wenn der vorherige komplett verputzt ist. Kurzum: Ich esse wie ein Wahnsinniger. Mit mehr Gewicht im Magen als auf den Rücken könnte der morgige Aufstieg nach O Cebreiro noch einmal richtig spannend werden.

Lediglich sechzehn Pilgerinnen und Pilger haben sich in das beschauliche Ruitelán verirrt. Daher bekommen die meisten von uns ihr eigenes Stockbett – ein wahrer Luxus. Es ist bereits die fünfte Herberge in Folge, die mir gefällt, und die dritte in Folge, die mich richtig begeistert. Ein wahrhaft treffsicherer Tipp von Tomás' Helfer. Inzwischen ist mein Knöchel merklich abgeschwollen, und ich fühle mich wesentlich fitter als in Calzadilla de la Cueza oder Reliegos. So entscheide ich mich dafür, mit Chris und Marcos weiterzulaufen. Knöchel hin oder her, wir gehören einfach zusammen.

Etappe 16: Cacabelos ⇨ Ruitelán (28,0 km)

Dienstag, 15. September 2009

Ich schlafe tief und fest, und hätte Marcos mich nicht geweckt, wahrscheinlich hätte ich stundenlang weitergeschlafen. Mittlerweile habe ich mich an die Ohrstöpsel gewöhnt, sodass ich auch unter schnarchenden Mitpilgern meine Ruhe finde. Als ich die Stöpsel herausnehme, höre ich endlich die Weckmusik, die hier vermutlich allmorgendlich ertönt. Da ich wie bereits erwähnt kurz nach dem Aufstehen weder Appetit noch Muße für ein ausgedehntes Frühstück verspüre, verzichte ich darauf und packe in Rekordzeit meine Sachen zusammen. Zugegeben, ich habe nicht besonders viel dabei, aber da mein Rucksack auf unnötige Reißverschlüsse und Taschen verzichtet, muss ich all meine Sachen in der richtigen Reihenfolge verstauen, damit die Gewichtsverteilung stimmt. Einmal hatte ich meinen Kulturbeutel nicht sorgfältig genug verstaut, sodass sich während des Laufens die Zahnbürste in meinen Rücken bohrte. Eine Konstellation, die im Alltag eher selten vorkommt.

Die vergangene Nacht hat mir außerordentlich gut getan. Mein Knöchel ist vollständig abgeschwollen, meine Waden und Kniegelenke fühlen sich top an, ich kann es kaum erwarten loszuwandern. Trotzdem fällt es mir schwer, nach nur einer Nacht in Carlos' *albergue* weiterzuziehen. Aber der Weg ruft uns, und wenn der ruft, wird gelaufen. Gemeinsam mit Chris und Marcos verlasse ich die Herberge. Draußen ist es noch dunkel, meine Stirnlampe leuchtet uns den Weg. Mir gefällt diese Art des Wanderns, solange man nicht wie ein Idiot in die Wettrennen um Schlafplätze einsteigt.

Nach knapp über einer Stunde erreichen wir unsere heutige Café-con-Leche-Town La Faba. In der vergangenen Nacht hat es geregnet, und die Wege sind leicht siffig. Die morgendliche Sonne lässt den Siff wenigstens einigermaßen romantisch aussehen. Bevor sich die kleine Bar zu sehr füllt, sind wir auch schon wieder auf dem Weg zum Gipfel. Verglichen mit dem *camino duro* gestaltet sich der heutige Weg wenig spektakulär. Trotzdem bleiben unsere Blicke häufiger neben der Strecke, der Ausblick ist wunderschön. Noch steht die Sonne tief und erzeugt auf den weiten, dicht bewachsenen Hügellandschaften grandiose Schattenspiele. Aber kurz bevor wir den Grenzstein von Galicien erreichen, verdichten sich über unseren Köpfen merklich die Wolken. Und als reiche der keltische Einfluss auf die galicische Kultur nicht, beginnt es wenige Sekunden später auch noch zu regnen. Wie auf Kommando zieht dichter Nebel auf, und wir fühlen uns sofort nach Schottland versetzt. Wie fast alle Pilger nehmen auch wir am Grenzstein ein Erinnerungsfoto auf. Endlich kommt das Ministativ für meine Kamera zum Einsatz. Chris lacht mich aus, weil ich ein Ministativ dabei habe, aber hey, das sind gerade einmal siebenunddreißig überflüssige Gramm. Ich wette, ihr Rucksack gibt mehr her. Außerdem ständen wir jetzt ohne Ministativ ziemlich blöd da. Zumindest ein bisschen. Nun ja. Jedenfalls tauchen bald zwei weitere Pilger auf, die aber kein Ministativ brauchen, die haben ja uns.

Nun sind wir in Galicien, der nordwestlichsten Autonomen Gemeinschaft Spaniens. Das bedeutet, dass sowohl der nördlichste als auch der westlichste Punkt Festlandspaniens in Galicien liegt. Der Name »Galicien« geht auf die kelto-iberischen Galläker zurück, die sich hier im Altertum niedergelassen haben und bis heute einen maßgeblichen Einfluss auf die galicische Kultur ausüben. Besonders die galicische Sprache unterstreicht die Eigenständigkeit der hier lebenden Menschen. Sie ähnelt mehr dem Portugiesischen als dem Spanischen und bringt das X ins Spiel. Ich liebe das galicische X. Meistens wird es »sch« ausgesprochen, manchmal aber auch »ks«. Die *junta* heißt ab sofort *xunta*, *caja* wird zu *caixa*, Jakob heißt nun Xacobe. Wie in beinahe jeder Autonomen Gemeinschaft sind auch in Galicien Befürworter der Unabhängigkeit von der spanischen Krone unterwegs. Auf offiziellen Plan-E-Schildern ist häufig der Buchstabe J durch ein X übersprüht. Allerdings sind die Unabhängigkeitsbefürworter hier im Norden klar in der Minderheit; wegen der relativ überschaubaren Finanzkraft kann man es sich hier nicht erlauben, in die Hand zu beißen, die einen füttert.

Von nasskaltem Wetter begleitet, erreichen wir bald das vollständig sanierte Museumsdorf O Cebreiro. Alles scheint etwas zu gerade, zu sauber, zu gut erhalten. Mit den Reisebussen und Souvenirshops wirkt das Ganze ziemlich lächerlich, und wir Pilger werden von den Touristen neugierig beäugt. Viele Pilger finden das Dorf total toll. Ich allerdings bin der Ansicht, dass andere Dörfer auf dem Weg deutlich mehr Charme versprühen, da sie nicht so glattgelutscht daherkommen. Spontan fällt mir El Acebo ein, das idyllische Dorf in den Bergen. Pflichtbewusst besuchen wir die älteste erhaltene Kirche am Jakobsweg, die im neunten Jahrhundert erbaute Iglesia de Santa María la Real, in der sich das sogenannte Hostienwunder ereignet haben soll. In meinem Wanderführer steht, dass sich um das Jahr 1300 ein frommer Bauer in einer stürmischen Winternacht zur Messe hierher hochgekämpft haben soll. Als der nur mäßig gottesfürchtige Mönch, der mit der Liturgie betraut war, abschätzig bemerkte: »Was für ein Dummkopf, erträgt so ein Unwetter, nur um ein Stück Brot und ein bisschen Wein zu sehen!«, sollen sich Hostie und Messwein in echtes Fleisch und Blut verwandelt haben. So die Legende. Ich persönlich finde das ekelig, aber innerhalb der katholischen Kirche zählt die Geschichte immer noch eine Menge Fans. In zwei Glasphiolen soll das verwandelte Zeug ausgestellt sein, aber in besagten Phiolen ist eigentlich nichts Berauschendes zu erkennen.

Maßlos enttäuscht von dem ach so hoch gehandelten O Cebreiro, machen wir uns auf Richtung Ortsausgang. Dort allerdings suchen wir erst einmal nach Anhaltspunkten zum Verbleib des Camino. Weit und breit ist kein gelber Pfeil zu sehen. Etliche Pilger wandern auf der Straße entlang Richtung Tal. Eine Abkürzung, aber weder schön noch richtig, wie sich bald herausstellt. Endlich hilft uns der Wanderführer mit einer Wegbeschreibung weiter: Wir gehen links an der Großherberge vorbei einen Wanderweg hinauf in den Wald. Obwohl weiterhin an Markierungen gespart wird, bleiben wir einfach auf dem Weg. Und siehe da, irgendwann am Ende des Weges tauchen auch wieder ein paar Pfeile auf. Den gesamten Tag über fühle ich mich heute bestens, dafür geht es Chris und Marcos nicht so gut. Während Chris wohl einen echten Durchhänger hat, kämpft Marcos mit starken Schmerzen an der Achillessehne. Nach einigen Kilometern entscheidet sich Chris, am bronzenen Pilgerdenkmal von San Roque eine Pause einzulegen. Marcos und ich setzen unseren Weg fort und genehmigen uns hier und da kleine Pausen.

Langsam, aber sicher baut sich meine gute Laune dann doch ab. Die letzten sechs bis sieben Kilometer ziehen sich extrem zäh in die Länge, und das inkonsequente Wetter, das wohl selbst nicht so recht weiß, was es heute anstellen soll, gibt mir den Rest. Wenigstens die Landschaft bemüht sich redlich, abwechslungsreich zu bleiben, und so lernen wir nach flachem Backblech und hohem Gebirge verwunschene Hohlwege, grasende Rinderherden und wilde Brombeersträucher kennen. In Ramil passieren Marcos und ich dann schnell noch eine tausend Jahre alte Kastanie. In meinem Wanderführer fehlt eine Null, sodass sie dort lediglich unspektakuläre hundert Jahre jung ist.

Etwa zehn Minuten später erreichen Marcos und ich endlich unser heutiges Etappenziel Triacastela, und zur allgemeinen Freude kann sich die Sonne doch noch durchsetzen. Unsere heutige Unterkunft wählen wir äußerst pragmatisch. Im Ort reihen sich hintereinander drei Herbergen, die von meinem Wanderführer eine sehr gute Bewertung erhalten haben. Marcos und ich entscheiden uns einfach für die erste: die moderne *albergue* »Complexo Xacobeo« mit exzellenter Ausstattung, sauberen Zimmern und viel, viel Platz. Da Chris den gleichen Wanderführer nutzt wie ich, vertraue ich darauf, dass sie identisch vorgeht und uns findet. Tut sie aber nicht. Stattdessen klappert sie alle örtlichen Herbergen nach uns ab. Leider durchkämmen Marcos und ich aber währenddessen den Supermarkt nach unserem Abendessen. Marcos verspürt Appetit auf Joghurt, und da ihm vier Becher definitiv zu viel sind, bricht er das Familienpaket in der Mitte durch. Während er an der Obsttheke wartet, wirft eine angesäuerte Angestellte des

Supermarktes die von Marcos zurückgelassenen zwei Becher in unseren Einkaufskorb; offensichtlich gibt es das Produkt nur im Viererpack. Ich stehe neben dem Korb und tue so, als würde er im Leben nicht mir gehören. Ich mag ja auch gar keinen Joghurt, ich würde nicht einmal *einen* Becher nehmen. Im Übrigen sind die durchschnittlichen Portionierungen gängiger Supermarktprodukte viel zu groß. Wieso muss ich als Verbraucher Lebensmittel in unverhältnismäßigen Mengen auf Vorrat kaufen? Anstatt diese dämlichen Joghurtbecher einzeln zu verkaufen, verkaufen sie lieber gar keinen. Marcos kehrt zurück und bemerkt: »Den Joghurt gibt's wohl nur im Viererpack. Das ist zu viel.« Schnurstracks bringt er die vier Becher zurück ins Regal. Später, als wir an der Kasse stehen, hantiert ausgerechnet unsere Kassiererin fluchend mit eben diesen Bechern und einer Rolle Klebeband herum. Wir können uns das Lachen gerade noch so verkneifen.

Als wir in die Herberge zurückkehren, hat sich Chris schon für eine andere Unterkunft entschieden. Glücklicherweise läuft sie eine zweite Runde durch Triacastela, und diesmal findet sie uns im Aufenthaltsraum des »Complexo Xacobeo« vor. Gemeinsam lungern wir herum, essen *bocadillos* und trinken Bier. Hinter mir erkenne ich einen jungen Herrn mit stoppelkurzem Haar und schlanker Statur wieder, dem ich schon häufiger begegnet bin, zuletzt in León. Jedes Mal, wenn wir uns auf der Strecke oder in Herbergen sehen, grüßen wir uns freundlich. Nun höre ich ihn zum ersten Mal Deutsch reden und stelle fest, dass er Österreicher ist. Ich spreche den ungefähr dreißigjährigen Philipp und seinen deutschen Mitpilger Achim an. Wir wechseln nur wenige Worte, aber jetzt weiß er, dass ich ebenfalls Deutsch spreche. Vielleicht ergibt sich ja irgendwann eine Gelegenheit zum Plausch, denn auf mich macht er einen sympathischen Eindruck. Weniger sympathisch finde ich einmal mehr das Beleuchtungssystem im sanitären Bereich. Wie in der Herberge von Burgos ist auch hier ein Bewegungsmelder im Einsatz. Leider beschränkt sich dessen Reichweite auf den Bereich vor den Waschbecken. Ergo kann man in den

Kabinen mit den Armen fuchteln, wie man will, das Licht bleibt aus und der Schüsselmoment dunkel.

Später überlege ich: Woran erkennt man Pilger aus dem deutschsprachigen Raum? Erstens natürlich am Wanderführer. Meistens sitzen deutschsprachige Pilger irgendwo herum und blättern im Rother von Cordula Rabe oder im Outdoor von Raimund Joos. Zweitens am Rei in der Tube. Der Klassiker unter deutschsprachigen Pilgern. Und drittens bilden sie deutschsprachige Gruppen, um genau wie zu Hause Nonsens auf Deutsch zu reden. Ein Pauschalurteil, ich weiß. Die ersten beiden Punkte treffen auch auf mich zu, der dritte auf so gut wie alle Nationalitäten. Ich persönlich bevorzuge es, mit Menschen aus aller Welt zusammenzuhocken und über völlig andere Dinge zu reden als zu Hause. Hocke ich ausschließlich mit Deutschen zusammen, verfalle ich doch schnell wieder in gewohnte Verhaltensmuster. Wenn ich dagegen auf Englisch reden muss, überlege ich mir vorher wesentlich genauer, was ich wirklich sagen möchte. Erst denken, dann reden. Manchmal gar nicht so dumm. Aber die Zeiten der überwiegend tief gläubigen Jakobspilger sind definitiv vorbei. Wenn ich mich so umsehe und -höre, gleicht das Ganze doch eher einem Massenevent. Leistungen werden verglichen, Spaßfaktoren analysiert, Herbergen in Rankings eingeordnet – und am Abend wird gesoffen wie blöd. Ja, schönen Urlaub noch. Natürlich ertappe ich mich selbst bei dem einen oder anderen unwürdigen Verhalten, beispielsweise wenn ich über schlechte Wanderwege fluche. Schließlich muss ich mir das alles ja nicht antun, ich tue es doch freiwillig. Aber zumindest nutze ich die großzügigen Möglichkeiten, über zahlreiche Dinge intensiver nachzudenken, als ich es je für möglich gehalten hätte. Und anders als viele meiner Mitpilger komme ich immer wieder zu dem Schluss, dass mein Leben im Großen und Ganzen fantastisch verläuft. Dabei dachte ich vorher, es sei alles Quatsch, ich müsse mein Leben ändern, meinen Job hinschmeißen und Künstler werden. Aber erstens will ich nicht nach Berlin ziehen, und zweitens habe ich einen Job, der mir viel Spaß bringt; das können nur die wenigsten von sich behaupten. Muss man erst zig Kilometer durch Römergeröll und Kuhscheiße hinken, um das zu erkennen? Wenn ja, dann sei es so.

Apropos Deutsche. Drei Deutsche gesellen sich zu uns an den Tisch, sprechen aber nicht mit uns, da wir uns auf Englisch unterhalten. Bei unseren Tischnachbarn handelt es sich um ein älteres Pilgerpaar und einen jungen Kerl um die zwanzig.

»Wie bist du auf die Idee gekommen, den Weg zu gehen?«, fragt der Herr den Jungen.

Der antwortet: »Ja, durch Hape Kerkeling, wie alle, ne?«

Der Ältere erwidert: »Nicht wie alle. Wir wollten den Weg schon immer mal gehen, es hat sich nur nicht ergeben.«

Die Frau möchte wissen: »Gehst du den Weg aus religiösen Gründen? Bist du gläubig?«

»Nee, nicht so«, der Junge klingt, als wolle er sich rechtfertigen. »Auch das, was Hape Kerkeling im Buch so schreibt, wie er Gott getroffen hat, und die ganzen komischen Sachen, die der erlebt hat … So was hab' ich nicht erlebt.«

»Aber jeder geht doch seinen eigenen Weg«, wirft der ältere Herr meiner Meinung nach völlig zu Recht ein.

»Ja, weiß ich nicht«, der Junge wirkt ratlos. »Wenn man so was liest, hat man ja auch bestimmte Erwartungen vom Jakobsweg …«

Ich glaube, dass nicht wenige Menschen das gleiche Problem bekommen wie der Junge, wenn sie auf dem Camino unterwegs sind. Wenn man einfach losläuft, ohne dass einen der Weg gerufen hat, bekommt man auch keine Antworten. Wie auch, es existieren ja keine Fragen. Vielleicht hätte er sich drei, vier Reiseberichte über den Camino durchlesen sollen, um zunächst einmal zu verstehen, dass es *den* Jakobsweg gar nicht gibt. Nun sitzt er hier, fast schon mit einer Hand an der Compostela, und hat nichts weiter als zwei durchtrainierte Beine.

Kulinarisch sind die Spanier ja ganz weit vorne. Aber da gibt es etwas, was mich in regelmäßigen Abständen schockiert: der enorme Dosen-Thunfisch-Konsum. Supermärkte in Deutschland belegen damit maximal eine Regalreihe von etwa fünfzig Zentimetern Breite. Zumindest bei Nordspaniern spielt sich das Ganze in völlig anderen Dimensionen ab. Da wird einfach mal so ein komplettes Regal von oben bis unten mit Dosen-Thunfisch zugepflastert. Unterschiedlichste Marken, Größen und Geschmacksrichtungen buhlen um die Gunst der Käufer. Besonders beeindruckend finde ich diese eimerartigen Jumbo-Dosen, mit denen man eine Durchschnittsfamilie problemlos durch den Winter bringen könnte. In jedem verdammten Salat wird ein ganzer gehäckselter Thunfischschwarm versenkt, als wäre er Salz oder Pfeffer. Ich glaube sogar, dass Thunfisch in Nordspanien als Gewürz gilt. Während wir etwas nachsalzen oder nachpfeffern, sind die Spanier große Freunde des Nachthunfischens.

Etappe 17: Ruitelán ⇨ Triacastela (31,0 km)

Mittwoch, 16. September 2009

Immer wieder ist zu lesen, wie sehr die letzten hundert Kilometer des Camino überfüllt sind. Diese Strecke muss ein Fußpilger nämlich mindestens zurücklegen, um die Pilgerurkunde, die sogenannte Compostela, zu erhalten. Und die ist heiß begehrt, besonders hier in Spanien. Zahlreiche spanische Unternehmen räumen ihren Angestellten Privilegien ein, sobald diese eine Pilgerschaft nach Santiago de Compostela vorweisen können. Beispielsweise scheint es laut Marcos nicht unüblich, dass einem Pilger einige Urlaubstage pro Jahr mehr zur Verfügung stehen. Ergo tummeln sich hier nicht nur Menschen, die sich keine mehrwöchige Auszeit erlauben können. Viel mehr wollen viele Scheinheilige mit möglichst geringem Aufwand all die tollen Vorteile abgreifen. Wieso schreibe ich das alles? Weil wir heute den letzten größeren Ort vor der Hundert-Kilometer-Marke passieren, die Dreizehntausend-Einwohner-Stadt Sarria. All den Hundert-Kilometer-Ausflüglern, Urkundenabholern und Wochenendpilgern dient die Kleinstadt als Startpunkt. Ich hoffe doch sehr, dass die Geschichten schlimmer sind als die Realität.

Galicisches Wetter ist praktisch wie Hamburger Wetter, nur galicisch. Und genau damit startet der heutige Tag. Frühmorgens, es ist noch stockdunkel, treffen Marcos und ich uns im nicht erkennbaren Dorfzentrum von Triacastela mit Chris. Da es bereits zu nieseln beginnt, verhüllen wir uns noch im Ort. Bestens verpackt biegen wir am Ortsende rechts nach San Xil ab. Links geht es nach Samos, aber niemand von uns zeigt auch nur den Ansatz von Interesse daran, das zwanzigste Kloster am Jakobsweg zu sehen und dafür sechseinhalb Extrakilometer durch den Regen zu stapfen. Während wir uns per Stirnlampe und Instinkt durch die Dunkelheit kämpfen, regnet es von Minute zu Minute heftiger. Am Wegesrand entdecken wir ein Ein-Mann-Zelt. Ich vermute stark, dass der eine Mann im Zelt bereits ertrunken ist.

Wir reden kaum. Zu sehr sind wir mit uns selbst beschäftigt. An den heißen, sonnigen Tagen spürt der Körper den Camino ausschließlich von unten. Erst der Regen umhüllt uns wie einen Mantel, und wir beginnen plötzlich unsere Wangen und Hände wahrzunehmen. Ich laufe wie in einer Rüstung, nur wesentlich leichter, aber abgeschottet von und beschützt vor der Welt. Die ganze Zeit muss ich über den bisherigen Camino nachdenken. Was ich mir alles zugemutet habe, ich sehe mich kaum in der Lage, das Geschehene, das Angegangene zu begreifen. Und ich laufe immer noch! Wenn ich über den Verlauf des Camino nachdenke, fallen mir etliche Vergleiche ein, etwa die zu einer Party. Jedes Mal, wenn ich mich zu einem Partybesuch überwinden muss, verläuft der Abend respektive die Nacht großartig. Bis ich mich überwinde, kann es allerdings dauern. Auch zur Reise auf dem Camino musste ich mich überwinden. Trotz aller Zweifel, mit denen ich vor Reiseantritt zu kämpfen hatte, verläuft sie bisher fantastisch. Nur hat es auch hier eben ein wenig gedauert, bis ich mich überwinden konnte.

Nach etwa dreizehn Kilometern über spiegelnde Straßen und durch mystisch nebelige Wälder entdecken wir in einem Weiler eine kleine Bar und treten ein. Nur der Besitzer ist anwesend. Gelangweilt steht er hinter der Theke und starrt auf den plärrenden Fernseher. Als er uns bemerkt, erwacht er zum Leben und winkt uns sofort heran. Ohne Zögern bietet er uns an, unsere nassen Sachen im Hinterzimmer zum Trocknen auszubreiten. Anschließend wirft er seine Espressomaschine an und verwöhnt uns mit heißen Getränken. Obwohl wir aussehen wie die letzten Landstreicher, behandelt er uns wie Könige. Mit dem *café con leche grande* bin ich wieder ruck zuck aufgewärmt; das Zeug wirkt Wunder. Bald betreten weitere durchnässte Pilger das kleine Lokal. Da ein einziges Königreich nicht von allzu vielen Königen gleichzeitig regiert werden sollte, beschließen wir aufzubrechen. Wir packen unsere Sachen zusammen, bedanken uns bei unserem Gastgeber und verlassen das Lokal. Draußen vor der Tür lehnen zwei nagelneue

Meru Trekker CX-4 an der Wand. Ich erstarre. Einer der Pilger dort drinnen schwebt in höchster Lebensgefahr! Diese Todesstöcke müssen unverzüglich vernichtet werden, sonst wird in Kürze ein unschuldiger Pilger einen Berghang hinunterstürzen. Gerade als ich ein kleines Feuer entfachen will, fällt mir ein: Es kommen keine Berge mehr.

Schon von Weitem lässt sich ein passabler Panoramablick auf Sarria erhaschen. Lediglich eine halbe Stunde später erreichen wir erstaunlich gut gelaunt die Stadt des Schreckens. Das ist sie also, die legendäre Hundert-Kilometer-Stadt. Mein Wanderführer widerspricht mir und meint, dies sei die Hundertsiebzehn-Kilometer-Stadt, allerdings tut das jetzt gerade überhaupt nichts zur Sache. Bevor wir die Treppen Richtung Altstadt erklimmen, kaufe ich mir in einem respektabel ausgestatteten Sportgeschäft neue Schutzkappen für meine Wanderstöcke. Bisher bot jede größere Stadt mindestens ein akzeptables Sportgeschäft mit den wichtigsten Utensilien für den sofageschädigten Pilger von heute. Dieser hier in Sarria bietet sogar drei unterschiedliche Gummi-Schutzkappen an. Braucht kein Mensch, aber das Gefühl der Überversorgung wirkt auf Stadtbewohner bisweilen äußerst beruhigend.

Anschließend geht es einmal mehr einen fiesen Hügel hinauf, nur diesmal gepflastert und von Häuserreihen flankiert. In der Iglesia de Santa Marina erstehe ich einen zweiten Pilgerpass. Der erste ist bereits fast voll, und bis Santiago de Compostela muss noch ordentlich herumgestempelt werden. Apropos Stempel: Alle Sarria-Pilger müssen im Pilgerbüro von Santiago de Compostela zwei Stempel pro Tag vorweisen, andernfalls können sie sich maximal ein mildes Lächeln abholen. Ergo ist der Weg ab sofort mit Stempeln überschwemmt. Jede winzige Bar im hinterletzten, von Kühen vollgeschissenen Kaff, jede mieseste Absteige im bedeutungsärmsten Seitengässchen besitzt einen eigenen Stempel. Allein heute bekomme ich fünf davon in den Pilgerpass gedrückt; man kann denen nur mit Mühe ausweichen. Als wir die wenig charmante Stadt vollständig durchquert haben, fällt uns auf, dass wir keine einzige Bank passiert haben. Die fürs Geld, nicht für 'n Arsch. Marcos und ich benötigen dringend Bargeld. Sarria liegt uns zu Füßen, aber ohne Geld eben nur wörtlich und kein bisschen metaphorisch. Auf Nachfrage in einem bescheiden dimensionierten Shop, dessen Hauptgeschäftsfeld sich uns nicht erschließen mag, bekommen wir die niederschmetternde Antwort zu hören: Wir müssen komplett zurücklaufen – den ganzen verdammten Hügel hinunter. Chris und ich stöhnen auf. Rein platonisch, versteht sich. Uns bleibt nichts anderes übrig. Wir stellen unsere Rucksäcke in einem Café ab und laufen zurück. Herrlich, diesen Berg hinunterzulaufen, während uns lauter Sarria-Pilger entgegenkommen. Sie lächeln uns an, aber in ihren Gesichtern kann ich es ablesen: »Die Ärmsten. Wahrscheinlich das Sweatshirt in León vergessen.«

Beim erneuten Aufstieg durch die Altstadt hilft uns das Bargeld keinen Meter weiter, aber immerhin können wir uns danach die nötigen Flüssigkeitsreserven leisten. Nach der außerplanmäßigen Anstrengung legen wir dann doch lieber eine kurze Rast ein. Das Café, dessen Mitarbeiter freundlich auf unsere Rucksäcke geachtet haben, kommt uns da gerade recht. Chris, Marcos und ich bestellen uns drei Säfte der Orange, *por favor.* Als Marcos seinen frisch gepressten O-Saft entgegennimmt, trauen Chris und ich unseren Augen nicht: Da liegt doch tatsächlich eine Packung Zucker bei. Bei einem frisch gepressten Fruchtsaft! Die spinnen, die Galicier.

Frisch gestärkt verlassen wir gegen dreizehn Uhr Sarria. Seit wir in Galicien pilgern, liegen die Außentemperaturen um die Mittagszeit bei gut zwanzig Grad. Das spart nicht nur viel Nerven, Energie und Wasser, sondern auch Sonnencreme. Wir entdecken eine Menge Newbies, und erwartungsgemäß verringern sich die wirklich einsamen Momente. Allerdings hält sich der Andrang in Grenzen; ich hatte es mir wesentlich schlimmer ausgemalt. Liegt wahrscheinlich auch an der Uhrzeit. Ich vermute, dass es hier heute Morgen noch ganz anders ausgesehen hat. Apropos Aussehen: Galicien sieht völlig anders aus als der bisherige Weg; das absolute

Gegenteil der brütend heißen Meseta. Statt endloser gelbbrauner Weiten durchlaufe ich intensiv duftende Wälder in Millionen fein nuancierten Grüntönen. Es geht über uralte Hohlwege zwischen riesigen, knorrigen Baumstämmen entlang, hin und wieder überquere ich idyllisch dahinplätschernde Bachläufe. Eindrücke, die ich allem Möglichen zugeordnet hätte, nur nicht Spanien. Obwohl ich seit heute Morgen bereits weit über fünfundzwanzig Kilometer zurückgelegt habe, fühle ich mich bestens. Meine Knöchel, meine Waden, meine Knie, alles top, alles beschwerdefrei. Heute bin ich es, der Chris und Marcos davonläuft. Kurz nach der winzigen Siedlung A Brea erreiche ich den Kilometerstein mit der Aufschrift »K. 100«, auf dem sich Steinchen und kleine Zettel häufen. Der gut einen Meter zwanzig hohe Betonsockel ist von oben bis unten mit Pilgergrüßen, Liebeserklärungen und Schwachsinn vollgeschmiert. Irgendein Schwachmat hat die Parole *»Stop Chemtrails«* hinterlassen. Die sogenannte Chemtrail-Theorie zählt zu den absurdesten Verschwörungstheorien und wurde bereits von zahlreichen Wissenschaftlern in ihre Einzelteile zerlegt. Chemtrail-Anhänger glauben, dass stinknormale Verkehrsflugzeuge über spezielle Vorrichtungen Chemikalien wie Aluminium oder Barium in die Luft sprühen, um beispielsweise das Klima zu manipulieren. Ja, manche Menschen haben einfach zu viel Zeit. Der Chemtrail-Pilger hat sogar zwei knuffige Flugzeuge auf den Kilometerstein gemalt und ein eindringliches *»Stop it!«* daruntergeschrieben. Wenn ich jetzt die Wahl hätte, entweder an Chemtrail zu glauben oder an die Bielefeld-Verschwörung, ich würde mir zumindest eine Minute Bedenkzeit einfordern. Glücklicherweise pilgern auch angenehmere Zeitgenossen gen Santiago, wie etwa die zwei jungen Männer, die gerade vorbeikommen.

»¡Buen camino!«, grüßt einer der beiden und zückt seine Kamera. Auf Deutsch fragt er mich: »Würdest du vielleicht ein Foto von uns machen?«

Selbstverständlich tue ich ihnen den Gefallen, anschließend schießt einer von ihnen ein Foto von mir neben dem Hunderter.

Die beiden Jungs gehören zur absoluten Ausnahme. Obwohl ich die ganze Zeit mit meinem Schalke-Trikot wandere, werde ich von deutschsprachigen Mitpilgern fast ausschließlich auf Spanisch oder Englisch angesprochen. Wahrscheinlich sehen die das Trikot gar nicht, sondern nur meine japanische Visage. Marcos dagegen wird grundsätzlich auf Englisch oder Deutsch angesprochen. Aber was beschweren wir uns? Andere werden überhaupt nicht angesprochen.

Etwa zwanzig Minuten später erreiche ich unser heutiges Etappenziel Ferreiros. Mein Wanderführer behauptet allen Ernstes, in Ferreiros würden zweihundertvierzig Menschen wohnen. Hallo? Ich sehe eins, zwei, drei Häuser. Wenn in jedem dieser drei Häuser achtzig Menschen wohnen, fresse ich jeden galicischen Besen, den man mir vorsetzt. Eines der Häuser stellt sich auch noch als Herberge heraus; statistisch gesehen wird es also in den anderen beiden Hütten gerade immer enger.

Von außen wirkt die *albergue* noch recht jung. Ehrlich gesagt habe ich sie mir schlimmer vorgestellt, denn in meinem Wanderführer bekommt sie lediglich anderthalb von drei Muscheln. Zum Vergleich: Der Horrorsaal von León wurde mit zwei Muscheln bewertet. Ach, scheiß auf Bewertungen. Gemütlichkeit, Freundlichkeit, Hilfsbereitschaft, Charme kann man nicht wirklich bewerten. Die kleine *albergue* von Ferreiros ist sauber, die *hospitalera*, eine ältere galicische *señora*, überaus freundlich, es gibt eine nicht besonders gut ausgestattete Küche (aber dazu passend weit und breit keinen Supermarkt) und einen netten Aufenthaltsraum. Das reicht mir völlig. Nur leider ist die Tür zum Bad von Lüftungsschlitzen durchzogen. Ergo hört der ganze Schlafsaal mit, wenn jemand auf dem Lokus sitzt. Schön. Von zweiundzwanzig Betten bekomme ich Nummer neunzehn zugeteilt. Marcos, der einige Minuten nach mir eintrifft, Nummer zwanzig. Als er die *hospitalera* um eine Bettreservierung für Chris bittet, erfahren wir, dass die *albergue* nach dem Prinzip »wer zuerst kommt, pennt zuerst« verfährt. Absolut verständlich und fair, keine Frage, trotzdem ärgerlich. Tatenlos müssen wir zusehen, wie ein kanadisches Pärchen die letzten freien Plätze belegt. Zum ersten Mal erleben wir eine vollständig belegte Herberge. Glücklicherweise muss Chris nicht neun Extrakilometer nach Portomarín laufen. Die freundliche *hospitalera* erklärt, dass unsere Gefährtin im Restaurant weiter unten im Dorf schlafen könne. Ach, es gibt ein Dorf? Schon leeren sich die beiden Häuser nebenan. Wurde auch langsam stickig.

Chris schlurft also weiter Richtung Notunterkunft, während Marcos und ich uns frisch machen und unsere Notizen ergänzen. Nebenbei breitet Marcos seinen Pilgerpass zum Trocknen aus; der Regen hat ihn heute Morgen unter Wasser gesetzt. Etwa anderthalb Stunden später beschließen wir, nach Chris zu sehen. Das Dorf »weiter unten« ist wirklich weit unten, nämlich etwa dreihundert Meter steil bergab die Straße hinunter; ich freue mich jetzt schon auf den Rückweg. Wo sich die zweihundertvierzig Einwohner verstecken, weiß ich allerdings immer noch nicht. Hier unten stehen auch nur drei Häuser und eine Kirche herum. Unsere Quotenfrau ist in einem Matratzenlager hinterm Restaurant untergekommen. Als wir eintreten, wird sie gerade von einer cholerischen Angestellten angemault, sie solle doch ihre Sachen nicht ausbreiten. Und gegessen werde schon mal gar nicht. Ach herrje, was soll das denn? Die soll sich bloß von unserem Pilgerküken fernhalten, sonst setzt es was!

Um ein wenig auszuspannen, begeben wir uns ins Restaurant und besudeln unabsichtlich den Boden mit unseren schlammigen Wanderschuhen. Nachdem wir uns mit Getränken versorgt haben, setzen wir uns an einen Tisch und packen unsere Tagebücher und Wanderführer aus. Plötzlich taucht die cholerische Frau neben uns auf, schwingt den Schrubber und flucht wie ein Rohrspatz. Scheinbar reicht es Marcos nun endgültig. Als hätte jemand einen Schalter umgelegt, wirft er den Charme-Turbo an und wickelt die werte Dame um den kleinen Finger. Als sie auch noch anfängt wie ein Teenager zu kichern, bekommen Chris und ich es mit der Angst zu tun. Nachdem der Boden wieder glänzt, verschwindet die

Dame gut gelaunt aus dem Lokal. Chris kann nur den Kopf schütteln, ich kann mir das Grinsen nicht verkneifen. Ich lehne mich zurück und nuckel an meinem Cola Cao, der spanischen Antwort auf Nesquik. Brutal süß, aber auf dem Camino könnte ich Ahornsirup mit Zuckerglasur direkt auf meine Zunge träufeln. Je länger ich unterwegs bin, desto größer wird meine Gier auf Süßes; dabei hasse ich eigentlich jeglichen Süßkram.

So langsam wird mir ganz schön kalt, und bis zum Abendessen müssen wir mindestens noch eine ganze Stunde warten. Nur mit Mühe kann ich mich aufraffen, zur Herberge hochzulaufen und den Fleecepulli zu holen. Wir sitzen und schreiben, reden nicht besonders viel. Obwohl ich heute völlig problemlos durchgekommen bin, war die Etappe letztendlich doch ganz schön anstrengend. Inzwischen legen wir beinahe täglich unsere Dreißiger-Etappen hin. Mit dem Lauftempo ändern sich auch die Pilger, denen man allabendlich begegnet. So sehen wir um uns herum meistens nur noch Hardcore-Sportler und drahtige Wanderwunder wie Evelyn wieder. Keine Ahnung, was die alle denken, wenn wir Würstchen mal wieder hinter irgendeiner Ecke auftauchen.

An der Theke sitzen einige Einheimische, trinken Bier oder Wein und tauschen sich aus. Offensichtlich handelt es sich bei diesem Restaurant um das komplette Gastronomieangebot von Ferreiros. Auf Nachfrage teilt uns die Wirtin mit, dass es ab zwanzig Uhr ein gemeinsames Pilgeressen geben werde. Zehn Euro pro Gaumen soll der gezähmte Magen kosten. Wir sind dabei, schließlich gibt es weit und breit keine Alternative. Insgesamt fünfzehn Pilger finden sich ein, und schon werden nach und nach die Gänge aufgetischt. Toll. Für einen, der an einem solchen Abend enorme Mengen Nahrungsmittel vernichten kann, ist das Büffetprinzip ideal. Alles in die Mitte, und dann nimmt sich jeder, so viel er verträgt. Wenn ich mich spontan mit meinen beiden Nachbarinnen vergleiche, sponsern die mein Essen eindeutig mit. Mir gegenüber sitzt laut Selbstauskunft der Vereinsvorsitzende der Herbergenbetreiber des Camino del Norte, ein lauter, aufdringlicher, stilloser, unhöflicher Mann, der sich betrinkt und mit hochrotem Kopf in Rekordzeit alle Sympathien verspielt. Kokett trägt er ein Kreuz auf der Brust, aber ein gewaltiges, mich anwiderndes Ego dahinter. Marcos, der direkt neben ihm sitzt, wirkt schwer genervt. Nach nur wenigen Minuten wird der Mann von allen Anwesenden ignoriert, sogar von seiner eigenen Tochter, die rechts neben mir sitzt. Nur Chris und ich beobachten ihn fasziniert – glücklich, kein Wort von dem zu verstehen, was er da erzählt. Kaum dass er sein überlautes Telefonat während des Essens am Esstisch zu Ende geführt hat, langt er mit seiner Gabel in die Salatplatte, die zwischen uns auf dem Tisch steht. Und nochmal. Und nochmal. Hui. Ich meine, ich bin nicht besonders zimperlich, aber von einem zivilisierten Menschen erwarte ich Manieren. Und ein kleiner Rülpser, kein Problem, hat ja niemand gehört. Oh, doch, Chris und ich. Und Marcos ganz offensichtlich auch. Als das Fleisch kommt, ramme ich vor ihm die Gabel (natürlich die auf der Platte, nicht meine) in mehrere Scheiben. Der soll aufhören, unser Essen zu kontaminieren. Oh, er kann kauend reden. Toll. *Señor,* ich möchte das nicht sehen. Genau das. Ich bringe eine weitere Scheibe Fleisch in Sicherheit, denn gleich regnet es Stückchen und Speichel aus nördlicher Richtung. Kaum ist der Hauptgang verputzt, kommt die Wirtin und bietet jedem Gast vier Nachtischoptionen an. Wow. Aber bevor das Dessert serviert wird, zünden sich plötzlich mehrere Leute direkt am Tisch einfach eine Fluppe an. Das ist hart. Die wollen gleich noch Flan oder Eis oder Kuchen essen und rauchen erst einmal eine. Bäh. Auch Chris findet das ziemlich widerlich und kann es kaum glauben. Als ob das alles nicht schlimm genug wäre, wird auch noch der Fernseher angeschmissen und Fußball geguckt. Jetzt sitzen wir hier in Ferreiros mit fünfzehn Menschen bei einem Pilgermahl, und die Pappnasen rauchen vor dem Nachtisch und gucken Fußball. Ehrlich gesagt bin ich weder schockiert noch angewidert, eher völlig perplex. Leute, ihr seid einen lächerlichen Fingerbreit vom Leben entfernt und doch unendlich weit weg.

Zurück in der Herberge. Es ist spät, ich sitze mit einer attraktiven Dame im Aufenthaltsraum. Wir sind zu zweit. Sie ist die Kanadierin, Bett Nummer zweiundzwanzig, und geht pennen. Ist eben die Realität, was will man machen? Mein Magen meldet sich, und ich muss auf die Keramikinsel. Ich blicke in den stockdunklen Schlafsaal. Einundzwanzig Pilger liegen bereits in ihren Betten. Am Ende des Raums sehe ich das Toilettenlicht durch die Lüftungsschlitze leuchten. Ist eben die Realität, was will man machen?

Etappe 18: Triacastela ⇨ Ferreiros (31,7 km)

Donnerstag, 17. September 2009

Um Punkt sechs Uhr springen die meisten Pilger aus ihren Betten und rasen in die Nacht davon, immer auf der Jagd nach dem freien Bett. Man merkt überdeutlich, dass wir auf den letzen hundert Kilometern sind. Bei dem Tempo gepaart mit den steinigen Wegen würde es mich wundern, sie heute Abend ausnahmslos unverletzt wiederzusehen. Schon vor Reiseantritt war mir klar, dass ich mich aus mehreren Gründen nicht an den Wettrennen um die letzten Schlafplätze beteiligen werde. Erstens widerspricht es meiner Natur, mir von Hobbywallfahrern meine Tagesplanung diktieren zu lassen. Zweitens hängt es von der Tagesform und der aktuellen Stimmungslage ab, wann ich aufstehen und wandern möchte. Drittens habe ich in den letzten Monaten ein finanzielles Polster angespart, um mir theoretisch zwei Wochen lang jede Nacht ein Hotel leisten zu können. Wenn nötig, würde ich Chris und Marcos einladen; als Studenten haben die beiden logischerweise nicht den finanziellen Spielraum, der sich mir bietet.

Etwa eine Stunde später, es sind nur noch vier Pilger anwesend, machen Marcos und ich uns auf Richtung Restaurant. Als wir aus der Herberge treten, fährt ein Taxi vor. Vier Spanier laden ihre Rucksäcke ein und marschieren heute ohne Gepäck los. Da ihre Schuhe nagelneu aussehen, vermuten wir mal, dass es sich um Sarria-Pilger handelt. Wenigstens laufen sie, anstatt mit einem Kombi von Herberge zu Herberge zu fahren. Gerade auf den letzten hundert Kilometern sind verhältnismäßig viele Taxipilger unterwegs. Viele wollen sich lediglich die Compostela abholen, aber keine Blasen an den Füßen. Dass man die Herbergen nicht mit Fahrzeugen erreichen und deshalb nicht bescheißen könnte, ist schlichtweg völliger Unsinn. Entsprechende Gerüchte halten sich aus unerklärlichen Gründen hartnäckig. Die Wahrheit ist, dass praktisch jede Herberge mit dem Auto erreicht werden kann, zusätzlich liegen Stempel in beinahe jeder Kirche und jeder Kneipe aus. Und wo gepilgert wird, wandern Späne.

Den ganzen Morgen über ist es nebelig und feucht, und seit wir Galicien betreten haben, sind die Wege häufig mit Kuhdung vollgeschissen. Wäre kein Problem, wenn der Regen den Scheißeteppich nicht so rutschig werden lassen würde. Meistens schweigen Chris, Marcos und ich. Das Wetter schlägt uns doch mehr aufs Gemüt, als uns lieb ist. Und dann die Sarria-Pilger. Ich hatte mir so fest vorgenommen, tolerant zu sein und auf jeden Menschen offen zuzugehen, aber wenn ich ehrlich bin, war das reines Wunschdenken. Diese Wochenendpilger kosten mich den allerletzten Nerv. Obwohl mir bewusst ist, dass im Prinzip jeder so pilgern darf, wie er möchte, könnte ich dem einen oder anderen von ihnen eine reinzimmern. Natürlich bin ich Pazifist, ich würde keiner Fliege etwas zuleide tun, aber wenn das eine Wunschdenken verpufft, muss Ersatz her. Beispielsweise die vier Taxipilger von vorhin. Die wandern gar nicht, die spazieren. Sie trippeln kreuz und quer über den Camino, bleiben stehen, versperren uns auf vollständiger Breite den Weg, laufen beim Fotografieren rückwärts und rempeln uns an, sie achten null auf die anderen Pilger und benehmen sich wie Dreijährige in der Fußgängerzone. Mit anderen Worten: Wir sind ihnen einfach scheißegal.

Da wir nicht wollen, dass diese Pappnasen ewig wie Motten um uns herumschwirren, legen wir einen Zahn zu und sparen uns die Pausen. Keine schlechte Taktik. Bald laufen wir zu dritt durch Wälder und Weiler, die Luft schmeckt feucht und widerspenstig; langsam, aber sicher macht sich meine Wetterfühligkeit bemerkbar. Kaum ist der Himmel grau, verspüre ich einen steigenden Druck in meinem Kopf, und plötzlich gehen mir die flüchtigsten Kleinigkeiten auf den Geist. Noch kann ich mich allerdings unter Kontrolle halten, was hauptsächlich daran liegt, dass wir heute mal gemeinsam laufen und uns über die Sarria-Pilger auslassen. Ich beginne, sie aufgrund ihrer winzigen Rucksäcke für Tagestouren »Daypack-Pilger« zu nennen, auch wenn ich als Sechshundert-Kilometer-Pilger einen ähnlich mickrigen Rucksack benutze. Chris dagegen schießt sich so langsam auf die Fahrradpilger ein, deren

Anzahl sich seit Ponferrada mindestens verdreifacht hat. Marcos schämt sich für seine lauten Landsleute, aber hey, was sollen Chris und ich da sagen? Besonders Chris, die sich als Einzige von uns ihre Nationalität mit dem Denker teilt.

Nach neun Kilometern überqueren wir über eine seelenlose Betonbrücke den Stausee von Portomarín, der uns mit einem extrem niedrigen Pegelstand empfängt. Unten am Seeufer sieht man noch die Ruinen des alten Portomarín, und aus dem Wasser ragen Pfeilerreste der alten Brücke. Leider, so Marcos, frönte Diktator Franco einem merkwürdigen Hobby: Überall in Spanien ließ er wie ein Biber auf Koks wuchtige Staudämme errichten und Flüsse stauen, so eben auch hier. Die Bewohner von Portomarín bekamen ein paar Hundert Meter bergwärts ein neues Dorf. Mit ihnen zogen auch zwei Kirchen um: Der Diktator ließ die empfindlichen, Jahrhunderte alten Bauten Stein für Stein abtragen und im neuen Portomarín wieder aufbauen.

Etwa zehn Minuten lang bleiben wir auf der Brücke, plaudern und fotografieren. Derweil schleichen die vier Taxipilger von heute früh an uns vorbei. Die hatte ich fast schon wieder verdrängt. Nachdem sie außer Sichtweite sind, machen wir uns auf Richtung Portomarín 2.0. Im etwas steril wirkenden Dorfzentrum setzen wir uns in ein Café. Hinten in der Ecke entdecken wir Evelyn, die dort ihren Kaffee schlürft, und winken ihr zu. Wir frühstücken ausgedehnt und blicken auf die trotzige, kastellartige Iglesia de San Nicolás, die direkt vor unserem Fenster steht. Die wurde von einem Schüler Meister Mateos, des bekannten Schöpfers des Pórtico da Gloria in der Kathedrale von Santiago, erbaut. Am reichlich verzierten Hauptportal sind die Einflüsse des berühmten Lehrers nicht zu übersehen; umso verwunderlicher wirkt der klotzige Rest des Baus. Nach einer Weile des gedankenlosen Starrens entdecke ich einige ins Gemäuer eingeritzte Zahlen. Das ist doch nicht zu fassen: Beim Verlagern der Kirche haben die Arbeiter Stein für Stein durchnummeriert, einige von ihnen allerdings an der sichtbaren Außenseite. Marcos als angehender Architekt würde am liebsten die Verantwortlichen verprügeln, hat aber keine Lust, sie ausfindig zu machen. Und Franco ist eh längst tot.

Um Punkt zehn öffnet die Kirche ihre Pforten und wir treten ein. Innen offenbart sich uns in etwa das, was die Hülle bereits versprochen hat. Bei der Kirche handelt es sich um einen einschiffigen Kasten ohne Schnickschnack. Ihr Stempel ist der letzte, der in meinen aus Deutschland mitgebrachten Pilgerpass gedrückt wird.

Über eine auffällig akkurat gepflasterte Straße verlassen wir das Dorf. Hinter Portomarín führt eine wahnwitzig schmale, völlig verrostete Fußgängerbrücke aus der Stadt. Unter unseren Sohlen wellen sich die Platten. Meine bescheidene Prognose: Diese Brücke steht nicht mehr lange. Über einen Waldweg gelangen wir auf eine Landstraße. Ab hier führt der Camino an oder auf besagter Straße entlang. Vor lauter Eintönigkeit denke ich nur noch in Grau, unfassbar, wie das Wetter meine Laune zerknautscht. Immer mehr Sarria-Pilger hängen sich an unsere Hacken. Wo kommen die denn alle auf einmal her? Als hätten sie in Portomarín auf uns gewartet. Plötzlich radeln auch noch sieben Idioten mit aufgesetzten Gummihörnern an uns vorbei. Wohlgemerkt auf dem Wanderweg. Chris kann sich gerade noch zurückhalten, einem von ihnen ihren Pilgerstock in den Rücken zu rammen. Vor lauter Wut fallen ihr auf die Schnelle keine englischen Schimpfwörter ein, also knurrt sie unser Standardwort mit F und pöbelt auf Deutsch herum. Das war's dann wohl mit der Toleranz. Was soll die Scheiße? Fahrradfahrer haben auf dem Wanderweg nichts verloren. Zwei Meter neben uns verläuft eine fette asphaltierte Straße, und die Deppen fahren uns beinahe über den Haufen. Diese Zweiradterroristen gehen mir ja schon in Hamburg auf die Zwiebeln. Und dann wundern die sich, wenn die irgendwann mal gegen eine Windschutzscheibe klatschen.

Kurz nach halb zwei überqueren wir eine Straßenbrücke, die bemerkenswert provisorisch wirkt. Chris kramt ihren Wanderführer aus der Hosentasche und fragt sich, wo wir uns befinden.

Ich zeige auf eine Stelle links von der gelben Linie, die die eben überquerte Straße darstellt. »Da.«

»Nee«, erwidert sie skeptisch. »Hospital (da Cruz) kommt noch. Oder?«

»Nein, das war schon vor der großen Straße vorhin, erinnerst du dich?« Ich packe meinen Wanderführer aus und zeige ihr die Stelle. Da es der gleiche Wanderführer ist, ergibt die Aktion keinen Sinn. Sieht aber nach Kompetenz aus. »Hier, das war die Stelle, und hier sind wir drüber.«

Chris: »Ach, cool. Wir sind schon dran vorbei!«

Wir sind weiter als gedacht. Normalerweise erleben wir eher das Gegenteil. Zumindest das heitert Chris sichtlich auf. Sind ja auch nur noch schlappe dreizehn Kilometer bis nach Palas de Rei, unserem Etappenziel.

Der heutige Wandertag zieht sich in die Länge, wirklich Freude bereitet er mir nicht. Mal regnet es leicht, mal stärker, dann hört es urplötzlich auf, dann nieselt es wieder ein wenig, wenige Minuten später hört es wieder auf, und so geht es stundenlang. Als wir um kurz vor fünfzehn Uhr das Straßendorf Ligonde passieren, hauen uns die Dorfbewohner eine Kanonensalve um die Ohren. Mein Herz. Hunderte Menschen haben sich eingefunden, um eine hemmungslose *fiesta* zu feiern, und was gehört zu einem fröhlichen, familienfreundlichen Fest? Natürlich eine fette, saumäßig laute Kanone, mit der man die vorbeilaufenden Pilger ins Koma ballern kann. Langsam wird mir das zu viel hier, wie viele dieser immer gleich aussehenden Dörfer kommen denn noch?

Einen Kilometer vor Palas de Rei steht eine neue Großherberge mitten im Grün. Das bedeutet immerhin, dass wir jetzt fast da sind. Wir nutzen den charakterlosen Baukomplex als letzten Motivationsschub und bündeln noch einmal alle Kräfte. Wenige Minuten später laufen wir dann endlich in Palas de Rei ein. Um es kurz zu machen, der Stadtname pendelt irgendwo zwischen Größenwahn und Realsatire. Statt eines gülden dahinschimmernden Königspalasts empfängt uns ein in Beton gegossenes Stück Elend mit rein gar nichts von Interesse. Wenn ich hier wohnen würde, ich würde morgen abhauen. Glücklicherweise wohne ich nicht hier, trotzdem werde ich morgen abhauen. Erwartungsgemäß sind sämtliche Herbergen dicht bis unters Dach. Ehrlich gesagt ist mir das gar nicht so unrecht, denn heute möchte ich in einer Pension übernachten; mir hängen diese Sarria-Pilger so was von zum Hals raus. Wenn ich mir auch noch vorstelle, einem der Gummihörner über den Weg zu laufen – nein, das wäre keine gute Idee. Also klappern Chris, Marcos und ich nach und nach die Topadressen von Palas de Rei ab. Bei der dritten haben wir Glück: Uns wird ein Drei-Bett-Zimmer für schlappe fünfundvierzig Euro angeboten. Ohne Zögern nehmen wir das Angebot an, und wir werden nicht enttäuscht: drei Betten, ein Bad, alles sauber, mehr brauchen wir nicht. Handtücher und Schlafsäcke können sich heute auch mal eine Auszeit gönnen. Nachdem wir ewig lang duschen, statten wir dem örtlichen Supermarkt einen Besuch ab. Während Chris und Marcos ihr Abendessen zusammensuchen, beschließe ich, in der unserer Pension zugehörigen Bar zu essen. Das hält mich jedoch nicht davon ab, mir im *supermercado* noch jede Menge Gebäck und eine Tafel Schokolade einzupacken. Als wir besagte Bar betreten, erklärt man mir, die Küche sei leider noch zu. Nach zwei Minuten Bedenkzeit allerdings wittern die beiden Männer hinter der Theke so etwas wie eine finanziell lukrative Transaktion und bieten mir einen Burger an. Auf die Frage, was sie denn draufpacken sollen, antworte ich trocken: »Alles.« Das lassen sich die beiden nicht zweimal sagen. Zwischen zwei völlig überforderte Brothälften stapeln sie zwei Lagen Fleisch, Salat, Tomaten, Ei, Speck, Zwiebeln, Gurke, Käse, Ketchup und Senf. Zum Niederknien. Nach der herben Enttäuschung in Cacabelos gewinne ich gleich zwei Erkenntnisse auf einmal. Erstens: Ja, die Spanier können auch Burger bauen. Zweitens: Ja, die Spanier kennen auch andere Gewürze neben Dosen-Thunfisch. Marcos sitzt sabbernd neben mir und will auch so eine *hamburguesa completa*. Tja, bleib du mal bei deinem (randlosen!) Toastbrot.

Abends sitzen wir in unserem beschaulichen Zimmer, essen (Chris und Marcos randlosen Toast, ich Schoko), trinken Bier und reden. Draußen regnet es bereits seit Stunden, und als ob Wasser ansteckend wäre, unsere gewaschenen Klamotten wollen einfach nicht trocknen. An diesem Abend reden Chris, Marcos und ich intensiver und persönlicher als je zuvor. Dabei stelle ich mit Dankbarkeit fest, dass drei völlig unterschiedliche Charaktere eine nahezu perfekte Einheit bilden können, weit über das Niveau einer reinen Zweckgemeinschaft hinaus. Jeder von uns hat andere Vorstellungen über Glauben, Leben, Moral. Aber was uns verbindet, ist die Akzeptanz des Anderen, die Bereitschaft, auch mit konträren Ansichten klarzukommen, sie sogar anzunehmen und sich mit ihnen auseinanderzusetzen. An Chris schätze ich ihre forsche Art, ihren Pragmatismus, ihre Fassung. Sie ist wesentlich jünger als ich und sitzt trotzdem fest im Sattel. Vielleicht fliegt sie mit dreißig vom Pferd, aber höchstwahrscheinlich nur, um auf einem anderen zu landen. Im Gegensatz zu ihr spricht Marcos nicht direkt aus, was er denkt, sondern nur, worüber er ausführlich nachgedacht hat. Marcos ist ruhig, sehr nachdenklich, extrem höflich und charmant. Und ich? Was bin ich? Ein emotionaler, vorlauter, rastloser Anker. Ein hyperaktiver ruhender Pol. Merkwürdig, anstrengend, widersprüchlich. Aber kein Schisser mehr, alles, nur das nicht. Was für eine Mischung wir abgeben, unglaublich. Je genauer ich uns beobachte, desto sicherer bin ich mir, dass wir unser Ziel gemeinsam erreichen werden. Wir greifen wie Zahnräder ineinander, weshalb wir uns trotz unserer unterschiedlich ausgeformten Charaktere bisher nicht ein einziges Mal gestritten haben. Ganz im Gegenteil, wir achten aufeinander, ohne groß darüber nachzudenken oder uns abgesprochen zu haben. Immerhin eine Gemeinsamkeit können wir dann doch noch vorweisen: den Humor. Wir veranstalten hier nicht den Riesenradau und prügeln uns alle fünf Minuten die Schenkel wund. Aber der Humor hält uns auf Trab, lässt uns trübe Momente überwinden und sorgt bei Bedarf für seelische Befreiungsschläge.

Nebeneinander liegen wir in unseren Betten, schlürfen Dosenbier, sehen abwechselnd uns und unsere Wäsche an, die auf meiner quer durchs Zimmer gespannten Packschnur hängt. An diesem Abend lernen wir uns kennen, irgendwo in Nordspanien in einem grauen Ort mit goldenem Namen, reden und reden, bis uns vor Müdigkeit die Augen zufallen. Glück gehabt.

Etappe 19: Ferreiros ⇨ Palas de Rei (34,5 km)

Freitag, 18. September 2009

Die gemütlichen Betten verleiten uns dazu, etwas länger liegen zu bleiben als gewohnt. Außerdem hat uns Marcos gestern Nachmittag drei Betten in einer Privatherberge in unserem heutigen Etappenziel Arzúa reserviert; die Telefonnummern stehen alle im Wanderführer. Es ist herrlich, mal nicht von raschelnden und quasselnden Pilgern geweckt zu werden, und so nutzen wir die ungewohnte Ruhe zur Regeneration. Gegen halb acht stehen wir endlich auf und beginnen unsere Wäsche einzusammeln. Mein Schalke-Trikot ist immer noch klatschnass, sodass ich es zum Trocknen an den Rucksack hänge und das ultraleichte Freizeitshirt von Arc'teryx trage. Dekadenter Luxus-Outdoor-Blödsinn, ich weiß. Aber hey, es wiegt weniger als eine Tafel Schokolade, da konnte ich einfach nicht widerstehen. Jedenfalls trödeln wir dermaßen herum, dass wir erst fünfundvierzig Minuten später loslaufen.

Auch heute sind wir permanent von Sarria-Pilgern umgeben. Nicht nur mir fällt auf, dass man sie sowohl an ihrer Ausrüstung als auch an ihrem Gang erkennt. Leute, die lediglich hundert Kilometer vor sich haben, laufen ganz anders als jene, die sich das Fünf- bis Zehnfache vornehmen. Für einige Zeit folgen wir einem Sarria-Pärchen, das sich zwei gleiche Rucksäcke gekauft hat, allerdings in unterschiedlichen Farben: er Blau, sie Rot. An ihrem hängt ein Flaschenkürbis, wie ihn die Pilger vor vierhundertachtunddreißig Jahren getragen haben. Jeder der beiden hat mindestens das Dreifache meiner Gepäckmenge dabei. Ein herrlich absurdes Bild, das die beiden abgeben. Aber wenigstens wandern sie einfach und veranstalten nicht irgendeinen unwürdigen Scheiß.

Den gesamten Morgen über lässt sich kein einziger Sonnenstrahl blicken. Obwohl es mir eigentlich prima geht, zieht die graue Pampe um uns herum meine Laune in den Keller. Von der häufig besungenen Euphorie auf den letzten Kilometern vor Santiago de Compostela merke ich nichts, stattdessen macht sich so etwas wie Skepsis in mir breit. Ehrlich gesagt haben sich meine Erwartungen nur teilweise erfüllt. Ich habe viel von magischen Momenten und mysteriösen Vorkommnissen gelesen, von unerklärlichen Phänomenen, die sich ereignet haben sollen. Bisher allerdings ist mein Camino weder magisch noch mysteriös. Klar, die Landschaften sind wunderschön, Chris und Marcos fantastische Mitpilger, und ich habe eine Menge über mich selbst gelernt. Aber mir fehlt etwas; ich weiß nur nicht genau, was. Ich habe das Gefühl, dass mich der Camino bezüglich besonderer Momente hinhält, und zeitlich gesehen wird es langsam echt knapp. Innerlich rechne ich bereits mit einer herben Enttäuschung. Wir sind fast da, und alles, was mich umgibt, sind Nebel und Touristen.

Vermehrt tauchen am Wegesrand Werbetafeln und Telefonnummern von Taxiunternehmen auf. Und die scheinen ihre Wirkung nicht zu verfehlen: Sobald wir an einer Landstraße entlanglaufen, brausen Taxipilger an uns vorbei. Je häufiger das passiert, desto lächerlicher kommen sie mir vor. Der Sinn einer Pilgerschaft ist das Pilgern. Ohne das Pilgern bleibt nicht einmal eine Wanderung, sondern lediglich ein nutzloser, zeitraubender Ausflug. Wenn jemand für eine Busfahrt eine Belohnung möchte, kann er ja für einen Zwanni auf den Prickings-Hof fahren und sich den größten Zuchtbullen der Welt angucken. Aber sich per Taxi von Herberge zu Herberge fahren zu lassen, um Stempel für eine Urkunde zu sammeln, ist an Idiotie kaum zu übertreffen.

Ganz nüchtern betrachtet, also ohne Regen und Fußschmerzen, ist Galicien wunderschön. Sagenhaft breite, über Jahrhunderte entstandene Hohlwege, dichtbewachsene Wälder, wuchtige Ruinen am Wegesrand, von Ranken und Moos überwuchert, alles hier sieht ein wenig keltisch, mystisch, verzaubert aus. In einem Weiler überholen wir vier Daypack-Pilger, wobei diese meiner Meinung nach das Gepäck nicht besonders fair verteilt haben. Frau Nummer eins trägt einen winzigen Daypack-Rucksack. Mann Nummer eins trägt einen großen Rucksack. Frau Nummer zwei trägt eine kaum gefüllte Leinentasche. Mann Nummer zwei ist kurz davor, unter dem riesigen Klumpen auf seinem Rücken zusammenzubrechen.

Wenig später überholen wir eine Pilgerin mit einem fliederfarbenen, vollgepackten Rucksack, in dem zwei Regenschirme stecken. Sehr merkwürdig.

Als wir um kurz nach zehn Uhr unsere heutige Café-con-Leche-Town Leboreiro erreichen, trifft uns der Schlag: Vor der bekannten Bar »Die zwei Deutschen« hockt eine lärmende Pilgerhorde, rund zwei Drittel von ihnen mit winzigen Daypack-Rucksäcken unterwegs. Marcos und ich flüchten in die spanische Bar etwa zwanzig Meter weiter, platzieren für die leicht zurückgefallene Chris unsere Rucksäcke gut sichtbar Richtung Straße und gönnen uns jeweils einen *café con leche grande*. Nach einigen Minuten erreicht dann auch Chris die Bar und bestellt sich – wie fast immer – einen *café americano* (Espresso versetzt mit etwas heißem Wasser). Was mir auffällt: Wir werden extrem freundlich behandelt. Dass um uns herum kaum Sarria-Pilger wuseln, tut unserer Stimmung natürlich doppelt gut.

Als wir in San Martín del Camino übernachteten, beschrieb ich die Schlacht zwischen Pepsi und Coke auf dem Camino. Vor der Bar von Leboreiro steht ein weiteres Highlight dieser epischen Auseinandersetzung: ein Coke-Automat im Camino-Look. Die berühmte weiße Coke-Welle symbolisiert den Camino, und an ihr reihen sich einige bekannte Orte am Jakobsweg: Villafranca del Bierzo, O Cebreiro, Samos, Sarria, Portomarín, Palas de Rei, Melide und Santiago. Wohlgemerkt, das alles in Coca-Cola-Look auf einem Getränkeautomaten. Nicht von irgendeinem Fan produziert, sondern genau so offiziell von Coca-Cola España herausgegeben und als Marketing-Instrument eingesetzt. Blöderweise haben sie alle Orte spiegelverkehrt angeordnet, also Santiago nach ganz rechts.

Kurz vor Melide, dem laut Wanderführer geografischen Zentrum Galiciens etwa fünfeinhalb Kilometer hinter Leboreiro und auf halber Etappenstrecke, beginnt mein rechtes Schienbein zu schmerzen. Meldet es sich also auch mal wieder. Kein Wunder, besteht der Weg seit hundert Kilometern fast ausschließlich aus Aufs und Abs. In Melide trifft der Camino Primitivo auf den Camino Francés. Mit denen, die vom Camino del Norte über den Primitivo nach Santiago laufen, könnte es wieder ein Stückchen voller werden. Gut, dass wir reserviert haben. Bekannt ist die Stadt übrigens für ihre *pulperías* und den *pulpo á feira*; Letzteres ist gekochter Krake nach galicischer Art. Leider verspüre ich gerade überhaupt keinen Appetit, sodass ich mich mit O-Saft aus einem Gemischtwarenladen zufriedengebe.

Mitten in dem Achttausend-Einwohner-Ort spricht uns ein älterer, stark schielender Mann an. Er fragt uns, ob wir Pilger seien. Besonders gut sieht er also nicht mehr, anhand unserer Outdoor-Lumpen sind wir eigentlich ziemlich einfach zu identifizieren. Er trägt eine Baseballkappe, ein weißes T-Shirt und darüber eine schwarze Weste. In der linken Hand hält er eine Plastiktüte, die rechte packt Marcos am Arm. Alles klar, es gibt kein Entkommen. Nachdem er sich unseres Ziels vergewissert hat, beginnt er doch glatt, uns in aller Ausführlichkeit seine Lebensgeschichte zu erzählen. Wie schwierig es für seine Mutter gewesen sei, ihn und seine acht Brüder großzuziehen, zumal der alkoholkranke Vater sie regelmäßig verprügelt habe. Oder dass er psychisch leicht gestört sei. Allein, dass wir Pilger sind, reicht ihm scheinbar, um uns die persönlichsten Dinge anzuvertrauen. Vielleicht wünscht er sich, dass wir einen winzigen Teil seines Lebens nach Santiago tragen; dass er uns so einen flüchtigen Hauch lang begleiten kann. Als wir uns verabschieden, fragt er uns nach unserer Herkunft. Als Chris und ich erzählen, dass wir aus Deutschland kämen, überrascht er uns mit einem fröhlichen »Auf Wiedersehen!«

Weiter geht es aus der Stadt hinaus durch Wälder und Felder, an eingestürzten Häusern und streng riechenden Kuhställen vorbei. Als ich kurz vor dem Dörfchen Boente auf die Nationalstraße N-547 trete, sehe ich vor der Kirche auf der gegenüberliegenden Straßenseite einen Mann wild herumgestikulieren. Ich werde natürlich sofort neugierig – und überrascht: Da steht doch tatsächlich der Pfarrer höchstpersönlich an der Straße und ruft alle Pilger zu sich wie ein waschechter Marktschreier.

»Ihr seid doch Pilger!«, ruft er auf Spanisch. »Hey, Pilger! Das ist eine Kirche!«

Der Mann versteht sein Handwerk. Ich überquere die Nationalstraße und betrete das Gotteshaus. Leider ist es nicht ganz so toll wie der Pfarrer und atmosphärisch nicht besonders sympathisch, ganz anders beispielsweise als die kleine Dorfkirche in Villadangos del Páramo. Kein Bau kann halten, was ein Mensch in der Lage ist zu versprechen. Ich drücke den neuen und den alten Stempel der Kirche in meinen Pilgerpass – zur Erinnerung an den Pfarrer mit Fischmarkt-Potenzial – und verschwinde. Die letzten neun Kilometer der heutigen Etappe ziehen sich mal wieder unendlich zäh dahin, und ich werde langsam wieder knatschig. Der wolkenverhangene Himmel motiviert mich dabei ebenso wenig wie die immer stärker werdenden Schienbeinschmerzen. So heftig wie ich Voltarén konsumiere, müsste der Unterschenkel eh bald abfallen. Galicien scheint sich der allgemeinen Pilgermode anzupassen und präsentiert sich zunehmend in gedeckten Grau-, Grün- und Brauntönen. Eigentlich wollte ich heute etwas langsamer laufen. Aber ich möchte mir das Ganze nicht länger antun als nötig, also laufe ich deutlich über meinem Rhythmus. Wenn sich das mal nicht rächt. Bevor wir uns in unsere reservierten Betten legen können, müssen wir uns noch einen Hügel hochschleppen, auf dem Arzúa vor etlichen Jahrhunderten erbaut wurde. Wieso, verstehen wir nicht; erst recht nicht, als wir die Sechstausend-Seelen-Gemeinde erreichen. Etwas dermaßen Hässliches haben wir am gesamten Jakobsweg noch nicht gesehen. So etwas baut man wenn überhaupt irgendwo in ein dunkles Tal, nicht auf einen gut sichtbaren Hügel! Es ist einfach unbegreiflich, wie zivilisierte Menschen eine derart atemberaubende Landschaft so unglaublich rücksichtslos und ohne jeden Ansatz ästhetischer Sensibilität verschandeln können. Aber sie können: *¡Bienvenidos a Arzúa!*

Unterwegs zu unserer Herberge »Vía Láctea« (deutsch: Milchstraße) müssen wir bezeichnenderweise die Calle de los Dolores, die Straße der Schmerzen, passieren. Leider handelt es sich bei der Milchstraße um eine Molkerei, die sich auf Pilger spezialisiert hat: Zehn Euro kostet die Übernachtung pro Kopf. Natürlich ist das immer noch lächerlich wenig, aber wir haben schon wesentlich günstigere Herbergen erlebt, aus deren Duschen nicht nur kaltes Wasser kam. Chris schimpft wie ein Rohrspatz, und das völlig zu Recht. Schließlich ist der Bedarf an kaltem Wasser über den Tag verteilt mehr als gedeckt worden. Meine Verachtung Arzúa gegenüber wächst minütlich. Und während der Großteil meiner Wäsche von einer Waschmaschine durchgewalkt wird, sitze ich hier mit meinem immer noch nassen Schalke-Trikot in der schwächelnden Sonne und trockne mich selbst. Spanien kann ganz schön kalt sein.

Kurz vor achtzehn Uhr beginnt eine Pilgerin zu kochen. Erwartungsgemäß dauert es nicht lang, bis der gesamte Innenhof nach Gewürzen und Röstaromen duftet. Das macht mich wirklich fertig. Wenn ich weiterhin ohne Essbares bleibe, könnte etwas Schreckliches passieren. Also dränge ich Chris und Marcos aus der Herberge. Wieso wir anschließend die zentral gelegene Iglesia de Santiago besichtigen müssen, wissen wir selbst nicht so genau. Jedenfalls torkeln wir danach hungernd durch die Stadt. Wo wir auch hingehen, Arzúa ist und bleibt hässlich. Irgendwann finden wir uns in einem Supermarkt wieder und rennen die Regalreihen rauf und runter, ohne irgendetwas aus ihnen herauszunehmen. Schließlich fragt Chris: »Wisst ihr schon, was ihr essen wollt?«

Marcos und ich schütteln die Köpfe.

»Was wollen wir denn kochen?«, hakt sie nach.

Marcos antwortet: »Eigentlich will ich gar nicht kochen.«

»Ich hab' auch überhaupt keinen Bock heute zu kochen«, pflichte ich ihm bei. »Ich bin dafür, dass wir uns irgendwo reinsetzen.«

»Klingt gut«, stimmt Marcos zu.

Chris blickt uns emotionslos an. »Was machen wir dann hier im Supermarkt?«

Letztendlich entscheiden wir uns für eine kleine Bar in einer selbstverständlich urhässlichen Seitengasse. Zu unserer Erleichterung ist das Lokal fast leer; neben uns haben sich nur zwei Gäste hierher verirrt. Das Pilgermenü entpuppt sich erneut als Volltreffer. Für die Vorspeise, *espárrago con jamón* (deutsch: Spargel mit Schinken), würde ich vielleicht doch noch einmal einen Fuß in die Stadt setzen. Zwischen den Gängen, so ganz nebenbei, vertraut die Kellnerin Marcos ihre Lebensgeschichte an. Sie erzählt, wie sie lange Zeit in Deutschland lebte, dort einen Spanier kennen und lieben lernte, er jedoch bald an Krebs starb, sie in die USA zog und schließlich nach Galicien zurückkehrte. Offensichtlich tragen unzählige Menschen den Wunsch in sich, ihre ganz persönlichen Geschichten loszuwerden. Mich fasziniert die Selbstverständlichkeit, mit der sich Wildfremde am und auf dem Camino gegenseitig vertrauen. Mir geht es ja nicht anders. Im Alltag halten wir uns bedeckt, trauen so gut wie niemandem über den Weg. Und häufen tonnenweise Ballast an, der uns erdrückt. Wir ersticken lieber am eigenen Seelenmüll anstatt uns verwundbar zu zeigen. Die heutigen Begegnungen bringen mich zum Nachdenken.

Spätabends sitzen Marcos und ich noch in einer Bar und schlürfen *chocolate caliente*, heiße Schokolade. Eigentlich wollten wir uns gerade bettfertig machen, als ich Marcos überredete, noch einmal rauszugehen. Nun hocken wir in dieser ziemlich hell erleuchteten Bar, draußen ist es stockdunkel, und ergänzen unsere Notizen. Außer uns haben sich noch zwei weitere Pilger und ein Einheimischer hierher verirrt. Obwohl es hier nicht besonders gemütlich ist, genieße ich den Abend. Nicht, weil ich mit Marcos heiße Schokolade schlürfen kann, und auch nicht, weil es hier so ruhig ist. Sondern weil ich etwas tue, was ich möchte, ohne Für und Wider abgewogen und eine Million Argumente gesammelt zu haben. Ja, auch heiße Schokolade kann sich verdammt impulsiv anfühlen.

Morgen ist der allerletzte »richtige« Wandertag, ein strammer Dreißiger. Unser Plan lautet, fünf Kilometer vor Santiago de Compostela in Monte do Gozo zu übernachten und übermorgen bei Sonnenaufgang feierlich auf den Kathedralplatz zu marschieren. In Bars, Cafés, *panaderías*, Herbergen und Restaurants hängen Karten des Camino Francés. Und immer häufiger ertappe ich mich dabei, wie ich ungläubig die bisher zurückgelegte Strecke betrachte. Fast sechshundert Kilometer habe ich hinter mir, am Sonntag werde ich in einundzwanzig Herbergen und einer Pension geschlafen haben, zweiundzwanzig Tage hintereinander gewandert sein, unzählige Zweifel beseitigt haben. Wie oft werde ich in Zukunft an diese Reise zurückdenken? An die ersten Minuten in Logroño, an die *fuckin' Roman paths*, an Tomás und seine Helfer in Manjarín, an Simon den Denker? Laut dem inzwischen arg zerfledderten Wanderführer sind es nur noch schlappe vierzig Kilometer bis zur Kathedrale von Santiago de Compostela. Ein Katzensprung.

Etappe 20: Palas de Rei ⇨ Arzúa (29,1 km)

Samstag, 19. September 2009

Ich hätte niemals gedacht, dass ausgerechnet der letzte richtige Wandertag der schrecklichste meines gesamten Camino wird. Dabei verläuft zunächst alles nach Plan. Wir starten um sieben Uhr in die Dunkelheit, wie gewohnt ohne Frühstück. Es ist ziemlich kalt, aber es regnet nicht, immerhin. Nach wenigen Minuten geraten wir zwischen einige Sarria-Pilger. Unter ihnen befindet sich eine junge Frau, die minutenlang in ihr Handy schnattert. Das Telefonat scheint lebenswichtig zu sein, sonst würde sie bestimmt nicht so blöd herumkreischen.

Bald wird es heller. Wobei, so richtig hell wird es in Galicien nicht; zumindest habe ich es noch nicht erleben dürfen. Während sich die Sonnenaufgänge in Kastilien und León klar und deutlich abgezeichnet haben, bleibt es hier den ganzen Tag über schummrig. Zudem wandern wir häufig durch Eukalyptuswälder, die in geheimnisvolle Nebelschwaden getaucht sind. Für die Augen attraktiv, fürs Gemüt eher nicht.

Am Ortseingang von O Outeiro legen wir eine kurze Rast ein. Ich bestelle mir den ersten *café con leche* des Tages und drücke den Stempel, der dort herumliegt, in meinen Pilgerpass. Hinter der Theke arbeiten zwei ziemlich attraktive Spanierinnen, die in diesem versifften Kaff völlig deplatziert wirken. Wir quetschen uns in eine Ecke, wo wir den letzten freien Tisch besetzen, und strecken die Beine aus. Die Bar ist voller Menschen, überall wuseln sie herum, der Boden ist mit Rucksäcken und sonstigen Pilgerutensilien bedeckt. Pilger, die nicht zum Sarria-Express gehören, erkenne ich mittlerweile auf hundert Meter. Deren Kleidungsstücke sind verwaschener, deren Rucksäcke wirken nicht wie soeben erst ausgepackt, die Männer lassen ihrer Gesichtsbehaarung mehr Freiraum, die Frisuren sitzen nicht mehr ganz so akkurat, und sie fluchen über die Sarria-Pilger. Allein schon wenn ich diesen Herrn dort in der roten Jacke sehe, mit grauem Bart, etwa sechzig Jahre alt, der sich einen Kaffee bestellen will und hinter vier schnatternden

Sarria-Pilgern festhängt. Der tut mir gerade richtig leid. Ein junger Pilger eilt ihm zu Hilfe, ein Baum von einem Mann, mindestens eins neunzig groß, etwa dreißig Jahre. Wie ein Kran beugt er sich durch die Vierergruppe durch, die sich versucht zu empören, allerdings die muskelbepackten Oberarme des jungen *peregrino* registriert und schweigt. Ach, die können also doch die Fresse halten. Schön. Zwei Kaffeetassen wandern über die Theke, eine davon reicht der junge Mann dem nun glücklich wirkenden älteren Mitpilger, und die beiden verlassen das Lokal, um den Kaffee vor der Bar zu trinken. Man hat das Gefühl, hier wandern zwei unterschiedliche Herden zufällig in dieselbe Richtung, nicht gemeinsam, sondern parallel.

Als wir um zwanzig nach neun die Bar verlassen, flitzt Evelyn an uns vorbei, als sei heute ihr erster Wandertag. Bei mir wird es wahrscheinlich der letzte sein. Daher versuche ich, mit jeder Pore meines Körpers die Atmosphäre des Camino in mich aufzunehmen und mir sämtliche Belanglosigkeiten einzuprägen. Ich bin gewillt, bis zum Erreichen der Zielflagge meine Laune in erträgliche Sphären zu hieven. Wenige Minuten später beginnt es zu nieseln. Die nächsten Kilometer bilden den galicischen Querschnitt ab: Landstraßen, Feldwege, die Nationalstraße N-547 und Waldwege wechseln sich ab. Mittlerweile haben auch viele Sarria-Pilger mit Beschwerden zu kämpfen, was sich positiv aufs Gesamtverhalten auswirkt. Leiden lehrt Demut. Obwohl, bei mir scheint die Schinderei nichts dergleichen auszulösen. Eher fühle ich mich vom Universum provoziert, würde liebend gern meinen Rucksack in den Dreck werfen und nach Hause fliegen. Ich weiß ganz genau, dass auch das Mistwetter und die ganze Pampe zum Camino gehört. Und bestimmt wird meine Persönlichkeit an dieser Erfahrung wachsen. Trotzdem werde ich die miese Laune nicht los, im Gegenteil, in meinem Inneren beginnt es langsam zu brodeln. Kaum denke ich darüber nach, beginnt es kurz vor O Pedrouzo, etwa fünfzehn Kilometer vor unserem heutigen Etappenziel, wie aus Kübeln zu schütten. Mit einem Schlag sind die ganzen Sarria-

Pilger von der Straße verschwunden. Wie weggespült. Am Ortsausgang von O Pedrouzo setzen Chris, Marcos und ich uns in eine kleine Bar und wärmen uns auf. Ich verspüre ein wahnsinniges Verlangen nach Cola und Saft der Orange, also bestelle ich beides und friere weiter vor mich hin. Chris stellt es etwas cleverer an und schlürft eine *chocolate caliente*. Um kurz nach halb eins machen wir uns auf die letzten zwanzig Kilometer des Camino Francés. Allmählich lässt der Regen nach, und ich bin froh, dass sich bisher kein einziger Tropfen in meine Schuhe verirrt hat. Dabei habe ich vergessen, sie vor der Abreise zu imprägnieren.

Als wäre der Tag bisher nicht schon beschissen genug verlaufen, wechselt das Wetter ab sofort praktisch im Fünfzehnminutentakt, und schon weiß der Körper nicht mehr, ob er schwitzen oder frieren soll. Zudem schmerzt mein rechtes Schienbein, als schlüge jemand Schritt für Schritt mit einem Hammer dagegen. Die zahlreichen Asphaltpassagen sowie das permanente Auf und Ab am heutigen Tag scheinen ihren Tribut zu fordern. Zu allem Überfluss haben sich auf sämtlichen Waldwegen riesige Pfützen gebildet, sodass an eine regelmäßige Schrittfrequenz gar nicht zu denken ist. Dabei wäre es essenziell, die heutige Etappe mit ihren fünfunddreißig Kilometern gleichmäßig abzuschreiten. Je häufiger der Laufrhythmus unterbrochen wird, desto größer ist am Ende die Erschöpfung. Heute Morgen waren es die Sarria-Pilger, die sich uns in den Weg stellten, jetzt ist es die Galicische Seenplatte.

Nach einer halben Stunde durchqueren wir das an der N-547 gelegene Dörfchen Amenal. Kurz darauf betreten wir das letzte Waldgebiet vor dem Flughafen von A Lavacolla, der aus kommerziellen Gründen offiziell »Aeropuerto de Santiago de Compostela« heißt. Eigentlich müssten wir bald auf dessen Rollfeld treffen, tun es aber nicht. Stattdessen nur riesige Pfützen, schlammige Wege und eine graue Pampe von Himmel. Wenn ich nicht so fertig wäre, ich könnte einfach mal komplett ausrasten. Der heutige Tag kotzt mich richtig an, dass mich alles an ihm maßlos aufregt. Es soll ja Leute geben, die die letzten zwanzig Kilometer singend zurücklegen. Wenn mir jetzt jemand ins Gesicht singen würde, ich könnte für nichts garantieren. Zudem sind Chris, Marcos und ich heute wieder völlig unterschiedlich schnell unerwegs. Daher entstehen auch keine aufmunternden Gespräche, die ich gerade so dringend nötig hätte. Permanent blicke ich in meinen Wanderführer, der mir inzwischen einen derartigen Unsinn erzählt, dass ich ihn am liebsten verbrennen würde. Entgegen der Wegbeschreibung wird der Flughafen in der Realität wesentlich weiträumiger umlaufen. Kein Wunder, dass er sich mit seinem Auftritt dermaßen viel Zeit lässt.

Mir kommen all die Pilgerberichte in den Internetforen in den Sinn. Wie ehemalige Pilger von den letzten Kilometern schwärmen, von der Magie des Einmarschierens nach Santiago de Compostela. Nichts. Es scheint so, als würde mein Camino sang- und klanglos zu Ende gehen. Mit einem waschechten Scheißtag. Vielleicht liegt es daran, dass ich nicht an Gott oder andere übernatürliche Mysterien glaube und mir deshalb nichts dergleichen einbilde. Als Rationalist fehlt mir womöglich der Nährboden für Wunder. Nüchtern betrachtet gibt es daran nichts auszusetzen, nur ist es nicht gerade wahnsinnig unterhaltsam.

Um vierzehn Uhr haben wir den Flughafen endlich umrundet. Über eine widerspenstig harte Straße gelangen wir nach A Lavacolla, wo wir ein völlig überfülltes Lokal passieren. Im Nachhinein denke ich, dass ich trotz der Menschenmassen hätte rasten sollen. Stattdessen ignoriere ich meinen inneren Wunsch, schließlich möchte ich diese Horroretappe so schnell wie möglich hinter mich bringen. Da mein Schienbein immer stärker schmerzt, lasse ich Chris und Marcos endgültig ziehen und hinke eine sanfte Steigung hinauf nach Vilamaior. Hinter mir höre ich einige Pilger näherkommen. Allerdings überholen sie mich nicht, sondern laufen völlig stumpf hinter mir her, was mir gehörig auf die Nerven geht. Wie bereits erwähnt, heute nervt mich einfach alles. Scheinbar heften sich die ganzen Daypack-Pilger an den einzigen Langstreckenläufer weit und breit, und ich komme mir vor wie eine heilige Gänsemutter. Hinter dem Dorf folgen in losen Abständen weitere Häuser entlang des Camino, und vor einem von ihnen sehe ich zwei Mädchen mit einem Skateboard spielen. So tollpatschig, wie sich die beiden Kinder verhalten, bekomme ich ein ungutes Gefühl. Völlig zu Recht, wie sich im nächsten Augenblick herausstellt. Eines der Mädchen setzt sich auf das Skateboard, das andere schiebt es an und donnert es mit Karacho gegen mein lädiertes rechtes Bein. Wenn jetzt irgendjemand denkt, diese dummen Hintenbleibpilger hätten auch nur im Ansatz nachgefragt, ob alles in Ordnung sei, der irrt sich. Wenn jetzt irgendein anderer denkt, diese Kinder hätten sich auch nur im Ansatz entschuldigt, der irrt sich ebenfalls. Über die Sorte Wanderer, die gerade hinter mir läuft, habe ich an anderer Stelle geschrieben: Arschloch bleibt Arschloch, mit oder ohne Jakobsmuschel am Rucksack. Lachend laufen sie an mir vorbei. Die können den Camino noch tausendmal gehen, sie werden immer nur ein paar Freizeitwanderer bleiben. Den Kindern werfe ich nichts vor, als Kind war ich auch manchmal richtig stumpf. Vor dem Camino hätte ich mich sicherlich etwas länger aufgeregt, etwa zwei bis drei Wochen, schätze ich. Natürlich schmerzt mein rechtes, nun ziemlich ramponiertes Bein immer heftiger. Aber was soll ich machen? Umkehren? Nicht umsonst stammt das Wort »Karacho« vom spanischen Wort *»carajo«* ab, was gerufen ein herrliches Fluchen ergibt und »Schwanz« bedeutet. Und damit ist ganz sicher nicht der fröhlich wedelnde Kuhschwanz gemeint.

Immerhin führt die Kollision dazu, dass ich auf mein Bein pfeife und Gas gebe. Außerdem habe ich ja eh nur noch zehn Restkilometer auf dem Camino zu absolvieren. Es dauert nicht lang, und ich habe meine beiden Pilgerfreunde eingeholt. Die letzten Kilometer nach Monte do Gozo setzen dieser einzigartigen Etappe die Krone auf. Eine ganze Stunde lang denke ich, der blöde Ferienkomplex müsse hinter der nächsten Ecke auftauchen. Stattdessen sieht man nach einer geraden, mit einem lichten Wald flankierten Straße grundsätzlich eine weitere gerade, mit einem lichten Wald flankierte Straße. Danach noch eine. Und noch eine. »Monte do

Gozo gibt's doch gar nicht«, vermuten wir. »Wurde bestimmt abgerissen.«

Kurz nach fünfzehn Uhr erreichen wir eine Kreuzung mit dem allerersten Hinweis auf die Existenz unseres Etappenziels: ein Pfeil mit dem Schriftzug »Monte do Gozo«. Endlich, denken wir. Aber zu früh gefreut. Als wir um die Ecke blicken, brechen wir in Gelächter aus. Nicht anders ergeht es den zwei Pilgerinnen, die vor uns laufen. Der Pfeil zeigt in eine weitere ewig lange, schnurgerade Straße – und weit und breit keine Ferienanlage in Sicht. Das sind solche Momente, in denen sich sogar Atheisten einen Gott wünschen, um wenigstens ein Stoßgebet gen Himmel schicken zu können. Nach einem kräftezehrenden Marsch wartet am Ende der Straße das Dorf San Marcos, zu dem Monte do Gozo gehört. Selbstverständlich müssen wir es fast vollständig durchqueren, bevor wir endlich vor der Einfahrt zum Ferienkomplex stehen. Vom Monte do Gozo, dem Berg der Freude, kann man zum ersten Mal die Kathedrale von Santiago de Compostela sehen. Im Mittelalter lagen sich die Pilger an dieser Stelle weinend in den Armen. Heute motiviert uns ein urhässliches Denkmal, das zur Erinnerung an den Papstbesuch Johannes Pauls II. errichtet wurde, es ihnen gleichzutun.

An der Kapelle treffen wir den jungen Bielefelder Adam wieder. Den habe ich nur ein einziges Mal gesehen, nämlich in Sahagún. Er läuft gemeinsam mit zwei Japanern, von denen ich einen in Sarria gegrüßt habe. Soso, zwei japanische Sarria-Pilger, das haben wir ja gerne. Aber die beiden sind ganz putzig, und als ich ihnen erzähle, ich sei in Gelsenkirchen geboren worden und nicht in Japan, versuchen sie größtenteils auf Englisch mit mir zu reden. Als wären Gelsenkirchener für überdurchschnittliche Englischkenntnisse bekannt; ich verstehe erst recht kein Wort. Gemeinsam mit einem braungebrannten Schönling namens Miguel wollen sie es heute nach Santiago schaffen. Für uns dagegen geht es erst einmal einige Meter hinunter zur Anlage, vorbei an dem unfassbar hässlichen Denkmal. Tut mir leid, aber mich erinnert das unförmige

Ding an pseudomoderne DDR-Denkmäler aus den verzweifelten achtziger Jahren.

Die Anlage ist genauso hässlich, wie wir sie uns vorgestellt haben. Aber nach einem solchen Tag fühlen wir uns wie im Paradies. Der gigantische Herbergskomplex wurde 1993 anlässlich des Heiligen Jahres erbaut und bietet Platz für mindestens fünfhundert bis – so munkelt man – maximal zweitausend Pilger. Heute sind höchstens sechzig Pilger hier; wir haben mit weitaus mehr gerechnet. Ich bin richtig im Eimer, und Chris und Marcos geht es nicht viel besser. Noch vor der obligatorischen Dusche gönnen wir uns kaltes Bier und ebenso kalte Hamburger beziehungsweise Sandwiches – herrlich! Auch Philipp, der Österreicher aus Triacastela, und sein deutscher Mitpilger Achim haben sich in der Imbissbar eingefunden. Ich nenne diesen Laden mal so, denn ich kenne einfach kein Lokal dieser Art. Im Grunde sieht es aus wie in einer Mensa, es werden Getränke und Snacks angeboten, in der Ecke hängt ein Fernsehgerät, Mitten im Raum steht ein Internetrechner. An einem Tisch entdecke ich eine Familie, die wir kurz nach dem Marktschreier-Pfarrer in Boente getroffen haben. Ansonsten sind wir von lauter unbekannten Gesichtern umgeben. Meinetwegen, heute ist mir so gut wie alles wurscht. Evelyn erzählte uns heute Morgen, dass sie in einer kleinen polnischen Herberge im Dorf übernachten wolle. Ich finde es ein wenig schade, dass wir den letzten Abend vor Santiago nicht gemeinsam verbringen, denn mittlerweile verstehen wir uns prima. Evelyn kommt aus einer konservativen, gläubigen Familie und geht soweit möglich die Originalroute. Beispielsweise hat sie aus diesem Grund auf den *camino duro* verzichtet und sich durch das Tal an der Nationalstraße entlanggequält. Wenn man sie fragt, weshalb sie den Camino gehe, erfährt man recht schnell, wie gläubig sie ist. Anders als Lory drängt sie ihren Glauben nicht in jedes Gespräch hinein, sondern behandelt ihn als das, was er ist: reine Privatsache. Auf dem Camino kommuniziert sie überwiegend auf Englisch, das sie sich selbst beigebracht hat. Sie hat einen wahnsinnig süßen polnischen Akzent und verwechselt ab und an ähnlich klingende Wörter, was zu hochgenialen Missverständnissen führen kann. Sie ist ein Mensch, den man gern in der Nähe hat. Wahrscheinlich sehen wir sie erst morgen in Santiago wieder.

Plötzlich registriere ich, dass wir tatsächlich vor den Toren Santiagos stehen. Wir sind fast da. Wirklich realisieren kann ich es noch nicht, dafür ging alles viel zu schnell, war alles viel zu kräftezehrend. War das wirklich ich, der vor drei Wochen blass wie Mürbeteig im fernen Logroño losgelaufen ist? War das wirklich ich, der sich völlig ausgelaugt über die Römerstrecke nach Calzadilla de la Cueza geschleppt hat, um das erste Mal dem Denker zu begegnen? War das wirklich ich, der beim Abstieg von den Montes de León beinahe den Abflug gemacht hätte? Unglaublich. Natürlich, paranormale Phänomene haben mich gemieden wie der Teufel das Weihwasser, aber worüber beschwere ich mich eigentlich? Unzählige Pilger kommen erst gar nicht in Santiago an. Eine Norwegerin, der ich zu Beginn meines Camino ab und an begegnet bin, musste nach einem schweren Sturz wegen eines Knochenbruchs abbrechen. Drei der vier Mädels, die immer um sechs Uhr alle Pilger aus den Betten geholt haben, mussten aus mir unbekannten Gründen ebenfalls vorzeitig die Segel streichen. Obwohl ich reichlich ramponiert wirke, hatte ich den gesamten Weg über viel Glück. Keine einzige Bettwanze hat mich angerührt. Von Hunden wurde ich ebenfalls weitestgehend verschont. Mein an sich recht schwacher Magen hat mir nicht ein einziges Mal Probleme bereitet. Ich konnte jeden Tag wandern und habe sämtliche Etappenziele, die ich mir jeweils vorgenommen hatte, erreicht. Eigentlich brauche ich keine großen Wunder. In der Summe bedeuten mir die unzähligen kleinen wesentlich mehr.

In jedem Schlafraum stehen vier Metallstockbetten. Unser Raum ist vollständig belegt. Drei Schlafplätze gehören Chris, Marcos und mir. Zwei einem deutschen Mutter-Tochter-Gespann. Für die Frau ist es der zweite Anlauf; letztes Jahr hat sie sich beim Abstieg von den Pyrenäen die Kniescheibe angebrochen. Dieses Jahr wollte die Tochter spontan mitkommen, und so laufen sie diszipliniert als Zweiergespann zwischen zehn und zwanzig Kilometer am Tag. Zwei weitere Schlafplätze werden von einem alten Ehepaar belegt. Die achte und letzte Koje gehört einem jungen spanischen Fahrradpilger. Ich hätte nie gedacht, dass ich eines Tages mal acht Schlafplätze auf achtzehn Quadratmetern als angenehm bezeichnen würde; León macht's möglich.

Nachdem wir (heiß!) geduscht haben, laufen wir hinunter zum zentralen Platz der Anlage, wo ein Pilgerdenkmal in der Witterung verrottet. Drumherum befinden sich Souvenirshop, Imbissbar und SB-Restaurant. Ich überlege kurz, ob ich mir im Souvenirshop ein T-Shirt kaufen soll, verwerfe den Gedanken aber, schließlich geht es morgen in *die* Shoppinghochburg für Camino-Souvenirs.

Um halb neun betreten wir das Restaurant der Ferienanlage. Und wer sitzt da vor uns mit einem großen Unbekannten an einem Tisch? Evelyn!

»Was machst du denn hier?«, frage ich sie. »Wolltest du nicht in einer polnischen Herberge übernachten?«

Sie lacht. »Ja, das tue ich auch. Aber die wurde von einer koreanischen Pilgergruppe besetzt. Die sind laut, schreien … Und Essen gibt's da leider auch nicht. Also essen wir hier, und wenn sich die Koreaner beruhigt haben, gehen wir zurück.«

Ein guter Plan. Für acht Euro fünfzig darf man sich Vorspeise, Hauptgericht, Nachtisch und eine Halbliterflasche Wasser genehmigen. Chris freut sich wie Bolle, dass es endlich mal etwas anderes gibt außer Schwein, und wählt den panierten Fisch. Dazu gibt's richtige Kartoffeln, keine *patatas fritas.* So einfach kann man unsere Pilgerrakete glücklich machen. Mein Essen dagegen reißt mich kaum vom Hocker, es macht satt, das reicht mir für heute. Für die abendfüllende Unterhaltung sorgt Marcos. Als er nämlich den ersten Löffel seines Joghurts in den Mund steckt, entgleiten ihm sämtliche Gesichtszüge. Natürlich verstehen Chris und ich zunächst einmal überhaupt nichts, besonders, als Marcos beginnt wie ein Irrer herumzufluchen.

»Was ist los, Marcos?«, wollen wir wissen.

»Das ist Naturjoghurt«, antwortet er fassungslos und deutet mit dem Löffel auf den Joghurtbecher. Darauf prangen dicke, rote Erdbeeren. Es steht *»yogur de fresa«*, Erdbeerjoghurt, drauf. »Hier, Erdbeeren. Die haben Naturjoghurt in Erdbeerjoghurtbecher gefüllt. Ich fass' es nicht!«

Es gibt nichts zu beschönigen. Marcos ist auf Hundertachtzig. Aber für derartige Nichtigkeiten kann Chris keinerlei Verständnis aufbringen, dabei bräuchte Marcos gerade dringend seelischen Beistand. Nach über fünfunddreißig Kilometern grauer Pampe, Regen und Asphalt führt er den Löffel mit der freudigen Erwartung, es handele sich um kühlen, leckeren Erdbeerjoghurt, an den Mund, um schlagartig festzustellen, dass es sich um faden, langweiligen Naturjoghurt handelt. Und scheinbar ist es ihm schon häufiger passiert, dass er eine Packung mit falschem Inhalt gekauft hat.

»Ich habe mal eine Flasche Orangensaft gekauft«, schimpft er, »ich nehme einen Schluck, und … es war Ananassaft!«

»Schrecklich«, murmelt Chris teilnahmslos.

Ich dagegen würde ihm am liebsten sofort einen Erdbeerjoghurt besorgen, aber hier gibt es weit und breit keinen *supermercado.*

Marcos orakelt: »Ich schwöre euch, hier in dem Raum isst heute *kein einziger Mensch* Erdbeerjoghurt.«

Wahrscheinlich hat er Recht, und das ganze Kühlregal ist voll mit falsch verpacktem Naturjoghurt. Mir egal, ich mag eh keinen Joghurt.

Spätabends sitzen wir zu dritt in der Imbissbar und trinken Bier. Wir plaudern über den Weg und die kommenden Tage. Marcos und ich haben uns schon einen Plan für die restliche Woche zurechtgelegt: Bis Montag wollen wir in Santiago bleiben, nachmittags dann nach Fisterra an die Atlantikküste fahren. Am Dienstag ist eine Fahrt nach Muxía geplant, am Mittwoch wollen wir bis nach A Coruña hoch, anschließend runter Richtung Lugo. Am

Donnerstag soll es zurück nach Santiago gehen, denn an diesem Tag möchte Marcos mit dem Zug nach Madrid zu seinen Eltern fahren. Die restliche Woche plane ich in Santiago zu verbummeln. Chris wird wie geplant nach Fisterra laufen und möchte eigentlich, dass wir sie begleiten. Wir haben uns mittlerweile so sehr ins Herz geschlossen, dass wir uns eine baldige Trennung kaum vorstellen können. Die Zeit wird zeigen, ob wir in Kontakt bleiben oder uns aus den Augen verlieren.

Da ich nach unserer kleinen Rundfahrt Avril in Santiago wiedersehen möchte, gehe ich kurz online, um meine E-Mails abzurufen und ihr meinen Plan mitzuteilen. Tatsächlich liegt eine neue Nachricht von ihr in meinem Postfach. Sie schreibt, dass sich Melanie und Jörg schon vor einigen Tagen abgesetzt hätten. Auch von Michelle habe sie sich mittlerweile getrennt. Vorgestern war sie in Villafranca del Bierzo, also vermute ich mal, dass sie heute irgendwo bei O Cebreiro übernachtet. Mit dem Wiedersehen könnte es knapp werden. In der Hoffnung, dass sie es rechtzeitig bis nach Santiago schafft, schreibe ich ihr, dass ich wahrscheinlich am 25. oder 26. September, also in sechs oder sieben Tagen, dorthin zurückkehren werde.

Die letzte Nacht vor der Ankunft. Hoffentlich kann ich einigermaßen gut schlafen.

Etappe 21: Arzúa ⇨ Monte do Gozo (35,1 km)

Sonntag, 20. September 2009

Von wegen einigermaßen gut schlafen. Eigentlich ist es die logische Konsequenz, wenn dem schlimmsten Tag auch die schlimmste Nacht folgt. Trotzdem hätte ich gern darauf verzichtet. Nun, an meinem Kopfende schläft der mit Abstand (oder mit keinem, wie man's nimmt) lauteste Schnarcher, den ich bis dato im persönlichen Umkreis von zehn Metern ertragen musste. Es handelt sich um den alten Mann, einen etwa fünfundsiebzigjährigen Spanier. Der bemerkenswerteste Unterschied zu den zahlreichen anderen Schnarchnasen auf dem Camino: Bei wachem Zustand schnarcht er völlig stumpf weiter. Er ist *unglaublich* laut. So laut, dass ich ihn durch meine Ohrstöpsel höre. Während er also höchst wahrscheinlich in seinem Traum süße Schäfchen zersägt und seine Frau wie ein Murmeltier vor sich hin schnurrt, können die anderen Pilger im Raum nur noch resignierend lachen. Unterhalten kann man sich ja nicht bei dem Lärm.

Am nächsten Morgen erzählt Marcos völlig gerädert: »Mitten in der Nacht musste der Schnarcher auf die Toilette, und ich dachte mir: Okay, Marcos, das ist *die* Chance, du hast genau drei Minuten, um einzuschlafen. Aber von wegen. Er kam wieder, legte sich hin und schlief sofort ein. Sofort! Ich meine, sehr schnelle Menschen brauchen zwanzig Sekunden, eine halbe Minute, aber dieser Typ brauchte keine halbe Sekunde!«

Übrigens heißt schnarchen auf Englisch *»to snore«*. Mir hat der Englischkurs auf dem Camino nach und nach zu einem sehr speziellen Wortschatz verholfen:

ankle	–	Fußgelenk
bedbug	–	Bettwanze
blister	–	Blase
fuckin' Roman path	–	antike, gut erhaltene Römerstraße
in good shape	–	in guter Verfassung
to rest	–	rasten

suncream/sunscreen	–	Sonnencreme
yellow arrow	–	gelber Pfeil

Im Spanischkurs lernt man tendenziell mehr Wörter für die Kommunikation mit Einheimischen, aber auch hier kann man sehr schön herauslesen, was man auf dem Camino den ganzen Tag so treibt:

agua potable	–	Trinkwasser
ampolla	–	Blase
cervesa	–	Bier
¿cuanto es?	–	wie viel macht das?
desayuno	–	Frühstück
donativo	–	Spende
ducha	–	Dusche
farmacia	–	Apotheke
flecha amarilla	–	gelber Pfeil
iglesia	–	Kirche
menú del peregrino	–	Pilgermenü
supermercado	–	Supermarkt

Übermüdet und verspannt brechen wir um kurz nach acht gen Santiago auf. Nicht nur die vergangene Nacht, auch der gestrige Tag steckt uns noch tief in den Knochen. Unsere Grundstimmung ist eher mäßig, aber wir sind bereit fürs Finale. Eigentlich wollte ich gestern in Monte do Gozo meine Wanderstöcke entsorgen. Aber vielleicht werde ich sie als Erinnerungsstücke zu Hause an die Wand hängen. Erst einmal mitnehmen, wegwerfen kann ich sie später immer noch. Also baumeln sie gereinigt und zusammengeschoben am Rucksack. Heute Morgen habe ich mich nach langer Zeit mal wieder frisch rasiert, schließlich will ich auf den allerletzten Kilometern ordentlich aussehen.

Zunächst steigen wir den Monte do Gozo hinab und gelangen auf die Nationalstraße N-634a, die Zufahrtsstraße nach Santiago de Compostela. Über einer Stromleitung hängen mehrere ausgemusterte Paar Schuhe. Nun überqueren wir auf einer Brücke nacheinander eine Autobahn und eine Nationalstraße. Merkwürdigerweise besteht der Bürgersteig aus Holzplanken. Am Ende der Brücke steht auf der gegenüberliegenden Straßenseite das Ortseingangsschild: »Santiago«. Obwohl es sich gut anfühlt, endlich anzukommen, will keine Stimmung aufkommen. Die ersten Meter innerhalb der Stadtgrenzen gestalten sich ungemein ernüchternd. Eigentlich habe ich mir eine mittelalterliche Stadt mit verwinkelten Gassen, fröhlichen Gauklern und bunten Papierschnipseln vorgestellt. Stattdessen dominieren triste Betonschachteln, verrottende Ruinen und menschenleere Straßen. Es heißt, in Santiago bekomme jeder Pilger den Empfang, der ihm zustehe. Wenn das wahr ist, steht uns offensichtlich überhaupt nichts zu. Weit und breit scheinen wir die Einzigen zu sein, die heute hierher pilgern. Als wäre dieser Jakobsweg ein Geheimtipp. Erst als wir die Altstadt erreichen, kommen uns einige glücklich lächelnde Pilger entgegen. Wir reden nicht viel, folgen einfach wie gewohnt den Metallmuscheln auf dem Pflaster. Bevor wir auf den Kathedralvorplatz, den Praza do Obradoiro, treten, laufen wir doch glatt Evelyn in die Arme. Na, endlich mal etwas Positives an diesem merkwürdigen Vormittag. Mit Compostela und Stadtplan bewaffnet, ist sie auf der Suche nach einer Herberge. Wir einigen uns darauf, dass sie ihre Augen nach vier kuscheligen Betten offenhält, während Chris, Marcos und ich noch kurz unseren Camino de Santiago beenden gehen. Sie erklärt sich einverstanden und flitzt auch schon los. So gut zu Fuß bin ich leider nicht mehr. Aber muss ich ja auch nicht, schließlich steht der Mietwagenplan. Darauf freue ich mich schon richtig. Ich frage mich nur, ob mein rechter Fuß in der Lage ist, ein Gaspedal durchzudrücken.

Durch ein schmales Bogengewölbe unter einem Kathedralanbau gelangen wir auf den Praza do Obradoiro, den weitläufigen Platz vor der berühmten Westfassade der Catedral de Santiago de Compostela. Wir haben es geschafft! Chris, losgelaufen in Saint-Jean-

Pied-de-Port; sie nennt den Ort immer »Saint Jean-Pierre«, wobei ich mir jedes Mal die Frage stelle, wer dieser heilige Jean-Pierre überhaupt sein soll. Marcos, gestartet in Burgos; weder aus religiösen noch aus sportlichen Gründen, sondern aus reiner Neugier. Und ich, meinen Weg in Logroño betreten, um zweiundzwanzig Tage später physisch und psychisch kerngesund (mit Interpretationsspielraum) genau hier anzukommen.

Langsam löst sich die Spannung, und ich fühle mich ein wenig stolz. Nur bin ich etwas verwundert, dass gerade so wenig los ist. So leer wie jetzt um kurz vor zehn bleibt er sicherlich nicht ewig, und so fotografieren wir uns schnell gegenseitig. Nach wenigen Minuten wird es schlagartig voller, als hätten sie sich alle hinter den zahlreichen Säulen und in den schmalen Seitengassen versteckt. Auch der Wiener Philipp und sein Mitpilger Achim treffen ein. Für Philipp ist es bereits das zweite Mal, wie er mir erzählt. Da Chris, Marcos und ich unbedingt noch ein Gruppenbild benötigen, darf er nun als Fotograf herhalten. Ansonsten hätte ich noch ein Ministativ anzubieten, aber dies nur nebenbei.

Anschließend machen wir uns auf zum Pilgerbüro, das im Seitengässchen südlich der Kathedrale liegt. Dort geht es zu wie in einer Postfiliale. Die Mitarbeiter sitzen hinter einer hässlichen Holztheke und bearbeiten Pilger um Pilger. Fragen, Stempeln, Ausfüllen, der Nächste bitte. Nach lediglich einer Viertelstunde Wartezeit halte ich meine Compostela in der Hand. Während Chris und Marcos ihre lateinischen Namen bewundern, stelle ich fest: Maori bleibt Maori. Der Name wird nämlich, soweit möglich, auf Latein handschriftlich in die Urkunde eingetragen. Bei einem Namen wie Hans Meyer noch gut zu handhaben, frage ich mich, ob der Job noch Spaß macht, wenn ein Pilger mit polnisch-srilankischem Doppelnamen auftaucht. Für eine bescheidene Spende von einem Euro bekommt man auch noch ein verschließbares Papprohr zur Aufbewahrung der Urkunde. Eine lohnenswerte Investition, wie sich schnell herausstellt.

Als wir das Pilgerbüro verlassen, läuft uns Adam aus Bielefeld über den Weg. Ihm geht's prima, und auch seine Mitpilger sind heil angekommen. Um seinen Zeitplan einhalten zu können, hat er die Strecke von Sahagún nach León mit dem Zug zurückgelegt. Da sieht man mal, was für ein Pensum wir gelaufen sind, dass wir ihn gestern noch eingeholt haben. Ab Burgos haben wir durchschnittlich dreiunddreißig Kilometer am Tag geschafft. Ich fauler Sack habe meinem Körper nie zuvor etwas auch nur annähernd Ähnliches abverlangt. Daher lautet die wichtigste Notiz an mich: Wenn ich keine Zweifel zulasse, erreiche ich meine Ziele.

Nach wenigen Minuten kommt uns Evelyn entgegen, leicht unglücklich dreinschauend. Obwohl, eigentlich schaut sie nie unglücklich. Skeptisch passt besser. Jedenfalls erklärt sie uns enttäuscht: *»This albergue is closed.«* Nach einer kurzen Pause ergänzt sie: *»Closed forever.«* Soso, das passt uns nicht wirklich. Aber eine Lösung hält sie auch schon bereit: In Kathedralnähe befindet sich eine private Herberge. Der *hospitalero* entpuppt sich als ein lauter Grobian, nicht unfreundlich, aber etwas zu aufgedreht. Er erinnert an den niederländischen Kampfsportler, TV-Kommentator und Schauspieler Bas Rutten. Für fünfzehn Euro pro Nase bekommen wir Schlafplätze in einem Fünf-Bett-Zimmer, wo wir gleich unsere Sachen ausbreiten.

»Soll ich mir meine Schuhe putzen?«, frage ich die anderen. Schließlich will ich nicht gleich sämtliche Bars mit Schlamm einsauen, geschweige denn den Mietwagen.

Aber Chris und Marcos sagen nur: »Ach Quatsch, lass sie dreckig. Du bist ein Pilger. Sollen sie dir doch hinterherputzen.«

Überredet, ich lasse sie dreckig.

Als wir aus der Herberge treten, marschiert eine fröhliche Parade samt Blaskapelle an uns vorbei. Langsam scheint der Tag doch noch ganz nett zu werden. Jetzt müssen wir uns allerdings ein wenig beeilen: Die Pilgermesse beginnt um zwölf Uhr, und trotz unserer differenzierten Haltung zur Kirche wollen wir natürlich unbedingt dabei sein. Schon eine halbe Stunde vor Messebeginn drängen sich Touristen und Pilger im Innenraum. Chris, Marcos,

Evelyn und ich erhaschen einen menschenleeren Quadratmeter und besetzen ihn umgehend. Von hier aus haben wir einen fantastischen Blick auf den Mittelteil des Kirchenraums sowie die Südflanke des Querschiffs. Wir können sogar nach oben in das Gewölbe des Vierungsturms blicken. Dort ist auf Höhe der Kirchendecke eine Stahlkonstruktion angebracht, unter der an einem fünfunddreißig Meter langen Seil das riesige, versilberte Weihrauchfass, der *botafumeiro*, baumelt. Mein Wanderführer weiß zu berichten, dass er »nur zu besonderen Anlässen zum Einsatz« kommt. Ich bin gespannt.

Noch vor der eigentlichen Pilgermesse tritt eine Nonne ans Mikrofon und beginnt, abwechselnd zu beten und zu singen. Oder besser gesagt, sie singt vor, und die Schäfchen singen nach. Mit kurzen, resoluten »Das geht sicher ein wenig lauter!« und »Sehr schön!« bringt sie die Menge zum Schmunzeln und zum Singen. Als sie sich einmal in der Melodie irrt, zeigt sie mit einem trockenen »Nein, das war jetzt falsch. Nochmal!«, wie unverkrampft es auch in andächtigen Momenten zugehen kann. Bald betreten mehrere Männer, wahrscheinlich hochrangige Priester, den Altarraum. Es folgen Predigten und geistliche Lieder, die ich nicht ansatzweise verstehe. Anschließend liest einer der Herren vor, wie viele von den heute Morgen in Santiago eingetroffenen Pilgern wo gestartet sind und welcher Nationalität sie angehören. Und siehe da, unter den Genannten bin ich nicht nur der einzige aus Logroño, sondern auch noch der einzige Japaner. Bei den spanischen Mütterchen, die hinter mir stehen (und vermutlich nichts sehen), spricht sich das natürlich schnell herum. Als wir Pilger gesegnet auf den Camino unseres »neuen« Lebens geschickt werden, werde ich von ihnen geherzt und gedrückt wie ihr eigener Sohn. Es gibt bestimmte Gefühle und Momente, die unbeschreiblich bleiben, völlig gleich, wie lange man nach Worten sucht. Wenige Minuten später machen sich mehrere Männer am *botafumeiro* zu schaffen, und ehe wir uns versehen, fliegt uns unter der Begleitung einer bombastischen Orgelmusik das rauchende Fünfzig-Kilogramm-Fass um die Ohren.

Unglaublich. Einfach unglaublich.

Nach der bewegenden Messe suchen wir das Tourismusbüro auf. Neben den üblichen Informationen für Touristen bietet es zahlreiche Dienstleistungen für Pilger an, beispielsweise Flugbuchungen und Beratungsgespräche in unterschiedlichen Sprachen. Die Angestellten sind auf nahezu sämtliche Probleme und Anfragen vorbereitet. Marcos und ich besorgen uns Wegbeschreibungen zu Autovermietungen und zum Bahnhof, anschließend kehren wir zur Herberge zurück. Nun lungern Chris, Marcos und ich erschöpft auf unseren Betten herum. Wir unterhalten uns ein wenig und kommen auf das Thema Führerschein zu sprechen. Marcos beschreibt den spanischen, Chris den deutschen. Was reden wir hier herum? Ich habe doch meinen dabei, da kann ich Marcos ja gleich zeigen, wie ich als Siebzehnjähriger ausgesehen habe. Ich durchsuche meine Hüfttasche. Pass da, Rot-Kreuz-Ausweis da, Krankenkassenkarte da, Kredit- und EC-Karte da. Kein Führerschein. Ich suche noch einmal. Und noch einmal. Ich räume alles komplett aus. Kein Führerschein. Ich durchwühle meinen Rucksack. Ohne Erfolg. Ich schütte den gesamten Rucksackinhalt auf dem Bett aus. Kein Führerschein. Ich drehe durch! Was soll denn aus unserem Mietwagenplan werden? Die kommenden vier Tage? Eine Rundfahrt über Fisterra, Muxía, A Coruña und Lugo? Küstendörfer abklappern und frische Meeresfrüchte schlemmen? Vor meinem geistigen Auge sehe ich sämtliche mit Postkartenidylle gefüllte Wölkchen zerplatzen. Typisch Maori, denke ich, meine Schusseligkeit kennt keine Grenzen und macht auch vor dem Camino nicht Halt. Ich würde mich am liebsten verprügeln, aber dazu fehlt mir die Kraft.

Also sage ich einfach nur: »Marcos, ich habe meinen Führerschein vergessen.«

Ich ernte einen Blick, den ich nie vergessen werde: den Erdbeerjoghurtblick. Vielleicht will Marcos mich ebenfalls verprügeln. Glück gehabt, ihm fehlt genauso die Kraft. Aber wenn sich hier jemand um die Stimmung sorgt, der kennt Chris noch nicht. Die flötet uns nämlich fröhlich zu: »Ja, dann müsst ihr wohl weiterlaufen.«

Okay. Her mit den Fakten:

Fakt Nummer eins:

Ich wollte am 24. September ankommen. Heute ist der 20., ergo vier Tage früher als geplant. Und es gibt noch genau vier Tagesetappen: Negreira, Olveiroa, Fisterra, Muxía.

Fakt Nummer zwei:

Um Gewicht zu sparen, habe ich vor der Abreise alle überflüssigen Teile meines Wanderführers abgeschnitten und entsorgt, beispielsweise die Etappenbeschreibungen von den Pyrenäen bis Logroño. Da ich allerdings nicht aufs Stichwortverzeichnis verzichten wollte, konnte ich den hinteren Teil nicht einfach wegwerfen; alle Etappen bis Muxía sind also noch drin.

Fakt Nummer drei:

Der Einmarsch in Santiago war alles andere als ein würdiges Finale. Von einem Ende eines Weges fühle ich mich weit entfernt. In Santiago de Compostela bekommt jeder Pilger den Empfang, der ihm zusteht. Demnach müsste ich weiter.

Fakt Nummer vier:

Ich wollte meine Wanderstöcke in Monte do Gozo wegwerfen. Aber wie ich überdeutlich sehe, hängen sie nach wie vor an meinem Rucksack.

Fakt Nummer fünf:

Ich wollte meine Schuhe putzen. Habe ich aber nicht.

Fakt Nummer sechs:

Nie zuvor habe ich in einer Herberge die Wettervorhersage

aufgerufen, wenn ich online war. Nur in Monte do Gozo. Und dort wurde das Wetter bis wann angezeigt? Richtig, bis zum 24. September. Eigentlich völlig überflüssig zu erwähnen, wie es die kommenden vier Tage werden soll. Natürlich ab heute traumhaft sonnig, und zwar durchgehend.

Fakt Nummer sieben:

Auch Marcos hat seinen Führerschein zu Hause gelassen. »Ich dachte, dass ich den hier nicht brauche«, sagt er.

Fakt Nummer acht:

Chris würde sich freuen.

In den letzten Tagen habe ich mich häufig nach einem besonderen Moment gesehnt. Jetzt habe ich ihn, und er überfordert mich. Neben mir liegt die Papprolle mit der Compostela und tut so unschuldig, als wüsste sie von nix. Dabei wirkt sie auf mich wie ein Staffelstab, der weitergetragen werden will. Je häufiger ich die acht Fakten betrachte, desto schneller weicht der anfängliche Ärger zaghafter Verwunderung. Alles nur Zufälle? Im Alltag bemühe ich das Wort »Schicksal« extrem selten, daran möchte ich auch jetzt nichts ändern. Aber wenn ich eins auf dem Camino gelernt habe, dann, dass ich meinem Gespür für Entscheidungen trauen kann. So häufig, wie ich in den letzten zehn Jahren mit meinen Entscheidungen richtig gelegen habe, brauche ich überhaupt nicht weiter zu grübeln: Ich gehe weiter. Das teile ich Chris und Marcos auch umgehend mit. Okay, Chris freut sich, aber Marcos kriegt wieder dieses Erdbeerjoghurtgesicht. Zugegeben, dafür habe ich vollstes Verständnis. Vor gut fünfzehn Minuten dachten er und ich noch, der Weg sei hier zu Ende: kein Wandern, keine Schmerzen, keine Auf- und Abstiege, keine Herbergen mehr. Aber die Realität lautet: weitere hundertzwanzig Kilometer wandern, knackige Schmerzen, eine Menge Auf- und Abstiege, vier weitere Herbergen. Trotzdem: Ich habe mich entschieden. Und auch wenn er gerade vom Laufen wirklich die Schnauze gestrichen voll hat, bin ich mir absolut sicher, dass er mitkommen wird. Er liebt es einfach zu sehr, sich mit uns beiden durch die Pampa zu schlagen und permanent nach *shells and arrows* Ausschau zu halten.

Nach einer für seine Verhältnisse relativ kurzen Bedenkzeit verkündet er: *»Okay, let's do it.«*

Den gewaltigen Seufzer überhöre ich jetzt mal. Nachdem auch das geklärt ist, rufe ich Seb in Hamburg an und verkünde nicht nur feierlich das Erreichte, sondern auch die Pläne für die kommenden Tage. Er freut sich über meine Ankunft in Santiago fast mehr als ich. Vor einem Jahr hatte er sich hier gemeinsam mit drei Pilgerfreunden einen Wagen gemietet, um nach Fisterra zu fahren. Wer auch immer für mich zuständig ist, offensichtlich soll ich einen eigenen, wesentlich längeren Weg bekommen.

Um kurz vor fünfzehn Uhr verlassen Chris, Marcos und ich die Herberge und machen uns auf die Suche nach Essbarem. Dabei entdecken wir etwas, was zu meiner neuen Lieblingsspeise werden könnte: *empanadas*. Diese galicischen Hefeteigtaschen sind mit Tomaten, Paprika, Gewürzen sowie einer Hauptzutat wie Thunfisch, Krake, Hackfleisch, Chorizo oder Muscheln gefüllt und werden in *panaderías* verkauft. Sogar an der Kathedrale von Santiago finden sie sich wieder: Am berühmten Pórtico da Gloria verzehren zwei dargestellte Figuren *empanadas*. Da Chris und ich neugierig sind, kaufen wir gleich mehrere Sorten und fressen uns pappsatt. Marcos ist der lokalen Delikatesse, die in unterschiedlichsten Variationen die spanischsprachige Welt erobert hat, längst verfallen. Die sind so lecker, der absolute Wahnsinn.

Etwa zweieinhalb Stunden später laufen Marcos und ich zum Bahnhof, um unsere Bahnfahrten zu buchen. Für meine Rückfahrt habe ich von Seb einen wertvollen Tipp bekommen. Einer seiner Pilgerfreunde ist letztes Jahr mit dem Nachtzug von Santiago nach Madrid gefahren. Für mich die ideale Verbindung, denn mein Rückflug geht von Madrid nach Berlin.

»Touristenklasse, Komfortklasse oder erste Klasse?«, fragt mich der Mann am Schalter.

»Was ist der Unterschied?«, will ich wissen.

»Erste Klasse Einzelkabinen, Komfortklasse Zwei-Bett-Kabinen, Touristenklasse Vier-Bett-Kabinen.«

Wie bitte? Die günstigste Klasse hat vier Betten? Manchmal öffnet die Pilgerschaft einen die Augen. Ich meine, ich hätte auch die Pilgerklasse mit vierundfünfzig quietschenden Metallbetten gebucht, aber das Dreifache zu bezahlen, um in einer Bahn allein zu schlafen, erscheint mir doch mehr als lächerlich. Für knapp über siebzig Euro buche ich eine Nachtzugfahrt für den Samstagabend.

Abends hocken wir auf Chris' ausdrücklichen Wunsch im örtlichen Döner- und Asia-Laden. Diese Kombination habe ich das letzte Mal in Hettstedt, Sachsen-Anhalt, gesehen. Im Ernst. Übrigens zeigt das Stadtwappen von Hettstedt Jakobus den Älteren, genau, unseren Santiago. Bereits nach wenigen Minuten sind wir von lauter deutschen Gästen umzingelt, und prompt fühlt sich Marcos zum wiederholten Male wie ein Fremder im eigenen Land. Dabei sind seine linguistischen Fähigkeiten erstaunlich. Durch hartes Sprachtraining ist er bereits in der Lage, praktisch fließend Deutsch zu sprechen. Zu seinem Vokabular zählen »eins, zwei, drei«, »Katzensprung«, »danke«, »bitte«, »nicht gut« und »Socken aus und waten!« – Letzteres hat er Chris' und meinem Wanderführer entnommen. Auf der allerletzten darin beschriebenen Etappe von Fisterra nach Muxía gilt es, über im Wasser liegende Quadersteine einen Bach zu durchqueren. »Socken aus und waten!« eben. Blöd nur, dass er den Satz seit zwei Wochen beinahe täglich mehrmals wiederholt, obwohl er die Etappe gar nicht laufen wird. Leider. Wie bereits erwähnt hat er vor, am Donnerstagmorgen hierher zurückzukehren, um anschließend mit der Bahn nach Madrid zu seinen Eltern zu fahren.

Ich bestelle mir ein Lahmacun, wobei ich das Wort türkisch ausspreche. Ich bin gebürtiger Gelsenkirchener, in dieser Hinsicht kann man mir so leicht nichts vormachen. Die asiatische Bedienung versucht es trotzdem und korrigiert: »Lamakun.«

Lamakun? Meine junge, asiatische, dumme Gans. Wenn schon klugscheißen, dann bitte in die richtige Schüssel.

Je später der Abend, desto lebhafter und ausgelassener geht es in den engen Altstadtgassen zu. Aus den zahlreichen Bars und Restaurants ertönt Musik, Einheimische und Pilger vermischen sich zu einer fröhlichen Einheit. Am liebsten würden wir auf die restlichen Etappen pfeifen und uns vier Tage lang ausschließlich von Tapas und Rotwein ernähren. Aber wir fühlen, dass für uns der Camino noch nicht beendet ist.

Etappe 22: Monte do Gozo ⇨ Santiago de Compostela (5,1 km)

Montag, 21. September 2009

Heute Morgen teilt Chris Marcos und mir mit, dass sie die heutige Etappe etwas langsamer angehen und daher nachkommen wolle. Wir sollen schon mal vorlaufen. Na ja, denke ich, sie wird uns eh ziemlich schnell einholen. Als Marcos und ich um kurz nach sieben die Herberge verlassen, liegt Santiago noch im Dunkeln. An der Kathedrale vorbei geht es weiter nach Westen aus der Stadt. Heute möchten wir etwas früher ankommen als üblich, damit wir noch ausreichend Zeit zum Einkaufen und Kochen haben. Seit Tagen schon sprechen wir davon, abends gemeinsam zu kochen, aber entweder finden wir keine Küche vor oder können uns einfach nicht aufraffen. Kurz vor dem Ortsausgang verhindern wir durch Zuruf, dass sich zwei ältere deutsche Pilgerinnen verlaufen. Sie haben den blassen gelben Pfeil auf dem Boden übersehen.

Zunächst einmal müssen wir einen Waldweg auf und ab wandern, und absurderweise knicke ich häufiger um, je heller es wird. Da mir Marcos' heutiges Lauftempo mal wieder so gar nicht zusagt, trennen wir uns, und jeder läuft für sich. Ziemlich genervt vom permanenten Umknicken gelange ich auf eine asphaltierte Straße und bemerke, dass ich die Gummi-Schutzkappen für meine Wanderstöcke verloren habe. Die Gurttasche des Rucksacks ist nicht richtig geschlossen; bei einem meiner mäßig eleganten Knickse müssen sie wohl herausgekullert sein. Als ob das nicht schon blöd genug wäre, wird anschließend fast nur noch auf hartem Asphalt gelaufen. Und wenn nicht, geht es erneut durch einen der herrlichen Eukalyptuswälder, wo ich bei einem der heute zahlreichen Abstiege ausrutsche und mir gleichzeitig beide (!) Füße verdrehe. Dass ich trotzdem immer weiterlaufen kann, habe ich wohl den allmorgendlichen Dehnübungen zu verdanken. Melanie versuchte es mir bereits in Belorado einzutrichtern, geschafft hat es schließlich Marcos in Cacabelos: Jeden Morgen dehne ich Fuß-, Bein- und Armmuskulatur, um meinen Körper auf die stundenlange Beanspruchung vorzubereiten. Und ich kann nur sagen: Es hilft. Nur nicht gegen meine arg strapazierte Laune.

Nachdem die letzten Tage äußerst galicisch temperiert waren, erkämpft sich die Sonne nach und nach den Himmel zurück. So steigt nach dem *café con leche* in Ventosa (das zweite Dorf mit diesem Namen auf meinem Camino) mit den Temperaturen auch meine Laune. Gegen halb elf knallen mir die Sonnenstrahlen auf den Kopf, als wäre das Grau der letzten Tage nur ein böser Traum gewesen. Sowieso scheint das Klima Richtung Westgalicien milder zu werden, denn bald tauchen vereinzelt Palmengewächse am Straßenrand auf. Die heutige Etappe gestaltet sich sehr abwechslungsreich: Einige Straßenabschnitte werden von Esskastanienbäumen gesäumt, andere führen an weitläufigen Feldern entlang. Über eine steinerne, mehr als sechshundert Jahre alte Brücke überquert der Weg den Río Tambre. Genau dort steht heute ein knallroter, blankpolierter Ferrari. Braucht man den hier? Braucht man überhaupt einen? Fragen über Fragen. Anschließend geht es vorbei an dicht gewachsenen Maisfeldern und durch ein winziges Waldstück, das so unglaublich idyllisch und malerisch daherkommt, dass meine Endorphinproduktion in die Höhe schnellt. Über einen schmalen Wanderpfad gelange ich auf eine breite Landstraße. An einem Haufen ausrangierter Straßenschilder hole ich Marcos ein.

Noch deutlich vor dreizehn Uhr erreichen wir gemeinsam unser heutiges Etappenziel Negreira, und kaum dass wir fünf Minuten gewartet haben, stößt Chris zu uns. Sie ist völlig begeistert von der heutigen Strecke, und auch ich bin nach anfänglichen Problemen blendend gelaunt. Als wir gemeinsam die Kleinstadt durchqueren, beginnt es irgendwo in der Ferne zu donnern. Je weiter wir der Beschilderung zur Herberge folgen, desto lauter wird es. Schließlich bietet sich ein freier Blick auf den örtlichen Friedhof, und wir können beobachten, wie von dort aus unzählige Feuerwerkskörper in den Himmel geschossen werden. Es ist wahnsinnig laut. Zunächst vermuten wir so etwas wie eine Hochzeit oder eine Beerdigung. In der etwas abseits des Ortskerns liegenden Herberge erfahren wir den tatsächlichen Grund: In Negreira ist der 21. September ein

Feiertag, von daher werde auf einer kirmesartigen Veranstaltung ordentlich gefeiert. Und das mit dem Supermarkt könnten wir uns sowieso abschminken. Immerhin bekommen Chris und ich die letzten beiden Einzelbetten, Marcos einen Schlafplatz im Reservezimmer mit zwei Stockbetten. Auch Philipp, der Wiener, und Evelyn, die leichtfüßige Polin, sind schon da. Im Garten spricht mich eine junge Blondine an, die mich optisch vage an Jeanette Biedermann erinnert. Letzte Nacht hat sie in derselben *albergue* in Santiago de Compostela verbracht wie wir. Grund genug also, sich ein paar Phrasen um die Ohren zu dreschen.

Die *hospitalera* hier ist eine extrem spezielle Person. Völlig gleich, ob es nun um den Stempel, die Dusche oder das örtliche Hotel geht, sie brüllt. Einige Japaner haben hier per Taxi ihre Rucksäcke abgeladen, und nun wartet sie sichtlich nervös auf Besuch aus Fernost. Als sie meinen japanischen Pass sieht, brüllt sie mich auf Spanisch an, ob ich denn die beiden Japaner sei. Nein, antworte ich, denn ich bin ja nur einer. Und so vollgepackt wie die Rucksäcke aussehen, säße ich mit solchen Oschis auf meinem kümmerlichen Rücken immer noch in Logroño auf dem Kathedralvorplatz. Weinend. Hier schwirrt noch eine pummelige Japanerin herum, aber die ist auch nur eine und nicht zwei, und die *hospitalera* kommt aus dem Brüllen nicht mehr heraus. Hinterher, als ich im Obergeschoss auf meinem Bett liege und vor mich hin döse, darf ich akustisch der Ankunft unserer Taxi-Japaner beiwohnen. Auch von der brüllenden *hospitalera* lassen sie sich nicht davon abbringen, einige Worte mit der pummeligen Japanerin zu wechseln. Und das Gespräch ist selten doof:

Japaner: »Ah, Sie gehen den Jakobsweg.«

Japanerin: »Ja.«

Japaner: »Wir auch.«

Da wäre sie sicherlich nicht von allein draufgekommen.

Japanerin: »Ja. Und kommen Sie gerade auch aus Santiago?«

Japaner: »Ja. Zu Fuß.«

Japanerin: »Ja, wir auch.«

Ich überlege, ob ich mich als Trauzeuge anbieten soll.

Japaner: »Hier ist ja leider kein Bett mehr frei.«

Japanerin: »Ist ja auch klein hier. Aber schön. Schön ist es hier.«

Japaner: »Ja. Wir gehen wohl ins Hotel.«

Japanerin: »Ja, da gibt es ja ein Hotel.«

Japaner: »Dort unten (in der Stadt).«

Japanerin: »Ja.«

Japaner: »Na dann, vielen Dank.«

Wofür bedankt der sich jetzt?

Japanerin: »Bitte.«

Sie nimmt den Dank auch noch an. Herrlich.

Wenige Minuten zuvor durfte ich bereits einigen Schwaben lauschen, die mit der geringen Kapazität dieser Herberge überhaupt nicht klarkamen. Wie es denn möglich sei, dass nur zwanzig Betten bereitgestellt würden. Und dass man ja immer so früh aufstehen müsse, um noch eine Unterkunft zu ergattern. Verstehe einer dieses Gejammer. Wir sind hier doch nicht bei einem Sparurlaub! Ein Doppel- oder Dreierzimmer kostet hier zurzeit um die fünfundvierzig Euro. Wer sich nicht am Wettrennen beteiligen möchte, soll sich bitte nicht zu schade sein, der nicht ganz so wohlhabenden Region einige Euros mehr zuzustecken. Auch das Argument »Manche Leute haben das Geld – ich nicht!« ist lächerlich. Solche Sätze machen mich regelrecht wütend! Jede verdammte Nase, die hier herumlungert, konnte sich bereits ausführlich im Internet oder in diversen Publikationen über die Zustände auf den Jakobswegen rund um Santiago de Compostela informieren. Sich mit diesem Wissen ohne finanzielle Absicherung auf den Weg zu machen, ist eine Sache. Aber sich dann darüber auszulassen, dass es nicht genügend preisgünstige Betten für die verwöhnten westeuropäischen Unterhosenbügler gebe, finde ich schlicht beschämend. Wenn es ihnen nicht passt, sollen sie doch a) eine eigene Herberge eröffnen, b) zu Hause bleiben oder c) wenigstens den Mund halten, damit ich hier in Ruhe vor mich hin dösen kann. Danke.

Kurz darauf lerne ich einen wesentlich angenehmeren Zeitgenossen kennen: Martin aus Aschaffenburg. Noch eine Pilgerbekanntschaft, dessen Vorname mit M beginnt. Martin aus Aschaffenburg trägt grau meliertes, kurzes, gelocktes Haar und einen Vollbart; so stelle ich mir einen passionierten Wanderer vor. Er ist bereits einige Jakobswege gelaufen, etwa den Camino Francés, den Camino del Norte/de la Costa und die Vía de la Plata. Dieses Jahr hat er den ältesten noch erhaltenen Jakobsweg, den Camino Primitivo, hinter sich gebracht. Er erzählt mir, dass die Etappen dort nicht ganz so einsteigerfreundlich ausgeschildert und die einzelnen Etappen etwas lang seien, aber die Abgeschiedenheit habe er sehr genossen. Wie es sich wohl anfühlt, bei Melide plötzlich auf den völlig überfüllten Francés zu treffen? »Das kenn' ich ja schon«, antwortet Martin. Nach all der Einsamkeit tue etwas Gesellschaft ganz gut. Ihn hat das häufig zitierte Camino-Fieber mit voller Wucht gepackt. Die einen sagen, dass man den Camino erst wieder gehen solle, wenn der Glockenklang der Kathedrale von Santiago verhallt sei. Die anderen sagen, der Camino mache süchtig. Martin würde sich wohl eher der letzteren Aussage anschließen.

Als endlich etwas Ruhe einkehrt und ich völlig allein im Zimmer liege, sehe ich mir den schwingenden *botafumeiro* auf meiner Digitalkamera an. Ich war so unverschämt, sie während der Messe mitlaufen zu lassen. Das fünfeinhalb Minuten lange Video löst heftige Emotionen in mir aus. Klar war die Kathedrale mit Hunderten von Menschen vollgestopft, aber das Fass wurde nur für die Pilger, für uns geschwungen. Ein sensationelles Gefühl. Es kommt häufiger vor, dass ich nach einer anstrengenden Etappe abends im Bett liege und mir die Fotos ansehe, die ich über den Tag aufgenommen habe. Auf dem Camino prasseln an einem einzigen Tag mindestens genauso viele Ereignisse auf mich ein wie zu Hause in einer ganzen Woche. Wenn man ein Elefantengedächtnis besitzt wie mein Bruder, der sich detailliert an Ereignisse von vor dreißig Jahren erinnern kann, mag das kein Problem darstellen. Aber mir hilft die digitale Gedächtnisstütze ungemein, um überhaupt eine verlässliche Chronologie in die unzähligen Erinnerungen zu bringen.

Nachdem ich eine Weile im Bett gelegen habe, lockt mich die strahlende Sonne nach draußen in den Garten. Die Blondine von vorhin ist immer noch da und spricht mich sogleich an. Gegen einen kleinen Plausch habe ich nichts einzuwenden, sodass wir schnell ins Gespräch kommen. Jeanette heißt eigentlich Daisy, kommt aus dem sonnigen Kalifornien und hat Haus, Auto, Verlobten, Job hinter sich gelassen, um aus dem typischen Vorstadtalbtraum einer US-amerikanischen Vorabendserie auszubrechen und die Welt zu bereisen. Manchmal hat man nicht viel, auch wenn man alles zu haben scheint.

Abends hocken Chris, Marcos und ich in einer Bar, trinken Bier und schreiben unsere Notizbüchlein voll. Chris schreibt fast ausschließlich Dinge auf, die sie besonders bewegen oder beeindrucken. An Marcos' präzisen Zeichnungen erkennt man leicht den Architekturstudenten. Ich protokolliere praktisch alles, was mir auffällt – ob lustig, tragisch, banal, seltsam oder einfach nur neu. Nach wenigen Minuten gesellt sich eine ältere, sportliche Dänin zu uns. Annemarie ist einundsechzig und spricht neben Englisch auch ein winzig kleines bisschen Deutsch. Um Bier zu bestellen, deutet sie auf mein Glas und sagt der Frau hinter der Theke auf Deutsch: »Ich möchte auch so eins.« Wieso die Dänin auf Deutsch bestellt, bleibt mir ein Rätsel. Aber ihr Bier bekommt sie trotzdem. »Darf ich mich dazusetzen?«, fragt sie uns anschließend mit dänischem Akzent. Selbstverständlich darf sie das.

Wir plaudern ein wenig über die heutige Etappe. Nachdem sie ihr Bier geleert hat, verschwindet sie auch schon wieder; so unkompliziert laufen Begegnungen auf dem Camino ab. Kurze Zeit später stößt Daisy zu uns, und beim gemeinsamen Abendessen zu viert betrinke ich mich unbemerkt, aber hemmungslos mit dem *vino tinto de la casa*. Während wir so dasitzen und essen, redet sich Daisy wegen irgendetwas, was ich nicht mehr besonders bewusst mitkriege, in Rage. Da ich inzwischen recht benebelt bin, beginnt ihre Stimme schrecklich nachzuhallen. Irgendwie bin ich von der Guten etwas genervt, denn sie sabbelt und sabbelt und findet weder Punkt noch Komma. Es scheint um irgendetwas Gesellschaftspolitisches zu gehen, aber … interessiert das hier jemanden? Als wir später zur Herberge zurückkehren, informiert sie uns beiläufig, dass sie für heute Nacht noch keinen Schlafplatz habe. Okay, sie nimmt das Leben ganz schön locker, aber so richtig clever erscheint sie mir nicht.

»Kann irgendjemand von euch unten im Bad das Fenster öffnen?«, fragt sie uns. Sobald sich die *hospitalera* verabschiedet, möchte sie in die Herberge klettern und in der Lobby schlafen.

Chris und Marcos sträuben sich, ich allerdings sehe das Ganze eher entspannt, ich habe ja auch schon ordentlich einen im Tee.

»Wenn sie sich nicht rechtzeitig um einen Schlafplatz kümmert, ist das doch nicht unser Problem«, sagt Chris. Da hat sie natürlich nicht ganz Unrecht.

Nun ja, die *hospitalera* denkt gar nicht daran, sich zu verabschieden. Der Grund: Daisy hat ihren Rucksack in der Herberge stehen lassen, und bevor der nicht abgeholt wird, rührt sich die dicke, laute Spanierin nicht vom Fleck. Die Angelegenheit wird mir langsam zu kompliziert, also weise ich Daisy an, ihren Rucksack zu holen und sich hinterm Haus zu verstecken. Dort allerdings lernt sie innerhalb von drei Sekunden einen Österreicher kennen, der verrückt genug ist, sie bei sich im Zelt schlafen zu lassen. Dabei tendieren seine Englischkenntnisse gen null, und deutsche Wörter englisch auszusprechen macht noch lange kein Englisch. Ich jedenfalls bin froh, dass sich die Übernachtungsproblematik so schnell geklärt hat, und lege mich in mein Einzelbett. Binnämlichziemlichvoll.

Etappe 23: Santiago de Compostela ⇨ Negreira (22,1 km)

Dienstag, 22. September 2009

Da mir heute laut Wanderführer etwas über dreiunddreißig Kilometer ins Haus stehen, beschließe ich, die Etappe nach Olveiroa ruhig anzugehen. Sehr ruhig. Bevor es nach draußen geht, ziehe ich mir einen Kaffee aus dem Getränkeautomaten im Erdgeschoss rein. Noch vor sieben Uhr verlasse ich die Herberge. Schon merkwürdig, allein in die Dunkelheit zu laufen. Die erste Passage durch den Wald gestaltet sich als knifflige Angelegenheit, aber meine LED-Stirnlampe hält mich in der Spur. Hoffentlich treiben sich hier keine Wölfe herum. Leben in Spanien überhaupt Wölfe? Jedenfalls höre ich überall verdächtige Geräusche. Glücklicherweise stoße ich bald auf eine hell erleuchtete Schnellstraße, auf der ich etwa zehn Minuten bis nach Zas wandere. Noch schläft das kleine Dörfchen, und ich habe das Gefühl, durch eine exzellent gelungene Filmkulisse zu laufen.

Anschließend geht es erneut durch ein Waldstück. Diesmal aber muss ich nicht mehr meiner Stirnlampe vertrauen, denn der Morgen graut. Nebelschwaden verwandeln ferne Täler in mystische Seen, und die Eukalyptusbäume verströmen einen unvergleichlichen Duft, der mich immer weiter vorantreibt. Ab und an wird der Camino nun so schmal, dass ich mich frage, ob ich mich nicht verlaufen habe. Doch dann tauchen immer wieder mitten im Gebüsch die kniehohen Muschelwegweiser auf, und ich stapfe beruhigt weiter. Einmal durchquere ich sogar ein Maisfeld, der Weg führt einfach mittendurch. Eigentlich habe ich mit mehr Problemen gerechnet, aber ich komme erstaunlich gut voran.

Irgendwann um halb neun herum, kurz vorm Weiler Rapote, holt Marcos mich schließlich ein. Gemeinsam laufen wir bis zum typisch galicischen Dörfchen A Pena. Ältere Häuser, einige längst verlassen, langweilige Neubauten, Höfe und Ställe, *hórreos* – traditionelle längliche Kornspeicher auf steinernen Pfeilern –, eine Kirche, und dazwischen lauter verwinkelte Gassen. Ein offensichtlich geschäftstüchtiger Kneipier hat mit knallig roter Farbe »BAR« auf den asphaltierten Weg gepinselt. Marcos und ich sind uns sofort einig, dass das hier unsere heutige Café-con-Leche-Town ist, und hinterlassen Chris einen Zettel mit dem Hinweis: *»Hey Chris, we are in the bar! M + M«*. Anschließend folgen wir den roten Pfeilen zur Bar oben an der Schnellstraße, um uns ein Mini-Frühstück zu gönnen. Kurze Zeit später trifft Evelyn ein und bestellt sich eine stattliche Portion *huevos con bacon*, Eier mit Speck. Da die Kleine schon nach wenigen Minuten des Wartens ungeduldig wird, weist Marcos auf die junge Frau hin, die sich in der einsehbaren Küche einen abmüht. Vielleicht muss sie die Eier selbst legen. Jedenfalls bekommt unsere Polin nach einer respektablen Wartezeit endlich ihr Frühstück: Spiegeleier und, daneben sauber und ordentlich aufgereiht, drei knusprige Speckstreifen. »In Polen gibt es auch so etwas, aber wir matschen das alles zusammen«, klärt Evelyn uns fröhlich auf und lässt es sich schmecken. Ich starre meinen mickrigen Marmeladen-*tostada* an und überlege, ab morgen nur noch polnisch zu frühstücken. Chris scheint heute nicht mehr aufzutauchen, also beschließen Marcos und ich weiterzugehen. Just in diesem Moment taucht die pummelige Japanerin von gestern mit unserer Botschaft in der Hand auf und fragt Marcos, ob er Chris sei. Ach herrje, ist die Frau stumpf. Kann ihr mal jemand einen Eimer Wasser über den Kopf kippen? Kein Wunder, dass Chris nicht auftaucht. Wenn die Frau sich nicht sicher ist, wieso lässt sie die Nachricht nicht einfach liegen und übermittelt den Inhalt verbal? Nun steht sie mit dem Zettel in der Hand vor Marcos und kommt sich furchtbar doof vor. Dass sie das ist, brauche ich ihr dann auch nicht mehr zu sagen.

Anschließend läuft mir Marcos erwartungsgemäß mit Leichtigkeit davon. Aber ich lasse mich zu nichts hinreißen und schreite mit eiserner Disziplin meine Kilometer ab. Das liest sich schlimmer als es in Wirklichkeit ist: Traumhafte, weitläufige Felder und ein Wahnsinnswetter sorgen dafür, dass ich kaum Schmerzen geschweige denn Müdigkeit verspüre. Immer wieder erhasche ich einen Blick auf das Nebelmeer, das sich in einer Senke in der Ferne gebildet hat. Und was mir noch auffällt: Obwohl ich permanent an Feldern vorbeilaufe, habe ich keine Probleme mit meinem Heuschnupfen. Eine Weile geht es nur über Asphalt, und da ich weit und breit niemanden sehe, den ich stören könnte, benutze ich meine Stöcke eben ohne Gummikappen. Dafür verändere ich die Stocktechnik und stoße nicht mehr in den Boden, schließlich würde das auf Dauer meine Handgelenke zerlegen. Etwa zwanzig Kilometer habe ich bereits zurückgelegt, als ich an einer Schnellstraße in einer Bar einkehre. Vor dem Lokal sitzt ein bärtiger Bursche, der mit einem völlig überladenen Esel unterwegs ist. Während der Besitzer entspannt im Schatten sitzt, brät das arme Tier in der prallen Sonne und kann sich kaum noch auf den Beinen halten. Wofür das gut sein soll? Ich weiß es nicht. Wieder so ein Moment, in dem ich gerne fließend Spanisch sprechen können möchte. Am liebsten würde ich ihn fragen, wieso er das Tier leiden lässt. Ob es einen triftigen Grund gebe, eine Notwendigkeit, die keinen anderen Ausweg kennt. Ich weiß durchaus, dass ein Esel in der Lage ist, schwere Lasten zu tragen. Aber mir kann keiner erzählen, dass heutzutage noch irgendeiner mit einem Esel durch die Gegend wandern muss. Und dass Esel so etwas gerne tun, ist mal absoluter Bullshit, der aus jedem Tierquäler dezent rausgeprügelt gehört. Welches Tier wird gern überladen in der brütenden Hitze abgestellt, wohlgemerkt ohne Trinkwasser oder dergleichen? Zumindest die zwei Pilger, die dem Bärtigen Gesellschaft leisten, scheinen keinerlei Probleme mit der Situation zu haben. Einen *buen camino* wünsche ich den Dreien bestimmt nicht. Ich passiere sie grußlos, betrete die Bar, setze mich an die Theke und bestelle mir eine eiskalte Cola sowie eine Flasche Wasser. Im nächsten Moment betritt Annemarie die Bar, die ältere Dänin von gestern Abend. Wie Avril trägt auch sie ihr weißes Haar sportlich kurz. Natürlich erkennt mich die extrem fitte Dame sofort und setzt sich zu mir.

»Hast du den Esel gesehen?«, fragt sie mich.

»Ganz glücklich scheint der mir nicht zu sein«, antworte ich in einer Deutsch-Englisch-Mischung.

Sie stellt nüchtern fest: »Menschen denken nur an Folklore, es ist immer wieder dasselbe.«

Für etwa eine Stunde wandern wir Seite an Seite. Wie Avril denkt auch Annemarie viel über die bald anstehende Pensionierung nach. Die Dänin arbeitet als Berufsberaterin für Menschen mit Behinderung, beispielsweise zur Verbesserung ihrer Situation in einem bestehenden Arbeitsverhältnis. Einerseits könnte sie jetzt schon in Frührente gehen und zahlreiche Projekte in Angriff nehmen; Wünsche hat sie viele. Andererseits liebt sie ihren Beruf, und ihr fällt es schwer loszulassen.

»Vor Kurzem habe ich eine Assistentin zur Seite gestellt bekommen«, erzählt sie mir. »Sehr nett, ein liebes Mädchen, wirklich, aber sie ist – wie soll ich sagen? Bei mir muss es immer schnell gehen, zack, zack, zack, und sie«, sie beginnt plötzlich abzubremsen und in Zeitlupe zu gehen, »sie ist eben so. Un-er-träg-lich langsam.«

Darüber muss ich lachen.

»Das kann ich einfach nicht mit ansehen«, fährt sie fort, muss allerdings selbst lachen. »Ich werde dann ungeduldig und mache letztendlich eben doch lieber alles selbst. Aber das darf ich nicht. Ich muss endlich lernen, Verantwortung abzugeben. Und dazu ist der Jakobsweg doch perfekt, oder? Mehr Abstand geht nicht. Jetzt hat sie für sechs Wochen die volle Verantwortung.«

»Vielleicht lernt sie's ja endlich«, bemerke ich.

Sie lacht. »Oder ich komme zurück und sie hat den ganzen Laden an die Wand gefahren! Wir werden sehen.«

Nach einer Weile komme ich mir vor wie ihre Assistentin: Sie ist mir einfach viel zu fix auf den Beinen. Dabei ist sie mehr als doppelt so alt wie ich. Ich muss noch viel lernen. Aber sie weiß um ihr hohes Tempo und zeigt vollstes Verständnis.

»In Dänemark gibt es auch einen Fernwanderweg, den wollte ich als Training laufen. Aber nach ein paar Tagen ging nichts mehr, ich hatte solche Schmerzen. Einfach falsch gelaufen. Den Rest bin ich dann in drei Tagen mit dem Fahrrad gefahren. Ich habe meinen Sohn angerufen, der hat mir dann das Fahrrad gebracht. Das war kein Problem.«

Meine Güte, ist die hart. Aber ich habe ja noch dreiunddreißig Jahre Zeit, mich in Form zu bringen. Wir verabschieden uns, und sie saust atemberaubend schnell davon.

Ich lasse den Blick über die Landschaft schweifen. Auf saftig grünen Wiesen zwischen Feldern und Gehöften weiden zahlreiche Kühe; es sieht aus wie im Alpenvorland. Im Hintergrund erstreckt sich ein weiterer Stausee, der Embalse da Fervenza. Allein lässt es sich übrigens hervorragend rasten: Ich muss niemandem Bescheid geben, halte niemanden auf, bin zeitlich flexibel und darf, sooft ich will. Bis nach Olveiroa lege ich noch zwei Pausen ein, bevor ich um kurz vor sechzehn Uhr die Herberge des Etappenziels erreiche. Für die heutige Tagesetappe habe ich also ziemlich genau neun Stunden benötigt. Ich bin hochzufrieden mit meiner Disziplin und fühle mich blendend. Meine Laune steigert sich noch weiter, denn die Herberge gehört mit zu den schönsten des gesamten Camino. Für sie wurden drei Altbauhäuser tadellos saniert. Der steinerne *hórreo* in der Mitte setzt dem ganzen die Krone auf. Und dann der Empfang: Als ich um die Ecke biege, jubeln mir Chris und Marcos entgegen. In fabelhafter Hotelpoolliege-mit-Handtuch-Reservierungsmanier haben die beiden für mich ein Bett freigehalten. Wer solche Pilgergefährten hat, braucht nicht viel mehr zum Glück. Normalerweise bin ich ja ein Gegner dieser Reservierungstaktik, aber es macht schon einen Unterschied, ob jemand vier Betten freihält oder nur eins. Müßig, sich darüber Gedanken zu machen, denn es sind sowieso noch einige Betten frei. Ich vermute mal, dass sich viele Pilger nach der gestrigen Bettenschlacht in den Bus nach Fisterra gesetzt haben. Auch Daisy sehe ich nirgends. Dafür schläft in unserem Sechs-Bett-Zimmer neben Chris, Marcos und Evelyn auch noch Annemarie – natürlich.

Zwei weitere bekannte Gesichter sind seit gestern mit uns unterwegs: Die beiden Jungs vom Kilometerstein hundert laufen ebenfalls ans Meer.

Ich weiß, dass ich in Deutschland aufgewachsen bin und nicht alle so penibel und akribisch arbeiten wie die Deutschen. Ich weiß, dass meine Eltern aus Japan stammen und nicht alle so penibel und akribisch arbeiten wie die Japaner. Aber noch nie habe ich ein Land erlebt, in dem achtzig Prozent aller Türen einen Defekt aufweisen. Ein Claimvorschlag an die spanische Tourismusbehörde: Spanien, das Land der defekten Türen. *España, el país de las puertas rotas.* Sie klemmen, schließen nicht richtig oder haben defekte Schlösser, sodass sie nicht abgeschlossen werden können. Besonders herrlich, wenn man auf dem Pott hockt, und plötzlich öffnet sich die Tür in Zeitlupengeschwindigkeit. Mit Geduld und Sachverstand, vielleicht auch ein wenig Liebe, sollte es doch möglich sein, eine Holzplatte passend zu einem Loch in einer Wand zuzusägen. Als Handwerker in Spanien reibungslos funktionierende Türen anzubieten scheint mir eine exorbitante Marktlücke zu sein, deren Schließung sicherlich Millioneneinnahmen garantieren würde.

Chris, Marcos, Evelyn und ich haben es uns auf der Barterrasse gegenüber der Herberge bequem gemacht. Um etwa siebzehn Uhr, so steht es auf einem Zettel an der Rezeption, möchte der *hospitalero* vorbeischauen, Stempel verteilen und Geld kassieren. Bis dahin sind es noch wenige Minuten, und schon stehen all die Österreicher und Deutschen in Reih und Glied vor dem Haupthäuschen der Herberge. Marcos meint nur trocken: »Bevor nicht alle gezahlt haben, wird der *hospitalero* sowieso nicht abhauen. Es macht überhaupt keinen Sinn, sich extra anzustellen und minutenlang zu warten!« Er hat Recht, und nach gut zwanzig Minuten sehen es die Österreicher und Deutschen genauso. Erst mit reichlich Verspätung taucht schließlich eine *hospitalera* auf. Lustigerweise ist es tatsächlich unser Stararchitekt Marcos, der sie versehentlich ewig warten lässt: Er zahlt als Letzter.

Apropos warten. Evelyn, Marcos und ich bestellen uns etwas zu essen. Aber nur Marcos bekommt sein Abendmahl serviert; Evelyn und ich müssen warten. Währenddessen werden wir vom Nachbartisch beschallt, an dem vier Deutsche und ein Österreicher sitzen. Sie reden unglaublich viel Scheiße. Dabei unterscheide ich streng zwischen Nonsens und Dummheit, und mit Verlaub, die brüsten sich geradezu mit Letzterem. Ich will weghören, aber ich kann nicht. Mir möchte sich gerade absolut nicht erschließen, wie man vier Wochen durch Spanien wandern kann, ohne die Bedeutung des Wortes »*naranja*« zu erfahren. Vor allem ein Jugendlicher erweist sich als echte Juxrakete. Seine Sprüche sind so schlecht, unfassbar. Ich vermute, dass mein Hunger die Wirkung noch verschlimmert.

Eine halbe Ewigkeit später bekommt Evelyn zumindest ihren Salat. Danach kommt dann aber überhaupt nichts mehr, weder Evelyns Kaffee noch mein Hamburger mit Pommes. Also gehen wir beide zur Theke und fragen die junge Dame, die dahinter sitzt und in einer Zeitschrift blättert, ob sie den Kaffee und den Burger vergessen habe. Ja, hat sie. Den Kaffee können wir gleich mitnehmen, den Burger bekomme ich nach einer weiteren halben Ewigkeit. Und die Pommes? »Pommes?«, fragt sie mich, als hätte ich ihr eine Wahnsinnsfrage gestellt. Ja, die bekomme ich dann nach einer weiteren halben Ewigkeit, schon die dritte halbe Ewigkeit, die ich warte. Inzwischen ist es draußen fast dunkel. Schnauze voll, ab ins Bett, morgen geht es ans Meer.

Etappe 24: Negreira ⇨ Olveiroa (33,2 km)

Mittwoch, 23. September 2009

Ich wache auf. Es ist kurz nach drei Uhr. Irgendetwas hat mich gestochen. Ich nehme die Ohrstöpsel heraus und höre etwas, was in diesem Moment niemand hören möchte, aber wahrscheinlich jeder kennt: »Müüüüüüüü.« Aaargh, eine Mücke! Ich *hasse* Mücken! Besonders hörbare und spürbare, aber unsichtbare Mücken. An Schlaf ist jetzt nicht mehr zu denken, also verlasse ich das Gebäude und trete auf die Straße. Und, oha, ich bemerke Veränderungen an mir. Vor dem Camino wäre ich ganz sicher ausgerastet, ich kleiner Choleriker, aber jetzt, da mir die kühle galicische Nachtluft um die Nase weht, denke ich mir: Ach, scheiß auf die Mücken, die machen auch nur ihren Job. Merkwürdiger Gedanke.

Die Herberge ist wirklich wunderschön gestaltet und wirkt durch die orangefarbene Straßenbeleuchtung wie eine detaillierte Rekonstruktion für ein Freilichtmuseum. Bei der Illumination des *hórreo* haben sich die Macher eines bewährten Prinzips bedient: Bodenstrahler erzeugen bei steinernen Bauwerken einfach den besten Effekt. Meistens zumindest. Aus den zahlreichen offenen Fenstern höre ich einige Pilger schnarchen. Zwei kleine Hunde trippeln aus der Richtung der Bar direkt auf mich zu. Das passt mir eigentlich überhaupt nicht, denn wie bereits erwähnt mag ich keine Hunde. Seit frühester Kindheit trage ich eine latente Angst vor ihnen mit mir herum. Dabei spielt es überhaupt keine Rolle, ob es sich um wolfsähnliche Kampfhunde oder um kleine, putzige Wollknäuel handelt. Diese beiden jedenfalls haben wohl überhaupt nicht mit mir gerechnet, denn die knuffigen Mischlinge – einer schwarz, einer weiß – starren mich ebenso verdutzt an wie ich sie. Scheinbar ist der schwarze der Entschlussfreudigere von beiden, denn er sucht nach wenigen Sekunden Bedenkzeit das Weite. Der weiße fühlt sich ein wenig allein gelassen und ist etwas verunsichert. Zunächst blickt er seinem feigen Freund hinterher, anschließend mich an. Es folgt ein vorsichtiges »Knurrrr«. Ich glotze ihn an und rühre mich nicht vom Fleck. Jetzt wird er ein wenig forscher und bellt einmal kräftig. Keine Reaktion meinerseits, nur Schnaufen und Husten aus den Schlafräumen um uns herum. Irgendwann wird's dann auch einem Hund langweilig. Der Kleine wendet sich von mir ab und trippelt einige Meter in die Richtung, in die sein Kamerad verschwunden ist. Dann bleibt er stehen, dreht sich skeptisch um und blickt mich an. Nach wenigen Sekunden trippelt er einige Meter weiter, dreht sich sicherheitshalber noch einmal um und glotzt mich schon wieder an. Für einen streunenden Hund ist er aber ziemlich menschlich. Schließlich verschwindet er um die Ecke, und ich frage mich, was es mit meiner Hundeabneigung auf sich hat. Da ich eine ausgeprägte Lärmphobie habe, behagen mir bellende Hunde nicht. Logisch. Katzen können miauen wie sie wollen, besonders laut wird es nur, wenn sie sich gegenseitig bepöbeln und anfauchen. Als kleines Kind wurde ich von einem riesigen Köter urplötzlich furchtbar laut angebellt. Ich habe mich extrem erschrocken, und ich erinnere mich noch genau, wie der Hundehalter und seine Uschi mich ausgelacht haben. Seitdem gehe ich Hunden grundsätzlich aus dem Weg, ich habe eine regelrechte Abneigung gegen sie entwickelt. Jetzt fällt mir noch etwas ein, was mir meine Eltern vor Ewigkeiten einmal erzählt haben. Als ich noch ein Baby war, wohnte über unserer damaligen Wohnung in Gelsenkirchen ein Hundehalter. Dessen Haustier soll wirklich schlimm gewesen sein, denn es bellte und bellte wie ein Verrückter. Jetzt soll mir hier keiner kommen mit »Hunde sind immer lieb, und wenn sie doof sind, dann nur wegen falscher Erziehung«. Tut mir leid, aber wenn ein Hund falsch erzogen wurde und sich zu einem Bastard entwickelt hat, dann ist der Hund eben doof. Saddam Hussein wurde bestimmt auch irgendwie falsch erzogen. Auf jeden Fall mussten mein Bruder und ich als Kleinkinder wohl das permanente Bellen dieses Saddam-Hundes ertragen. Zumindest an mir scheint es nicht spurlos vorbeigegangen zu sein, sodass ich heute Hunden möglichst aus dem Weg gehe. Nur bei extrem lieben Hunden, etwa von Freunden, kann ich mich überwinden.

Nebenbei bemerkt bringen mich diese besonders militanten

Hundehalter zur Weißglut. Von denen können sich dann alle, die nicht gleich mit Hunden ins Bett gehen, anhören, was für abgrundtief schlechte Menschen sie doch seien. Ja, als ob Hundeliebe die Moralvorstellungen eines Menschen definiert. Lächerlich. Aber dann schön Auto fahren, Zigaretten rauchen, baden, grillen, was weiß ich. Mit Hunden ist es im Grunde wie mit Menschen: Manche mag man, manche nicht. Ich projiziere wohl meine Verachtung gegenüber doofen Hunden auf alle – oder noch schlimmer, die Abneigung gegenüber doofen Hundehaltern. Ergo macht der Satz »Ich mag Hunde« ebenso wenig Sinn wie die Aussage »Ich hasse Hunde«. Ich mag einige wenige Hunde, und die vielen doofen eben nicht. Wieder einmal eine Notiz an mich. Am besten, ich leg' mich wieder hin.

Ich wache das zweite Mal auf. Scheint sich ordentlich bedient zu haben, die verfluchte Mücke. Es ist noch dunkel, als Marcos und ich die Herberge verlassen und uns auf Marcos' letzte, meine vorletzte Etappe machen. Richtig melancholisch und traurig will es allerdings nicht werden, denn erstens haben wir noch den ganzen Tag vor uns, und zweitens ist es gerade saukalt. Relativ optimistisch gehen wir die heutigen knapp zweiunddreißig Kilometer bis Fisterra an. Am Ortsausgang müssen wir aber erst einmal genau hinsehen, wo es langgeht. Nur dank eines wachsamen Paares, das zunächst mit uns läuft, entdecken wir den versteckten Weg in der Dunkelheit. Bis nach Hospital geht es anderthalb Stunden durch eine märchenhafte Hügellandschaft, hier und da von zaghaftem Nebel umspielt, während auf der rechten Seite die aufgehende Sonne die Hügelketten in prächtige Rottöne taucht. Als wir schließlich die völlig einsam und abseits des Ortes an einer breiten Straße gelegene Bar von Hospital erreichen, strahlt die Sonne vom Himmel wie auf einem Postkartenmotiv. Da die Bar das einzige Lokal weit und breit zu sein scheint, sind die Preise kräftig gesalzen – was man von den angebotenen Speisen nicht behaupten kann. Natürlich hockt Evelyn vor dem Lokal und isst eine *tarta francés con cho-*

rizo, ein Eieromelette mit Paprikawurst. Da muss ich nicht lange überlegen, ich bestelle mir auch so ein Ding.

Philipp, der Wiener, ist nun mit seinem verrückten Landsmann Helmut unterwegs, bei dem Daisy in Negreira im Zelt geschlafen hat. Von der Dame ist allerdings nichts zu sehen. Am besten, ich stelle keine unangenehmen Fragen. Helmut trägt einen tollen Trachtenhut und ist praktisch immer gut gelaunt. Heute ist sein letzter Wandertag, weshalb er sich erst einmal um neun Uhr morgens ein Bier reinhaut. Chris, die Marcos und mich eingeholt hat, findet das ziemlich unglaublich, obwohl sie wie ich aus dem Ruhrgebiet stammt und das obligatorische Morgenbier kennen müsste.

Nach dem reichhaltigen Frühstück fühle ich mich großartig, regelrecht vollgetankt mit Energie. Trotzdem bleibe ich noch ein wenig sitzen, während Chris und Marcos bereits aufbrechen. Kein Problem für mich. Die heutige Etappe werde ich mit der nötigen Gelassenheit und einem angemessenen Lauftempo angehen. Ich möchte ein bisschen für mich sein und die letzten Wochen Revue passieren lassen.

Ohne Probleme meistere ich die anschließenden rund elf Kilometer bis Os Camiños Chans, die so abwechslungsreich sind wie kaum ein anderer Teil des Camino. Zunächst geht es über Feld- und Wanderwege, flankiert von kräftigen Farben, endlosen Baumkulturen und weiten, saftigen Wiesen. Irgendwann, mitten im Grün, passiere ich die Kapelle Nosa Señora das Neves (spanisch: Nuestra Señora de las Nieves) aus dem achtzehnten Jahrhundert. Mein Wanderführer weiß von der Legende zu berichten, dass die nahegelegene Wasserquelle »gut für stillende Frauen und Muttertiere« sein soll. Ich als Texter rate bei dem Wort »gut« eher zur Vorsicht, denn ein »gutes« Angebot kann dich am Ende des Tages in Grund und Boden planieren. Gegenüber der Kapelle auf einem kleinen Rastplatz begegne ich Annemarie, die heute ausgeglichen und entspannt wirkt. Sie eröffnet mir, dass sie heute nicht nach Fisterra laufen werde. Sie sei viel zu früh dran und werde deshalb eine ungeplante Übernachtung in Cee, einem Küstenort etwa zwei

Stunden von hier, einlegen. Also verabschieden wir uns, wahrscheinlich für immer, und ich setze meinen Weg fort.

Tja, so ist das hier auf dem Camino: Manche Wege kreuzen sich und gehen wieder auseinander, andere verlaufen einfach parallel und begegnen sich nie. Wiederum andere treffen sich immer wieder, mal häufiger, mal seltener. Man hört und liest ja in praktisch allen Publikationen zum Thema Jakobsweg, dass der Camino Parallelen zu allen möglichen Bereichen des Lebens oder gar zum Leben selbst aufweise. Ich kann die Aussage im Prinzip so bestätigen, allerdings tue ich mich mit der einen oder anderen Plattitüde extrem schwer. Schließlich könnte ich das Leben auch, sagen wir mal, mit einer Currywurst vergleichen. Zu Beginn einer Currywurst wird ebenfalls etwas durchgeschnitten, die ersten Stücke sind besonders zart und schmackhaft, aber dann kommt so langsam die Schärfe, irgendwann ist zu wenig Soße da, es wird trockener und trockener, und am Ende bleibt halt nichts übrig. Außer vielleicht die Pommes, die man bestimmt auch noch mit irgendetwas vergleichen kann. Willkommen im Land der Binsenweisheiten. Wenn wir schon dabei sind: Wie immer und überall muss man sich auf dem Camino seine Gefährten mit Bedacht aussuchen. Erstens trägt nicht jeder Pilger, der lächelnd auf dich zukommt, einen tadellosen Charakter mit sich. Zweitens ist es genauso wenig möglich, mit jeder liebgewonnenen Bekanntschaft zusammenzubleiben, wie mit tausend Menschen gleichzeitig befreundet zu sein. Wie oft denkt man im Leben: Hätte ich doch mehr Zeit für all meine Freunde. Und genauso denkt man auf dem Camino häufig: Können wir nicht alle einfach in einer einzigen großen Gruppe täglich dieselben Etappen laufen? Natürlich nicht. Auch wenn es sich etwas gefühlskalt liest: Man ist nur den besten Freunden verpflichtet. Alle anderen sind mehr oder weniger gute Bekannte, denen ich mehr oder weniger Zeit widmen kann, wenn ich es wünsche. Schließlich sollte man am Ende des Tages auch noch einige Minuten für sich beanspruchen. Als ich mich von Avril, Melanie und Michelle trennte, wusste ich bereits, dass sie aus vielerlei Gründen nicht in den engsten Freundeskreis vorstoßen werden. Ergo fokussierte ich mich auf meine Wünsche und Bedürfnisse. Im Nachhinein hat sich die Entscheidung als absolut richtig herausgestellt, mehr noch, sie war eine der wichtigsten Entscheidungen meines Weges. Und das ist auch der Grund, weshalb ich mich in der Prioritätensetzung weit über den Camino hinaus ermutigt und bestätigt fühle, was meine Freunde betrifft. Ob sich einige meiner Pilgerbekanntschaften als echte Freunde oder maßlose Enttäuschungen entpuppen, wird die Zeit zeigen. Jeder Mensch ist einzigartig, und jede Begegnung eine Möglichkeit, eine weitere schmerzhafte Trennung zu erleben. Aber die Zeit dazwischen ist das, was uns antreiben sollte. In allen Lebenslagen.

Immer kräftiger weht mir der kaum merklich salzige Meereswind entgegen, und ich fühle mich völlig betäubt. Keine Schmerzen mehr, nur noch pures Glücksgefühl. Über mir strahlt die Sonne am wolkenlosen Himmel, weit und breit ist keine Menschenseele zu sehen, und jede Gefühlsnuance wird tausendfach potenziert. Links von mir erstreckt sich eine sagenhafte Sicht, ich bin so unglaublich froh, den blöden Führerschein in Hamburg vergessen zu haben. Schließlich erklimme ich den letzten Hügel, bevor es gut zweihundertsechzig Meter steil hinunter zur Küste geht. Mit einem Schlag eröffnet sich mir der Augenblick, der Moment, der allen Mühen, allen Anstrengungen, allen Schmerzen einen Sinn gibt. Ich stehe da, für einige Minuten unwillig, ja unfähig mich zu bewegen, und sauge den bombastischen Ausblick in mich hinein. Vor mir erstreckt sich die gesamte Bucht, die Landzunge mit den Orten Corcubión und Vilar, die ich noch zu durchqueren habe, die langgezogene Halbinsel von Fisterra bis zum Leuchtturm, der immer noch satte siebzehn Kilometer entfernt liegt, und die Unendlichkeit des Atlantiks. Ich bin von Logroño bis zum Atlantik *gelaufen*, schießt es mir durch den Kopf. Die Gefühle, die mich übermannen, sind kaum zu beschreiben und einfach zu heftig.

Völlig beseelt schwebe ich gen Tal nach Os Camiños Chans.

Natürlich erwarten mich in der allerersten Bar des Ortes Chris, Marcos und Evelyn. Ich beginne meine Pause, Chris und Marcos ziehen weiter. Nachdem auch Evelyn losmarschiert ist, hocke ich allein vor der Bar, lasse mir die pralle Sonne auf die Stirn knallen und blicke aufs Meer. Über siebenhundert Kilometer habe ich nun zurückgelegt, das ist in etwa die Entfernung von Hamburg nach München. Zu Fuß. Man stelle sich das vor: Im Mittelalter sind die Pilger den ganzen Weg auch wieder zurückgelaufen. Wie hart ist das bitte? Nach wenigen Minuten zieht es mich weiter, ich kann nicht still sitzen bleiben, dafür schießen mir im Moment zu viele Glückshormone durch den Körper. Also trotte ich bald durch die schattigen Gassen von Os Camiños Chans und Cee; vor einer Pension sehe ich Annemarie das letzte Mal. Durch sie und Avril wurde mir vor Augen geführt, dass wir in der Jahrtausende andauernden Menschheitsgeschichte zu den allerersten Generationen gehören, die mit über sechzig Jahren neue Lebensziele und Vorhaben in Angriff nehmen können. Ist das Leben zu kurz, oder brauchen wir alle einfach mehr Mut? Auf jeden Fall möchte ich mit achtzig diesen Weg noch einmal gehen. Mein Opa hat sich mit neunundsiebzig einen PC gekauft und sich dieses »Internet« beigebracht, mit vierundachtzig einen Traktor, um Traktorfahren zu lernen. Ergo schwimme ich zumindest in einem aussichtsreichen Genpool.

Die Beschilderung innerhalb der Ortschaft lässt extrem zu wünschen übrig. Plötzlich sind sie weg, die gelben Pfeile. Vor drei Wochen wäre ich stinksauer gewesen, mittlerweile tangiert mich so etwas eher null. Dann schlendere ich eben ohne Wegweiser weiter, verirren kann ich mich hier eh nicht. Im nächsten Moment stehe ich vor einer Postfiliale. Wie praktisch, trage ich doch seit Santiago de Compostela eine Postkarte für meine beste Freundin Carina mit mir herum. Die Karte wiegt mindestens anderthalb Gramm! Freundlich lächelnd bietet mir die Dame hinterm Tresen an, die Karte gleich dazulassen, was ich persönlich in einer Postfiliale nicht unbedingt für eine bahnbrechende oder extra erwähnenswerte Serviceleistung halte. Nun gut, die Karte bin ich schon mal los.

Dass sie so lädiert aussieht, kann ich ja dann der Post in die Schuhe schieben; muss ja niemand wissen, dass ich sie drei Tage lang in meiner Hüfttasche durch die Gegend getragen habe.

Und weiter geht's. Die äußerst grobe Karte im Wanderführer sagt mir, ich solle an der Bucht entlanglaufen. Ich halte das für einen sinnvollen Vorschlag und halte mich daran. Tatsächlich, wie aus dem Nichts sind die Wegweiser wieder da. Und wieder weg. Und wieder da. Verwirrend. Egal, ich starre eh nur noch auf die traumhafte Bucht von Corcubión mit den unzähligen Fischerbooten und Segelyachten. Alles wirkt wie ein zum Leben erwachtes, kitschiges Aquarellbild. Eine ganze Grundschulklasse kommt mir entgegengelaufen, es wird eng auf dem Bürgersteig. Einige der Kids grüßen mich mit einer Selbstverständlichkeit, wie ich sie von Gleichaltrigen nirgends erlebt habe.

Nach anderthalb Kilometern stehe ich mitten in Corcubión vor einer kleinen Kirche. Einmal mehr schaue ich mich orientierungslos nach einem Wegweiser um. Und schon wieder geschieht etwas, was mir auf dem gesamten Camino nicht passiert ist: Mir hilft ein Städter! Während Einheimische in Dörfern eher gewillt sind, uns Pilger anzusprechen, werden wir in Städten ab zweitausend Einwohnern weitestgehend ignoriert. Besonders in Großstädten, denn dort haben die meisten Menschen andere Sorgen als sich Sorgen um andere zu machen. Streng genommen wohnen in Corcubión selbst keine zweitausend Menschen, aber die drei Siedlungen Os Camiños Chans, Cee und Corcubión hängen aneinander und umschließen die Bucht von Corcubión. Insgesamt kommen sie auf etwa zehntausend Einwohner. Jedenfalls ruft mir ein junger, adrett gekleideter Herr von seinem Balkon aus zu, wo ich entlangmuss. Ich freue mich über den Hinweis, bedanke mich und ziehe weiter. Den Rest erledigt ein silbergrau gestreifter Kater, dem ich eine Weile beim Aufstieg nach Vilar folge. Nachdem wieder in regelmäßigen Abständen Pfeile und Muschelwegweiser auftauchen, dreht er sich noch ein letztes Mal zu mir um, bevor er unter einem Holzzaun hindurchschlüpft und verschwindet. Passiert das hier gerade wirklich? Zur Sicherheit nehme ich einen großen Schluck Wasser.

Über eine asphaltierte Straße verlasse ich das Dörfchen auf der Anhöhe und gelange auf eine Kreuzung, an der ein knallgelbes Gebäude steht. Auf einem Schild oben am Fenster lese ich: »Club Copacabana II«. Das wirft doch gleich mehrere Fragen auf. Erstens: Wer baut hier oben auf einem Hügel einen Club, der einen solch frivolen Namen trägt? Zweitens: Gab oder gibt es irgendwo einen »Club Copacabana I«? Drittens: Existierte ein fundierter Businessplan, der diesen Standort rechtfertigt? Jedenfalls scheint der Laden dichtgemacht zu haben. Einige Meter weiter steht ein Haus ohne Inhalt. Als hätte jemand das Innenleben entfernt und die Außenwände vergessen. Auf dem stark verblassten Schild an der Frontfassade ist lediglich das Wort *»puerta«* zu erkennen. Vielleicht wohnte und arbeitete hier der letzte spanische Türmachermeister. Unten in Cee erzählt man sich noch heute, er habe die besten und passendsten Türen Spaniens gefertigt. Mit ihm starb das Wissen, und seitdem klemmen in ganz Spanien die Türen. Wat weiß ich.

Über einen schmalen Waldweg gelange ich auf die andere Seite der Landzunge. Auf einer Schnellstraße sowie parallel verlaufenden Schotterwegen passiere ich Estorde und Sardiñero Debaixo. Mittlerweile kann ich fast durchgehend aufs Meer hinausschauen, der Anblick ist einfach schwindelerregend. Und dann dieses Wetter. Ich töne ja gerne, dass ausschließlich diejenigen übers Wetter reden würden, die ansonsten überhaupt nichts zu sagen hätten. Aber wenn ich den heutigen Tag betrachte, dann ist das Wetter so unglaublich wichtig, meine Güte, derselbe Tag bei heftigem Niederschlag und frontalem Wind, ich würde kotzen oder heulen, eventuell sogar beides. Unter mir erstreckt sich ein nahezu menschenleerer Traumstrand, nur zwei winzige Figürchen haben sich hierher verirrt.

Wenige Minuten später, es ist kurz nach drei, treffe ich auf meine wartenden Gefährten Chris und Marcos. Von Evelyn fehlt allerdings jede Spur. Die beiden haben sie nicht vorbeikommen sehen, und ich habe sie seit Os Camiños Chans nicht überholt. Also entweder hat sich die Gute verlaufen, oder sie hängt in irgendeiner Bar und pfeift sich eine polnische Kleinigkeit wie Spanferkel mit Ofenkartoffeln rein. Wie dem auch sei, wir beschließen, den zwei Kilometer langen Traumstrand Praia da Langosteira barfuß zurückzulegen. So kommt Marcos doch noch zu seinem »Socken aus und waten!« Wenige Minuten später stößt endlich auch Evelyn zu uns, die sich komplett verlaufen und einen riesigen Umweg hinter sich hat. Aber sie strahlt wie immer, zieht sich die Wandersandalen aus und reiht sich in unseren Gänsemarsch ein.

Gemeinsam laufen wir durch die Wellen und suchen Jakobsmuscheln. Ich finde zwei winzige, dazu jeweils eine schöne Ober- und eine Unterschale. Marcos möchte zwölf winzige Schalen für seine Verwandten und Freunde finden. Chris legt erst einmal ihr Gepäck ab und springt in die eiskalten Fluten. Jetzt muss sie nur noch ihre Pilgerkleidung verbrennen und den Sonnenuntergang betrachten, um laut Legende als neuer Mensch zu erwachen. Ich sage ihr gleich, dass wir sie so behalten wollen, wie sie ist, was sie natürlich freut. Es sind mit Abstand die schönsten zwei Kilometer des gesamten Camino. Über uns strahlender Sonnenschein, um uns herum eine erfrischende, leicht salzige Brise. Die geschundenen Füße graben sich in den feinen Sand, um sie herum tanzen von Wellen getrieben winzige wie stattliche Muscheln und Schnecken. Zudem haben sich heute nur wenige Menschen hierher verirrt, dabei liegt der Strand direkt vor dem Ort San Martín. Glücklich und zufrieden – und wann war ich das bitte das letzte Mal? – erreichen wir Fisterra, unser heutiges Etappenziel. Mehr als eine Stunde haben wir olle Trödler für die zwei Kilometer gebraucht. Enttäuscht stellt Marcos fest, dass er nur zehn Mini-Schalen finden konnte. Ihm fehlen genau zwei. Genau die zwei, die ich gefunden habe. Da uns der Camino schon den gesamten Tag über die Zufälle um die Ohren haut, überreiche ich Marcos meine. Er ist glücklich. Ich bin glücklich. Chris ist klitschnass.

Als wir um ziemlich genau siebzehn Uhr die örtliche Herberge erreichen, rechnen wir fest damit, uns heute in einem Hostel einquartieren zu müssen. Aber fragen kann man ja mal. Außerdem bekommen alle Pilger, die bereits die Compostela besitzen und zu Fuß, per Fahrrad oder zu Pferde nach Fisterra kommen, in der Herberge die Pilgerurkunde Fisterrana. Passend dazu gibt es an meinem morgigen Etappenziel Muxía das Pendant Muxiana. Während ich auf meine Urkunde warte, stelle ich meine Stöcke in die Ecke und lasse erst einmal alles sacken. Was für eine unglaubliche, grandiose, spektakuläre Etappe. Schnell steht fest, dass sie nicht mit einer langwierigen Schlafplatzsuche enden wird: In der Herberge sind noch etwa sieben Betten frei. Das war wieder einmal äußerst knapp. Bei *dem* Glück, das wir heute haben, sollten wir vielleicht bei der spanischen Lotterie mitmischen. Während sich Evelyn für ein separates Abendprogramm entscheidet, besorgen Chris, Marcos und ich uns aus dem Supermarkt Zutaten für *bocadillos* sowie sechs Dosen Estrella Galicia, leckeres galicisches Bier. Anschließend trotten wir in einer langen Pilger- und Touristenkolonne die knapp drei Kilometer zum Leuchtturm am Cabo Fisterra. Wenige Meter davor steht der allerletzte Kilometerstein des Camino a Fisterra mit der Kilometerangabe »0,00«. Wie praktisch, dass in diesem Moment unser persönlicher Camino-Fotograf und Lieblings-Wiener Philipp auftaucht. Er scheint sich auf Zielfotos spezialisiert zu haben; so knipst er nach unserem Gruppenfoto vor der Kathedrale von Santiago auch dieses vor dem Nuller. Ein völlig absurder Zufall, aber er passt zum heutigen Tag voller denkwürdiger Ereignisse.

Bevor wir uns der Aussicht widmen, lassen wir uns im Leuchtturm unsere Pilgerpässe abstempeln. Danach hocken wir uns auf einen Felsen hoch über den tosenden Atlantikwellen, basteln uns bei Windstärke zehn mit viel Mühe unsere *bocadillos* und lassen uns das kühle Bier schmecken. Neben Philipp hat sich auch Martin aus Aschaffenburg eingefunden, der den Sonnenuntergang von Fisterra bereits zum zweiten Mal erleben darf. Vor uns erstreckt sich der

Atlantische Ozean, so gewaltig und unendlich, dass ich mir sehr gut vorstellen kann, weshalb die Menschen weit vor unserer Zeit diesen Ort als *finis terrae*, als Ende der Erde betrachteten. Als die Sonne schließlich untergeht, wird der gesamte Horizont in rötlich schimmerndes Licht getaucht. Völlig unmöglich, den Moment auch nur annähernd in würdige Worte zu fassen.

Irgendwann zwischendurch muss crazy Daisy zu uns gestoßen sein, denn sie sitzt neben mir und redet nicht. Hat Helmut, der zeltende Österreicher, sie doch nicht verputzt. Schön. Nachdem die Sonne untergegangen und die Touristenschar verschwunden ist, taucht eine junge, rothaarige Dame neben uns auf, setzt sich auf den Felsen und lässt sich von Chris fotografieren. Ich frage mich, wieso sie erst nach dem Sonnenuntergang hergekommen ist. Eine Weile sitzen wir da und blicken auf den verträumt leuchtenden Ozean. Bald findet Daisy ihre Sprache wieder, und ich höre sie reden. Redet sie mit mir? Ach, ich weiß es nicht. Es ist bereits dunkel, als wir unsere Sachen einpacken und den Leuchtturm umrunden, hinter dem traditionsbewusste Pilger ihre Wanderkluft verbrennen. Als ob wir heute nicht schon genügend Zufälle erlebt hätten, entdecken wir unter den jungen Menschen, die sich um das Feuer versammelt haben, einen alten Bekannten: Helmut, unseren zeltenden Österreicher! Er und Daisy fallen sich verständlicherweise in die Arme, und während er ihr in einem Österreichisch-Englisch die Welt erklärt, werfe ich symbolisch die erste und die letzte Seite meines ziemlich zerfledderten Wanderführers ins Feuer. Alles andere brauche ich ja noch für meine allerletzte Etappe, die ich übrigens ganz allein angehen werde. Für Marcos endet der Camino heute, und Chris, Evelyn und Philipp werden einen weiteren Tag in Fisterra verbringen. Glücklich macht mich das nicht, aber wie bereits erwähnt fällt es mir inzwischen nicht sonderlich schwer, mich von liebgewonnenen Menschen zu trennen. Zumindest Chris und Marcos werde ich nicht aus den Augen verlieren, wozu leben wir denn im Internetzeitalter? Da hatten es die Pilger vor siebenhundert Jahren deutlich schwerer. Aber ein Abschiedsbier muss sein, zumindest mit meinen beiden Pilgergefährten. Zu dritt machen wir uns auf den Rückweg durch die Dunkelheit. Die kurvenreiche Straße zum Leuchtturm ist komplett unbeleuchtet; wie optimistisch von den galicischen Verkehrsplanern. Allerdings entpuppt sich die fehlende Straßenbeleuchtung eher als Glücksfall. So können wir den atemberaubend klaren Sternenhimmel über uns in seiner vollen Pracht bestaunen. Dumm nur, dass wir uns dabei permanent versehentlich anrempeln.

Es ist bereits nach zehn, als wir im Dorf ankommen. Nun hocke ich mit Marcos, der als Newbie an einer Ampel in Burgos von Avril angesprochen wurde, und Chris, in Hontanas von Ingo an unseren Tisch gerufen, gemeinsam auf einer Barterrasse gegenüber unserer Herberge. Später gesellt sich auch noch Daisy zu uns und redet und redet. Bald wird es mir ein wenig zu viel und ich schalte ab. Nichts gegen Daisy, aber ich bin extrem müde. Und wenn sie etwas erzählt, klingt es, als würde sie sich einfach wiederholen, egal mit wem sie sich gerade unterhält.

So schön der Tag auch war, zum Abschluss muss mir natürlich etwas Saublödes passieren, damit ich bloß nicht abhebe vor Glück. Und dafür sorge ich heute höchstselbst. Um so spät noch in die Herberge zu gelangen, müssen wir sie durch die Hintertür betreten. Dort angekommen, achte ich so ziemlich auf alles, nur nicht, wo ich hintrete. Und haue mit Schwung meinen nackten rechten Knöchel gegen eine fette Betonstufe. Hölle, tut das weh … Wer jetzt denkt, der unbeschreiblich fiese Schmerz wäre dabei das Schlimmste, irrt sich gewaltig. Viel schwerer wiegt die Tatsache, dass man nahezu unfall- und verletzungsfrei siebenhundert Kilometer über Römerstraßen und Gebirgspässe gewandert ist, um hier und heute gegen eine simple, zwanzig Zentimeter hohe Betonstufe zu latschen. Mittlerweile liege ich im Bett, die meisten schlafen schon, und der Knöchel pocht. Was für ein Tag.

Etappe 25: Olveiroa ⇨ Fisterra ⇨ Cabo Fisterra (37,9 km)

Donnerstag, 24. September 2009

Der nun definitiv letzte Wandertag beginnt mit einem echten Highlight: Meine Wanderstöcke sind weg. Nach ewig langem Überlegen fällt mir ein, dass ich sie gestern im Empfangsraum der Herberge vergessen habe. Leider ist dieser abgeschlossen, und weit und breit kein *hospitalero* zu sehen. Gleich müsste der Bus eintreffen, der Marcos nach Santiago de Compostela bringt. Praktischerweise liegt die Haltestelle genau hinter der Herberge, ungefähr dort, wo ich mir gestern meinen Knöchel angestoßen habe. Falls in der nächsten halben Stunde jemand den Empfangsraum aufschließen sollte, würde ich es mitbekommen.

Die meisten Pilger, die bis zur Atlantikküste laufen, beenden ihren Weg hier in Fisterra und fahren anschließend wieder nach Santiago zurück, um sich per Bahn oder Flugzeug in alle Welt zu verstreuen. Nur ein Bruchteil läuft weiter nach Muxía. Die beiden Orte liegen an der Westspitze Galiciens und sind durch einen weiterführenden Jakobsweg miteinander verbunden. Kurz nach Hospital, dem Ort, an dem sich Helmut um neun das Bier genehmigt hat, teilt sich der Camino, und man kann den Weg nach Norden Richtung Muxía oder nach Süden Richtung Fisterra einschlagen. Viele laufen auch zunächst nach Muxía und schließen ihren Weg in Fisterra ab. Um es kurz zu machen: Kaum jemand beendet seinen Weg in Muxía, weshalb ich mir um einen Schlafplatz keine Sorgen machen muss.

Während wir auf den Bus warten, reden wir nicht viel. Allerdings liegt das nicht am bevorstehenden Abschied, sondern an der Müdigkeit. Gestern Nacht waren wir schließlich erst spät im Bett, und heute mussten wir früh raus. Nach und nach versammeln sich immer mehr Menschen an der Haltestelle. Als der Bus schließlich vorfährt, verabschiede ich mich von Marcos. Er hatte mich den kompletten Weg über an der Backe, unfassbar. Ich hätte nie gedacht, dass das jemand aushält. Bis das Gefährt mit meinem Gefährten verschwindet, dauert es aber noch eine halbe Ewigkeit.

So komme ich nebenher mit Philipp ins Gespräch, der ebenfalls jemanden verabschiedet hat.

»Weißt du, ob heute noch jemand kommt?«, frage ich ihn und deute auf den Empfangsraum.

Er zuckt die Achseln. »Wieso?«

»Meine Stöcke stehen da drin«, antworte ich.

»Ich muss da auch noch hinein«, bemerkt er, »meine *bocadillos* sind noch in der Küche.«

Chris, die sich auf einen erholsamen Tag am Strand freut, und Evelyn, die sich heute den Sonnenuntergang ansehen möchte, wollen nicht länger warten. Daher verabschieden wir uns voneinander, und die beiden verschwinden. Irgendwann erinnert sich der Bus dann doch noch an seine Fahrtüchtigkeit.

Es ist kurz vor neun. Noch immer ist niemand aufgetaucht, der den Empfangsraum aufschließen könnte. Philipp beschließt, erst einmal eine neue Unterkunft zu suchen und die *bocadillos* später abzuholen. Bisher haben mir die Wanderstöcke viel Ärger eingebracht, richtig warm geworden bin ich mit ihnen nicht. Ergo wäre es doch genau das passende Ende unserer wechselhaften Beziehung, sie in einem abgeschlossenen Raum zurückzulassen. Bevor ich mich auf die Socken mache, schieße ich noch ein Abschiedsfoto durchs Küchenfenster.

Mein Wanderführer behauptet, die heutige Etappe von Fisterra nach Muxía sei »leicht« und »gut markiert«. Aber schon nach wenigen Minuten weiß ich überhaupt nicht mehr, wo ich bin. Erst laufe ich in eine Sackgasse, anschließend auf irgendein Feld. Weit und breit sind keine Markierungen zu entdecken. Ich bin genervt. Heute möchte ich ausnahmsweise mal nur laufen, sonst nichts. Nicht herumirren, nicht herumlungern, sondern einfach bei strahlendem Sonnenschein an der Atlantikküste entlangwandern. Es wäre also hilfreich zu wissen, *wo genau* ich entlangwandern soll. Glücklicherweise entdecke ich in der Ferne einen Schäfer, der mich schnell als Pilger identifiziert und querfeldein auf den Camino zurückschickt. Nach wenigen Minuten durchquere ich ein Waldstück, in dem Forstarbeiter zugange sind. Tiefe Reifenspuren im Boden erschweren das regelmäßige Wandern, besonders ohne Stöcke. Zum Glück ist der Wald nicht besonders weiträumig, und schon bald gelange ich auf eine asphaltierte Straße.

Jetzt, da ich ungestört und völlig allein wandern kann, lasse ich mich bereitwillig vom Weg vereinnahmen. Verträumt und abgeschieden liegen die Weiler mitten in den Feldern, *hórreos* und Wegkreuze schmiegen sich an den Camino, moderne Bauten und prachtvolle Ruinen buhlen Seite an Seite um Aufmerksamkeit. Nach kurzer Unterbrechung gelange ich in das nächste Waldstück, diesmal allerdings ohne einen völlig zerfurchten Knöchelbrecherpfad. Um zwanzig nach zehn erreiche ich das winzige Dorf Buxán. Unter einem *hórreo* ist ein Hund angebunden, der mich wie verrückt anbellt. In Galicien kommt so etwas leider überdurchschnittlich häufig vor. Kurz darauf bekomme ich ganz andere Probleme, denn aufgrund der haarsträubenden Wegbeschreibung verlaufe ich mich erneut. Plötzlich meine ich eine Stelle zu erkennen, die im Wanderführer beschrieben ist, nur sind weit und breit weder Pfeile noch Wegweiser zu sehen. Einige Minuten stehe ich etwas ratlos auf der Straße herum, als aus der Ferne ein Traktor auf mich zugefahren kommt. Die Gelegenheit nutze ich. Mit einem beherzten »*¡Perdón!*« halte ich die junge Bäuerin an. Als ich nach dem Camino a Muxía frage, erklärt sie mir nicht nur den Weg; sie fährt einfach mit dem Traktor bis zur Kreuzung vor, an der der nächste Muschelwegweiser steht. Während ich hinterhertrotte, springt ihr treuer Schäferhund um uns herum. Unglaublich, aber ich war zeitweise einen halben Kilometer Luftlinie vom eigentlichen Weg abgekommen. Durch einen verträumten Eukalyptuswald, dessen Boden über und über mit Farnen bewachsen ist, gelange ich nach Lires. Doch bevor es ins Dorfzentrum geht, muss ein weiterer Schäfer eingreifen. Ohne ihn würde ich jetzt einfach geradeaus laufen, der sonnengegerbte Galicier aber deutet auf einen grasbewachsenen Pfad. *Das* soll der Camino sein? Sicher? Okay, gegen einen alten Galicier komme ich vielleicht noch an, aber an seiner blökenden Herde würde ich eh nicht vorbeikommen. Wie angewiesen biege ich ab, und tatsächlich erreiche ich wenige Minuten später Lires. Mein Wanderführer zeigt mir für den Ort ein verlockendes Kaffeetassensymbol an, aber von einer Bar geschweige denn einem gemütlichen Café ist weit und breit nichts zu sehen. Stattdessen kommt mir am Ortsende die deutsche Gauditruppe von Olveiroa entgegen, die mir beim Warten aufs Abendessen so viel Freude, pardon, »Freude« bereitet hat.

»Wie isset in Muxía?«, frage ich sie.

Einer von ihnen antwortet: »Super schön, echt. Und wie ist es in Finisterre?«

»Auch super«, antworte ich. »Auf jeden Fall auf den Felsen klettern, der Sonnenuntergang ist der Wahnsinn.«

»In Muxía auch«, bekomme ich erfreulicherweise zu hören.

»Na dann«, sage ich, »*buen camino*, Leute.«

Sie wünschen mir ebenfalls einen schönen Weg und laufen weiter Richtung Fisterra, auf Spanisch Finisterre. In Galicien existieren viele Ortsnamen auf Galicisch und auf Spanisch. Dass hier Ortsnamen häufig ein *O, A* oder *Os/As* vorgelagert ist, liegt daran, dass es sich dabei um Artikel handelt, beispielsweise bei O Cebreiro. Die spanischen Pendants lauten *El, La* und *Los/Las.* Ein bekanntes Beispiel ist A Coruña, das besonders unter Fußballfans als »La Coruña« bekannt ist. Letzteres ist der traditionelle spanische Name, der per Gesetz der Galicischen Autonomieregierung (Xunta de Galicia) im Jahre 1983 von der galicischen Variante abgelöst wurde. Als der Fußballclub Deportivo de La Coruña 1906 gegründet wurde, trug die Stadt eben noch den spanischen Namen. Mein Wanderführer wählt die Ortsbezeichnungen völlig willkürlich. Auf der Straßenkarte steht »Finisterre«, auf der Höhenkarte »Fisterra«, im Text mal so, mal so. Andere Wanderführer sind aber genauso schlampig, lassen die Artikel bei O Pedrouzo, A Lavacolla oder Os Camiños Chans einfach weg. Las Vegas könnte damit leben, Los Angeles vielleicht weniger.

Inzwischen schmerzt der Knöchel, den ich mir gestern Abend

angestoßen habe, immer heftiger. Es passt also zum heutigen, unerwartet beschwerlichen Tag, dass kurz nach Lires die Socken-aus-und-waten-Passage ansteht. Mitten im Wald liegen mehr als ein Dutzend Steinquader im Bach, sieben davon unter Wasser. Unter höllisch kaltem Wasser, um das mal etwas zu präzisieren. Auf der anderen Seite steigen gerade die beiden Jungs vom Kilometerstein hundert aus dem Wasser. Man trifft die Leute permanent an Orten wieder, an denen man sie absolut nicht erwartet. Während die Jungs weiterziehen, muss ich ausziehen, und zwar meine Schuhe und Socken. Verdammte Axt, ist das Wasser kalt. Dummerweise sind die Steinquader dermaßen glatt, dass ich nicht mal eben schnell hinüberhuschen kann. Stattdessen muss ich mich extrem langsam und vorsichtig Schritt für Schritt vorantasten. Als ob das nicht schon hinderlich genug wäre, liegt der vorletzte Stein völlig schief im Wasser. Also steige ich eben knietief in den Bach, was soll der Geiz, absterben wird mir schon nichts. Aber es fühlt sich so an. Bibbernd steige ich aus dem Wasser und trockne meine Füße ab. Leider nur halbherzig, was sich später rächen wird. Im Moment will ich einfach nur schnell in die Socken schlüpfen, die Schuhe schnüren und weiterlaufen. Was mich zum Nachdenken bringt: Hier steht ein herrenloses Paar Wanderschuhe herum. Wurde der Besitzer fortgespült? Hat er sie einfach zurückgelassen? Vielleicht lauert hier irgendwo der Denker im Gebüsch. Besser, ich setze meinen Weg unverzüglich fort.

Während es einige Kilometer durch bekannte Landschaften geht, kann ich immer wieder einen Blick auf die unendlichen Weiten des Atlantiks erhaschen. Nebenbei bemerkt entpuppt sich die Markierung des Weges als die wohl schlechteste aller bisherigen Etappen, von wegen »gut markiert«. Auf gerader Strecke ohne jede Möglichkeit abzubiegen prangen auffällige Muschelwegweiser am Wegesrand. Dafür fehlen sie an etlichen Kreuzungen und Abzweigungen, und wenn man allein im Wald unterwegs ist, muss man eben raten. Mein Wanderführer hilft mir übrigens nicht ansatzweise weiter, denn der ist ja stur der Meinung, der Weg sei eine »angenehme Etappe«. Also rate und irre ich wild umher, was seltsamerweise erstaunlich häufig funktioniert. Ich vermute mal, dass derselbe Weg in die entgegengesetzte Richtung etwas besser ausgewiesen ist. Anders kann ich mir Frau Rabes Einschätzung in ihrem Wanderführer nicht erklären.

Kurz hinter dem Weiler Morquitián passiert dann genau das, was am letzten Wandertag einfach passieren muss. An der rechten Ferse platzt eine nagelneue, dicke Blase. Woah, das tut weh! Es brennt wie Hölle, ich muss mich sofort hinsetzen und verarzten. Jetzt rächt sich meine Ungeduld. Hätte ich doch nach der Socken-aus-und-waten-Passage meine Füße sorgfältiger abgetrocknet. Wenn die Haut Wasser aufnimmt, erhöht sich der Druck in den Schuhen und damit die Reibung, es entstehen Blasen, die irgendwann platzen. Zudem hat der Bach die Hirschtalgcreme von meinen Füßen abgewaschen. Besagte Creme verhindert Reibungen und macht die Haut widerstandsfähiger. Auf den letzten Drücker erworben, hat sie sich als einer der wichtigsten Ausrüstungsgegenstände erwiesen und mich größtenteils vor Blasen bewahrt. Wie ich jetzt schmerzlich feststelle, hätte ich die Füße nach dem Abtrocknen auch noch neu eincremen sollen. Da ich auf beides verzichtet habe, verleihe ich mir hiermit den goldenen Vollpfosten und klatsche meinen gesamten Pflastervorrat auf die triefende Stelle. Etwa sechs Kilometer sind es noch bis Muxía, die hätte die blöde Blase ja wohl bitteschön noch ausharren können. Aber nein, wenn schon letzte Etappe, dann richtig. Und dann sind die restlichen Kilometer auch noch so unnötig hügelig, bei jedem Aufstieg fühle ich einen stechenden Schmerz an der betroffenen Stelle. Als ob jemand die Haut abgezogen hätte, um die Stelle blutig zu reiben. Moment mal, die Haut *ist* abgezogen und die Stelle blutig gerieben. Ich versuche es gelassen zu nehmen, und tatsächlich gelingt mir das auch weitestgehend. Nur … eine geplatzte Blase, an der rhythmisch herumgescheuert wird, ist alles andere als gemütlich.

Auf der Zufahrtsstraße nach Muxía laufe ich endlich wieder an der Küste entlang. Trotz oder gerade wegen der unerwartet großen

Strapazen bin ich völlig aufgedreht. Bei der traumhaften Aussicht auf schroffe Felsformationen, einen menschenleeren Sandstrand und die malerische Bucht kein Wunder. Und dann steht da direkt am Meeresufer doch tatsächlich ein kleines Fußballstadion. Sogar mit Flutlichtanlage. Hier hat sich bestimmt schon der eine oder andere Ball ins Meer verabschiedet. Als ich um halb vier endlich das Ortseingangsschild von Muxía erblicke, balle ich die Faust und stoße ein energiegeladenes »Yes!« heraus. Ja, genau so habe ich mir das Ende meines Camino vorgestellt. Was für ein erfüllendes, großartiges Gefühl! Ich muss an meine Eltern denken, an Chris und Marcos, an Sebastian und Carina im fernen Hamburg. Schließlich denke ich nur noch an mich, an meine Angst vor der Reise, an meinen ersten Abend in Logroño, an tausend andere Dinge. Ich realisiere, dass ich die heutige Etappe (laut Wanderführer knapp achtundzwanzig Kilometer) mitsamt aller Umwege ohne eine einzige richtige Pause in sechseinhalb Stunden durchgelaufen bin. Für meine Verhältnisse nicht übel, denke ich. Völlig erschöpft, aber zufrieden wie schon lange nicht mehr erreiche ich die *albergue* von Muxía, einen klotzigen, museumartigen Betonkasten. Der etwas schroff wirkende *hospitalero*, ein junger Spanier mit Lionel-Richie-Haarwuchs (nur etwas kürzer), fragt mich, ob ich den Weg aus Fisterra zu Fuß zurückgelegt hätte. Ich bejahe. Wo denn mein Stempel aus Lires sei, fragt er mich. Wie bitte? Stempel aus Lires? In Lires gab es doch überhaupt nichts, nicht einmal ansatzweise, ein Stempel wäre mir schon noch aufgefallen. Er betrachtet mich noch einmal genauer und hat ein Einsehen. Ich sehe dermaßen fertig aus, ich habe heute ganz bestimmt keinen Bus von innen gesehen. Ohne weiter nachzubohren drückt er mir den Stempel in den Pilgerpass. Ich atme auf.

Die Herberge versprüht zwar null Charme, befindet sich aber in einem Topzustand. Alles wirkt hochmodern, alles wirkt neu, und das Platzangebot ist mehr als großzügig bemessen. Da ich heute etwas lädiert bin, hoffe ich beim Anblick der Stockbetten, dass irgendwo noch ein unteres Bett frei ist. In einer der Ecken des

Schlafsaals hat sich jemand ein oberes Bett reserviert, sein Gepäck aber so dermaßen ausgebreitet, dass es auf den ersten Blick aussieht, als wäre auch das untere belegt. Ist es aber nicht. Noch nicht. Jetzt schon.

Ich kann zwar kaum noch laufen, aber die Muxiana muss ich mir natürlich abholen. Also schleppe ich mich zum Tourismusbüro, wo sich gerade ein japanisches Paar diverse Informationen über die Gegend einholt. Die sind aber auch überall, diese Japaner: von Manjarín bis Muxía. Als ich meine vollgestempelten Pilgerpässe vorzeige, überreicht mir der ältere Herr mit einer lustigen Brille auf der Nase feierlich meine dritte und letzte Pilgerurkunde. Ich gebe es zu: Ein wenig stolz bin ich schon. An einem der kostenlos zur Verfügung gestellten Internetrechner schreibe ich Avril, dass ich vorhabe, den gesamten Samstag in Santiago de Compostela zu verbringen. Vielleicht haben wir Glück und sehen uns wieder, schließlich haben wir uns in Hontanas nicht einmal richtig voneinander verabschiedet.

Auf dem Rückweg zur Herberge hinke ich noch kurz in den Supermarkt, um mir Saft der Orange zu kaufen. Ich habe gerade eine Wahnsinnslust, einen Liter O-Saft in mich hineinzuschütten. Ist das verwegen? Ich glaube, im Katholizismus schon. Das elfte Gebot: Du sollt den O-Saft nicht hinunterkippen wie Tony Montana am Ende von »Scarface« die Gegner umnietet. Die Kassiererin spricht extra Englisch mit mir, und ich antworte ihr umgehend auf Spanisch. Die Dame hinter mir in der Schlange muss herzhaft lachen. Muxía ist nicht unbedingt der schönste Ort Galiciens, aber die Menschen hier gehen ungemein herzlich mit uns Pilgern um. Innerlich beschwingt, aber äußerlich nicht schneller als eine angeschossene Schildkröte, schleppe ich mich zur Herberge zurück. Die liegt blöderweise am Ortsrand auf einer Anhöhe; das passt meinem rechten Fuß heute natürlich überhaupt nicht. Irgendjemand hat *»puta madre«* an die Fassade der *albergue* gesprüht. In Spanien soll es wohl irgendetwas zwischen »verdammte Scheiße«

und »saugeil« bedeuten. Ich denke, damit lässt sich das Anwendungsgebiet des Ausdrucks grob umreißen. Wie dem auch sei, ich muss mich unbedingt etwas ausruhen. Gesagt, getan. Ich lege mich in mein Bett und döse eine Weile vor mich hin. Irgendwann sehe ich, wie der Körper einer jungen Dame auf mich zukommt. Die Stockbetten sind so niedrig, dass ich ihren Kopf nicht sehe. Der Rest jedenfalls sieht ziemlich … *puta madre* aus. So, jetzt weiß niemand, was ich meine, ha. Im nächsten Moment lerne ich auch noch den passenden Kopf kennen. Die Dame beugt sich herunter und schaut nach, wer sich denn das Bett unter ihr gekrallt hat. Ich schwöre, dass ich in ihre Augen blicke, ehrlich. Moment mal, die Frau kenne ich doch?

Auf Englisch frage ich: »Bist du nicht das Mädchen, das gestern neben uns auf dem Felsen saß – in Finisterre?«

Sie strahlt mich an. *»Yes, I remember you!«*

Bingo! Sie ist tatsächlich die Rothaarige, die erst nach Sonnenuntergang auftauchte und sich von Chris fotografieren ließ. Sie erkundigt sich gleich nach meinen Gefährten. Ich erkläre ihr, dass gestern unser letzter gemeinsamer Tag gewesen sei.

Ich frage sie nach ihrer Herkunft.

»I'm from Würzburg in Germany«, antwortet sie. *»And you?«*

»Ach, dann können wir ja auf Deutsch weiterreden.«

Sie guckt mich an, als hätte sie sich verhört. Damit hat sie überhaupt nicht gerechnet. Aber dann entwickelt sich plötzlich ein unerwartet intensives Gespräch zwischen uns.

Eine Sache möchte ich aber noch geklärt haben: »Wieso warst du denn erst *nach* dem Sonnenuntergang am Felsen?«

»Ich habe den ganzen Tag am Strand gelegen und verschlafen«, antwortet sie tapfer lächelnd, aber merklich enttäuscht.

Sie heißt übrigens Johanna. Den heutigen Sonnenuntergang möchte sie auf gar keinen Fall verpassen, sodass wir beschließen, ihn uns gemeinsam anzusehen. Um halb acht verlassen wir die Herberge, Johanna mit einer Isomatte unterm Arm geklemmt. Im Supermarkt kaufen wir uns eine Flasche Wein. Das hört sich edel an, solange ich nicht erwähne, dass es sich um eine PET-Flasche handelt. Tja, ich habe mein Taschenmesser in der Herberge vergessen, daher entscheiden wir uns zwangsläufig für die einzige Weinflasche mit Schraubverschluss. Anschließend schauen wir bei einer *panadería* vorbei und kaufen viel zu viele *empanadas.* Vollbepackt begeben wir uns auf die Landspitze vor Muxía und kauern uns nur wenige Meter von den tosenden Wellen entfernt auf einen flachen Felsen. Wir reden ununterbrochen miteinander, als hätten wir irgendetwas nachzuholen, aufzuarbeiten, auch dann noch, als die Sonne längst untergegangen ist.

Sie erzählt mir aus ihrem Leben, sehr persönliche Dinge, die ich für mich behalte. Ebenso tauschen wir uns über den Camino aus. Sie hat sich mit ihrem Weg viel Zeit gelassen, war häufig allein unterwegs, eine Weile auch mit einigen lautstarken Studenten, was ich nicht besonders ehrenwert finde, aber das kann sie sich sicherlich denken. Eine Geschichte allerdings sticht deutlich hervor. Irgendwann begegnete Johanna einem älteren Herrn, der zunächst einen harmlosen, netten Eindruck auf sie machte. Doch dann begann er sie abzupassen, ihr immer näher zu kommen, sie zu belästigen, sodass sie ihn mit einem dezenten Hinweis auf ihr imposantes Taschenmesser verscheuchen musste. Im Internet habe ich gelesen, dass Frauen für alle Fälle eine Dose Pfefferspray bei sich führen sollten, um jederzeit gegen unerwünschte Avancen gewappnet zu sein. Nun kann ich diesen Hinweis um einen weiteren ergänzen: Mit einem Messer lässt sich ein ähnlich wirkungsvoller Effekt erzielen.

Über uns erstreckt sich ein sagenhafter Sternenhimmel, und es tut gut, den letzten Abend mit einer verwandten Seele zu verbringen. Auch Johanna hatte vor Reiseantritt mit ihrer Angst zu kämpfen, und je mehr sie über sich erzählt, desto mehr Parallelen stelle ich bei mir fest. Dass wir vor einigen Wochen unsere Ängste überwunden haben, um uns nach Hunderten von beschwerlichen, fröhlichen, schmerzlichen, warmherzigen, zweifelhaften, tröstenden, strapaziösen, atemberaubenden, nervigen, verwunderlichen und erfüllenden Kilometern heute Abend hier am Atlantik unter einem sternenklaren Nachthimmel zu treffen und unser ganzes Leben Revue passieren zu lassen, empfinde ich als hart erkämpftes, mehr als verdientes Glück.

Irgendwann, ohne einen erkennbaren Grund, fällt mir ein, dass die Herberge um zweiundzwanzig Uhr abgeschlossen wird. Ich blicke auf die Uhr. Zwanzig vor. Wow, das wird knapp! Sofort packen wir all unseren Kram ein und eilen durch die leeren Gassen des nächtlichen Muxía. Während wir Richtung Herberge hetzen, reden wir stur weiter. Wir lassen uns doch nicht von irgendwelchen Öffnungszeiten unsere Gespräche diktieren.

»Ich bin manchmal so verpeilt«, sagt sie und lacht.

Naja, das habe ich auch schon gemerkt. Aber seien wir mal ehrlich, allein wäre sie längst zur Herberge zurückgelaufen, von daher erübrigt sich die Frage, ob sie ohne mich ausgeschlossen worden wäre. Gerade noch pünktlich huschen wir durch die Eingangstür, kurz darauf wird sie abgeschlossen. Manchmal habe ich aber auch ein beängstigend gutes Zeitgefühl. Da wir noch viel zu aufgekratzt sind, um schlafen gehen zu können, machen wir es uns im Erdgeschoss auf einer Couch gemütlich. Wir blättern in den Gästebüchern der Herberge herum, tragen uns selbstverständlich ein, plaudern immer weiter und nippen an der PET-Flasche. Nach und nach verschwinden die anderen Pilger in den Schlafsälen, und irgendwann sitzen wir zu zweit im Dunkeln. Um ein Uhr nachts kann ich nicht mehr, permanent fallen mir die Augen zu. Wir beschließen, unser gemeinsames Bett aufzusuchen. Am Ende des langen Tages bleibt eine einfache Erkenntnis: Das Leben will gelebt werden. Spar dir alles andere für den Tod auf.

Etappe 26: Fisterra ⇨ Muxía (27,8 km)

Freitag, 25. September 2009

Der heutige Tag beginnt mit einer Weckaktion. Um rechtzeitig den Bus nach Santiago zu erreichen, muss Johanna um sechs Uhr aufstehen. Da ich ohne ersichtlichen Grund um zehn vor sechs aufwache, wecke ich sie kurz und verfalle anschließend sofort wieder in einen komatösen Tiefschlaf. Gegen acht Uhr allerdings meldet sich der PET-Wein, und so verlasse ich die Herberge samt Sack und Pack, um irgendwo einen *café con leche* aufzutreiben. Ein seltsames, aber auch befreiendes Gefühl überkommt mich, als ich Richtung Dorfzentrum hinuntertrotte. Ganze sechsundzwanzig Tage am Stück bin ich gewandert, und es verblüfft mich, dass heute der allererste Tag nach knapp vier Wochen ist, an dem ich einen Ruhetag einlegen würde. Gemeinsam mit dem angestoßenen Knöchel piesackt mich die geplatzte Blase bei jedem Schritt. Schade, dass Johanna schon heute nach Hause fliegen musste. Jetzt schlendere ich völlig allein durchs Dorf.

Im morgendlichen Muxía geht es beschaulich und verschlafen zu, und so setze ich mich in eine Bar an der Hafenpromenade, um mich unter die einheimischen Arbeiter und Fischer zu mischen. Da ich weit und breit der einzige Pilger bin, falle ich auf wie ein bunter Hund. Mein obligatorisches »*¡Hola!*« wird von den stattlichen, hartgesottenen Kerlen freundlich erwidert. Herrlich, wie ich zwischen ihnen an der Theke sitze, meinen Kaffee schlürfe und meine Notizen ergänze. Um mich herum haben sich die Männer mit ihren rauen, leicht klischeehaften Stimmen einiges zu erzählen. Selbstverständlich verabschiedet mich die gesamte Meute, als ich später die Bar verlasse.

Mein Bus nach Santiago fährt um halb drei. Genug Zeit also, um die Landzunge bei Tageslicht etwas genauer zu erkunden. Der Legende nach soll Jakobus auf der iberischen Halbinsel missioniert haben; allein das wird von den meisten Historikern schon stark angezweifelt. Noch besser ist aber folgende Geschichte: Angeblich soll Jakobus bei seiner Missionierungstätigkeit der Mut verlassen haben. Da erschien ihm die Jungfrau in einem Steinschiff (galicisch: *virxe da barca*), und zwar genau hier in Muxía. Die seltsamen Felsformationen vor der Kirche, dem Santuario da Virxe da Barca, sollen die Reste des mysteriösen Steinschiffs sein. Schon hatte Muxía eine Jakobuslegende und damit eine lukrative Einnahmequelle. Nun denn, auch wenn das alles kompletter Mumpitz ist, den ungewöhnlichen Innenraum des Heiligtums muss man einmal gesehen haben. Nicht nur der spektakuläre Altar ist eine genauere Betrachtung wert; an zahlreichen Halterungen im gesamten Kirchenraum hängen Modellschiffe herunter. Leider ist die Eingangstür abgeschlossen, sodass man sich mit dem Blick durch eine kleine Luke zufrieden geben muss.

Schließlich steige ich auf die Wrackteile des heiligen Steinschiffs und genieße die strahlende Sonne, die knackige Brise und die wenige Schritte vor mir tosende Gischt. Ich fühle, dass meine Pilgerschaft zu Ende ist. Wenn mich jetzt jemand fragen würde, woran man das erkenne, würde ich antworten: Man erkennt es einfach. Alle Zweifel, die mich in Santiago so sehr belastet haben, haben sich in Luft aufgelöst. Alle Fragen, die ich mir vor Santiago gestellt habe, beispielsweise nach dem Sinn meiner Pilgerschaft, haben sich beantwortet. Nicht wie erwartet mit einem schlauen Satz oder einer rationalen Erklärung, sondern mit einem erfüllenden Gefühl. Ungefähr so muss es sich anfühlen, der Liebe seines Lebens zu begegnen, vielleicht einen Hauch aufregender. Ich setze mich auf die kniehohe Mauer vor dem Heiligtum und nehme meine Jakobsmuschel vom Rucksack. Seit Santo Domingo de la Calzada hat sie mich als Pilger ausgezeichnet, mich auch auf eine gewisse Weise beschützt. Zumindest hatte ich mit ihr am Rucksack immer das Gefühl, dass ich mir auf dem Seitenstreifen einer Nationalstraße keine Sorgen machen muss, von einem Lkw planiert zu werden. Besonders in Spanien gilt es nämlich als Unsitte, Pilger zu überfahren. Sorgfältig verpackt verstaue ich die Muschel in meinem Rucksack.

Innerlich befreit kehre ich ins Dorf zurück, wo ich erfreut feststelle: Heute ist Markttag. Wobei sich der Markt nicht auf einen zentralen Platz konzentriert, viel mehr greifen die Standreihen von einem winzigen Platz aus krakenartig in die Seitengassen. An einer *churrería* decke ich mich mit einer grobschlächtigen Menge *churros* ein. Keine Ahnung, was die Standfrau denkt, jedenfalls habe ich diese langgezogenen, frittierten Süßgebäcke in Santiago kennen und lieben gelernt. Eine geschlagene Stunde lang hänge ich am Hafen auf einer Bank (sitzen kann man die Körperhaltung beim besten Willen nicht nennen) und knabbere einen *churro* nach dem anderen in mich hinein. Vor mir dümpeln unzählige Fischerboote im Hafenbecken, über mir strahlt wie schon die gesamte Woche über die Sonne, und nur selten verirrt sich jemand hierher. Mann, ist das Leben gut.

Nach einer Weile gesellt sich eine dreiköpfige, deutsche Pilgerfamilie zu mir. Mutter und Tochter plappern fröhlich auf mich ein, der Vater sucht irgendetwas, aus mangelndem Interesse bekomme ich aber nicht mit, was genau. Ich vermute stark, dass die Familie gerade erst in Muxía angekommen ist. Vor meiner Wortkargheit kapitulierend, beginnen sie ein familieninternes Gespräch. Dabei sprechen sie aber extra so laut, dass ich alles mitbekomme. Merken die nicht, dass ich etwas Ruhe brauche? Ich packe meine Sachen zusammen und verschwinde. An der Uferpromenade setze ich mich vor eine Bar und vertrödle die Wartezeit. Um zwanzig nach zwei schlendere ich zur Bushaltestelle, wo sich nach und nach weitere Fahrgäste einfinden. Darunter sind allerdings kaum Pilger, schon gar keine bekannten Gesichter. Zehn Minuten später fährt der Bus schließlich vor, und zum ersten Mal nach sechsundzwanzig Tagen bewege ich mich schneller als mit sieben Stundenkilometern. Es fühlt sich merkwürdig an, all diese Kilometer mühelos zu überfliegen. Weiler, Dörfer, Siedlungen huschen am Fenster vorbei, so gleich, so uniform, so unglaublich langweilig und tot. Zwischendurch halten wir in Negreira, immer wieder fahren wir auf dem Camino oder kreuzen ihn. Ein ebenso merkwürdiges Gefühl, die wenigen wandernden Pilger dort draußen zu sehen.

Als wir zweieinhalb Stunden später in Santiago im Stau stehen, werde ich extrem unruhig. Ich bin es gewohnt, jederzeit weiterlaufen zu können, der Zwangsstillstand irritiert mich. Dankenswerterweise erreichen wir bald den schummrigen Busbahnhof. Ich steige erleichtert aus, lege entspannt die anderthalb Kilometer zur Altstadt zurück und quartiere mich in der Pension direkt neben der am Sonntag genutzten Herberge ein. Für fünfundvierzig Euro bekomme ich den letzten freien Raum, ein Doppelzimmer. Was für eine exzessive Dekadenz, aber den Spaß gönne ich mir. Nachdem ich meine Sachen in Zimmer Nummer hundertdrei ausgebreitet habe, setze ich mich an den Internetrechner und rufe gespannt meine E-Mails ab. Erfreut stelle ich fest, dass eine Antwort-Mail von der Dame mit dem weißen Hut eingegangen ist. Avril schreibt mir, dass sie gestern Abend die Kathedrale von Santiago erreicht habe. Es kommt noch besser: Sie teilt mir mit, dass sie nach dem Durchlesen meiner E-Mail beschlossen habe, bis morgen in der Stadt zu bleiben, um auf mich zu warten. Am Nachmittag werde sie dann mit dem Bus nach Fisterra fahren. Morgen früh möchte sie mit ihrer deutschen Pilgerbekanntschaft Lyn auf den traditionellen Markt, dem Mercado de Abastos, und ich könne doch dort hinkommen. Ja, das werde ich auch!

Natürlich hoffe ich, dass wir uns schon vorher über den Weg laufen. Also schlendere ich den Rest des Abends durch die stimmungsvolle, aber zwangsläufig überlaufene Altstadt und halte nach einem weißen Hut Ausschau.

Auf der Treppe vor dem Südportal der Kathedrale ruft mir jemand entgegen: »Hey, Schalke!« Der allererste Mensch, der mich direkt auf mein Trikot anspricht, und das einen Tag vor der Abreise. Ehrlich gesagt hatte ich vor Reiseantritt erwartet, einigen Pilgern in Fußballtrikots zu begegnen. Im Endeffekt habe ich keinen einzigen getroffen, besonders keine Lüdenscheider. Funktionsshirts hin oder her, Trikots sehen toll aus (bis auf die Auswärtstrikots des SV Werder) und kosten lediglich einen Bruchteil, wenn man ältere Modelle bevorzugt. Ich finde, besonders für die Roten Teufel ist es eine Pflicht, in einem FCK-Trikot zu pilgern. Pilgernde Teufel, das wär's.

Aber bisher sehe ich weder Teufel noch Avril. Stattdessen treffe ich Philipp aus Wien wieder. Der läuft mir aber auch verdammt häufig über den Weg. Wir wechseln nur wenige Worte, denn er muss dringend irgendwo hin. Da es sein letzter Tag ist, wünschen wir uns gegenseitig eine reibungslose Rückreise. Kurze Zeit später erkenne ich drei flüchtige Pilgerbekanntschaften wieder, zwei von ihnen bin ich lediglich ein einziges Mal begegnet: Martina in Sahagún (gemerkt, weil sie von Bettwanzen zerstochen worden war), und Jasmin in Calzadilla de la Cueza (gemerkt, weil sie so laut telefonierte). Martin aus Österreich dagegen habe ich häufiger getroffen, das erste Mal wahrscheinlich in Sahagún, das letzte Mal irgendwo bei Rabanal del Camino. Ich spreche sie direkt an, und es überrascht mich kaum, dass auch Martina und Jasmin mich wiedererkennen, obwohl wir uns nicht permanent über den Weg gelaufen sind. Zu viert besetzen wir einen Tisch vor einer Bar und bestellen eine Flasche Rotwein. Wir plauschen ausgesprochen entspannt miteinander und verbringen einen herrlich spaßigen Abend. Später gesellt sich noch ein junges spanisches Pilgerpärchen hinzu. Jasmin scheint die beiden recht gut zu kennen, jedenfalls besser als ich. Da die Dame auf Teneriffa lebt und arbeitet, gibt es für sie keine Sprachbarrieren zu überwinden. Ich verstehe zwar den Großteil des Gesprächs, kann mich aber mit meinem mäßig ausgeprägten Vokabular nur selten einklinken. Jasmin erzählt, dass sie den letzten Teil ihres Camino mit mehreren Reitern unterwegs gewesen sei. Pferdepilger sind zwar äußerst selten, trotzdem kommt jährlich eine dreistellige Anzahl von ihnen in Santiago an. Für sie gelten besonders strikte Regeln, beispielsweise dürfen sie nicht in jeder x-beliebigen Herberge übernachten und müssen morgens vor elf Uhr in Santiago ankommen. Danach ist das Stadtzentrum zumindest für die Tiere gesperrt. Ich lehne mich zurück, genieße die entspannte Atmosphäre und das Gemurmel um uns herum und lasse mir den Wein schmecken.

Beim Abschied fällt der Satz: »Wenn es das Schicksal will, werden wir uns wiedersehen.« Wir tauschen keine Kontaktdaten aus und gehen auseinander.

Als ich auf dem Rückweg zur Herberge an der Ostseite der Kathedrale vorbei über den Praza da Quintana laufe, kommen mir einige Spanier entgegen. Plötzlich deutet einer von ihnen auf die Kathedrale und erzählt etwas von *»peregrino«*. Ich werde neugierig und blicke auf die Stelle, auf die der junge Mann seinen Zeigefinger richtet. In einer Ecke ist der Schatten eines Pilgers mit Hut und Pilgerstab zu sehen. Rein zufällig sind ein paar Elemente des Bauwerks so angeordnet, dass sie durch einen Strahler, der zur Illumination der Kathedrale angebracht wurde, einen Pilgerschatten auf der Außenmauer erzeugen. Wäre ich nur zehn Sekunden früher hier vorbeigekommen, ich hätte nichts bemerkt und diesen wunderbaren Tagesabschluss verpasst. Darüber freue ich mich noch, als ich längst im Doppelbett liege. Diagonal natürlich, davon habe ich sechsundzwanzig Nächte geträumt.

Samstag, 26. September 2009

Verdammt noch mal, ich habe verschlafen. Nein, eigentlich habe ich nur ausgeschlafen. Es ist so ziemlich genau neun Uhr. Eilig packe ich meine Sachen zusammen; wieso ich sie für nur eine Nacht im ganzen Zimmer verteilen musste, kann ich heute Morgen überhaupt nicht nachvollziehen. Etwa eine halbe Stunde später stehe ich an der Rezeption. Außer zwei ratlosen Gästen, die ebenfalls auschecken möchten, treffe ich niemanden an. Das kann ich so nicht akzeptieren. Wenn ich es unheimlich eilig hätte, und das habe ich zufällig, dann hätte ich jetzt ein Problem. Allerdings habe ich dank des Camino nach und nach gelernt, straff und pragmatisch zu handeln. Also latsche ich kurzerhand in voller Montur in die Küche und schnappe mir die nächstbeste Dame, die dort herumlungert und mit ihrer Kollegin quatscht. Schon können alle auschecken, und niemand muss sich aufregen.

Mein rechter Fuß schmerzt zwar immer noch, aber das interessiert mich gerade eher weniger. Viel wichtiger ist, dass ich Avril finde. Während ich die ankommenden, glücklichen Pilger mustere, laufe ich in flottem Tempo Richtung Mercado de Abastos. Obwohl ich mich beeile, bleibe ich innerlich völlig ruhig. Dabei bin ich doch eigentlich ein Pünktlichkeitsfanatiker. Klar komme ich häufig zu spät, aber wenn ich mich mit jemandem verabrede, hasse ich Unpünktlichkeit wie die Pest. Vielleicht habe ich inzwischen Sebastians letztjährige Erkenntnis dermaßen verinnerlicht, dass ich mich nicht nur mit dem Kopf, sondern auch mit dem Gefühl darauf einlassen kann: Wenn du es nicht ändern kannst, akzeptiere es und mache das Beste daraus. Noch so ein Satz, dessen Inhalt eigentlich völlig logisch und simpel erscheint. Häufig ist nicht das Verständnis das Kernproblem, sondern die Überzeugung. Auf dem Camino habe ich etliche Momente erlebt, in denen sich der Satz bewahrheitet hat. So habe ich mich mehr und mehr von seinem Gehalt überzeugen lassen. Praktische Folge: Ich hetze, ohne zu hetzen. Als ich allerdings den Mercado de Abastos erreiche, trifft mich beinahe der Schlag. Das Gelände ist riesig! Wie um alles in der Welt soll ich bitte in diesem Gewühl eine kleine Lady mit weißem Hut finden? So gut es geht, laufe ich sämtliche Gänge und Ecken ab. Keine Chance.

Nach einer kurzen Stärkung in einer *panadería* wiederhole ich die gestrige Prozedur. Wie eine Maschine laufe ich die gesamte Altstadt rauf und runter, setze mich hier fünf Minuten hin, dort drei Minuten, warte eine Weile auf diesem, eine Weile auf jenem Platz ab. Nichts. Zwischendurch klappere ich auch noch sämtliche Souvenirshops nach Geschenken und Mitbringsel für meine Familie und Freunde ab. Für Sebastian habe ich mir etwas ganz Tolles ausgesucht. Er bekommt von mir einen wirklich albernen, kitschigen, extrem touristischen Aschenbecher mit Abbildungen von Santiago, der Muschel sowie der Kathedrale. Das Teil steht für die absurden Auswüchse der Kommerzialisierung des Camino; mir gefällt, dass man über die Stillosigkeit dieses Mitbringsels lachen kann und trotzdem bei dessen Anblick an den Weg denken muss. In den Internetforen beschweren sich ja diverse Ewiggestrige, der Camino sei überlaufen und alles scheiße, alles Kommerz, Herbergen würden immer teurer, Pipapo. Aber ihr Lieben, ihr habt leicht reden. Erst einmal muss man begreifen, dass der Norden Spaniens alles andere als wohlhabend ist. Sämtliche Tourismusgebiete des Landes liegen im Süden, abgesehen von der Hauptstadt. Im Norden gibt es genau drei Dinge, die Touristen anlocken: das Guggenheim-Museum in Bilbao, den Stierlauf in Pamplona und den Jakobsweg. Dann gilt es die Relationen zu beachten: Im letzten Heiligen Jahr 2004 pilgerten knapp hundertachtzigtausend Menschen hierher. Zum Vergleich: Das Schloss Neuschwanstein besuchen jährlich über eine Million Besucher. Wie kommerzialisiert der Jakobsweg noch werden mag, so richtig reich wird wohl kaum jemand. Außer vielleicht der konkurrenzlose Barbesitzer in Hospital.

Geschlagene drei Stunden verbringe ich damit, entweder Avril oder passende Geschenke zu suchen. Wollte Avril nicht heute

Nachmittag den Bus nach Fisterra nehmen? Viel Zeit habe ich sicherlich nicht mehr. Ich beschließe, das Tourismusbüro aufzusuchen. Zum Busbahnhof zu gehen und sie abzufangen wäre schließlich meine letzte Chance. Im Tourismusbüro erfahre ich, dass der letzte Bus nach Fisterra um halb vier abfährt. Bleiben mir also noch knapp dreieinhalb Stunden.

Ich beschließe, eine kurze Mittagspause einzulegen, und verlasse die Altstadt. Auf einer westlich gelegenen Anhöhe, die zum gewaltigen Universitätsgelände der über fünfhundert Jahre alten Universidade de Santiago de Compostela gehört, lasse ich mich auf einer Bank nieder und genieße eine *empanada con pulpo* sowie eine Restdose San Miguel von gestern Abend. Hinter mir dröhnt ein spanisches Alternative-Konzert, die Leute toben, die Stimmung passt zum traumhaften Wetter. Vor mir erstreckt sich die gesamte Altstadt; aus dem Dächermeer ragen die charakteristischen Türme der Kathedrale heraus.

Frisch gestärkt stürze ich mich erneut in das Gassenlabyrinth und setze die Suche nach der Nadel im Heuhaufen fort. Nach anderthalb Stunden merke ich, dass ich langsam müde werde. Einmal noch betrete ich die Kathedrale und durchsuche jeden Winkel. Irgendwann bleibe ich stehen und beginne zu grübeln. Soll ich wirklich weitersuchen oder mich dem Schicksal ergeben? Ich schaue auf die Uhr. Noch eine knappe Stunde bis zur Abfahrtszeit. Wenn ich jetzt aufgebe und nicht zum Busbahnhof laufe, werde ich es mit Sicherheit bereuen. Also verlasse ich die Kathedrale über das Nordportal und überlege, welchen Weg ich einschlagen soll: den bekannten nach Osten oder den unbekannten nach Norden. Momentan tendiere ich permanent dazu, neue Wege auszuprobieren, nicht nur in läuferischer Hinsicht. Doch diesmal zögere ich. Obwohl ich den Weg nach Osten schon mindestens siebenmal auf und ab gelaufen bin, entscheide ich mich für ihn. Reine Intuition. Eine leichte Rechtskurve später trete ich auf den überschaubaren Praza de Cervantes und traue meinen Augen nicht: Genau auf der gegenüberliegenden Seite des Platzes steht eine kleine Person mit einem weißen Hut! Und einer weißen Handtasche! Schnurstracks überquere ich den Platz und rufe laut: »Avril!«

Die Person dreht sich herum, und – sie ist es! »Maoriiii!«, brüllt sie ohrenbetäubend laut, sodass sich der ganze Platz nach uns umschaut, und fällt mir kreischend um den Hals.

Wahnsinn! So hartnäckig wie die letzten zwanzig Stunden war ich selten. Und dann dieser Zufall: Aufgeregt erzählt Avril, dass sie und ihre Pilgerfreundinnen, darunter auch Lyn, gerade aus dem Restaurant komplimentiert worden seien. Sie hätten nach ihrem Essen zu lange herumgesessen, ohne etwas zu bestellen. Genau in diesem Moment entscheide ich mich für den richtigen Weg, und zack! So einfach findet man in einer Neunzigtausend-Einwohner-Stadt eine kleine Person mit weißem Hut.

Lyn ist großartig, eine echte Berliner Schnauze. Avril hat mit ihr einmal mehr ihr feines Gespür für interessante und humorgeladene Pilgerbekanntschaften bewiesen. Da die beiden meinen allerletzten Tag gemeinsam mit mir verbringen wollen, lassen sie den Bus nach Fisterra sausen. Nur für mich! Ick freu' mir. Zu dritt machen wir uns auf die Suche nach einem gemütlichen Café. In einer Seitengasse werden wir schließlich fündig und wollen uns gerade setzen, als ich an einem der Nachbartische ein bekanntes Gesicht entdecke: Karin, die tapfere Wiederholungspilgerin aus Frómista. Wie ich sehe, geht es ihr bestens. Sie genießt die Sonne und ist mit sich und der Welt im Reinen. Ich freue mich sehr, klang sie doch in Frómista ziemlich müde. Wir gratulieren uns gegenseitig und wünschen uns das Beste.

Avril, Lyn und ich bestellen uns etwas zu trinken und plauschen über die vergangenen Wochen. Dabei erzählt mir Avril, dass sie nach unserer Trennung die Etappendistanzen deutlich verringert habe und trotzdem auch mal mit dem Bus gefahren sei. Die Strapazen, die ihr die Etappen zwischen Belorado und Hontanas bereitet haben, waren wohl doch intensiver als gedacht. Allerdings erinnert sie sich an eine Stelle des Weges, die für sie persönlich wesentlich schlimmer war als alle Anstrengungen der vergangenen Wochen: die rostige, schmale, wahnsinnig hohe Brücke hinter Portomarín. Avril leidet nämlich unter Höhenangst. Kurzerhand hat sie eine Polizeistreife angehalten und sich von zwei jungen, austrainierten Polizisten über die Brücke führen lassen. Zunächst einmal finde ich es extrem lässig, dass Avril die Streife angehalten hat. Beinahe noch schöner finde ich es aber, dass die Beamten ohne zu zögern geholfen haben. Man findet eben immer einen Weg.

Ich frage natürlich nach, ob sie damals meine Nachricht vor Bocadillo City entdeckt habe. Sie verneint. Und somit steht offiziell fest, dass alle drei Nachrichten, die ich auf dem Weg hinterlassen habe, ihre zugedachten Empfänger nicht erreicht haben. Nachricht Nummer eins habe ich mit Melanie vor Belorado geschrieben. Diese wurde höchstwahrscheinlich von einem vorbeirasenden Auto weggepustet. Nachricht Nummer zwei war die eben genannte. Und Nachricht Nummer drei habe ich mit Marcos für Chris geschrieben. Wir wissen alle, was die pummelige, japanische Dumpfbacke damit angestellt hat.

Was Avril anschließend zu erzählen hat, ist erschütternd und tragisch. Vor etwa zwei Wochen hat Michelle eine Nachricht aus ihrer Heimat erhalten. Während sie auf dem Camino unterwegs war, ist ihr Vater ganz plötzlich verstorben. Ein Schock für alle, natürlich für sie selbst, aber auch für die Mitpilger, ihre neuen Freunde, ihre Camino-Familie. Michelle dachte über einen Abbruch nach und telefonierte mit ihrer Mutter. Die allerdings sagte zur pilgernden Tochter: »Dein ganzes Leben lang hast du davon geträumt, den Jakobsweg zu gehen. Du solltest ihn zu Ende bringen. Dein Vater ist tot, daran kannst du nichts mehr ändern. Aber du bist es nicht, und der Weg ist ein wertvoller Teil deines Lebens.« Also ging Michelle weiter, und der Weg, die Mitpilger, das Leben auf dem Camino haben ihr Trost gespendet. Am Ende hat sie es bis Santiago geschafft. Ihre Mutter scheint eine charakterstarke Frau zu sein.

Über die letzten hundert Kilometer vor Santiago können wir

uns nur theatralisch auslassen. Irgendwo hat Avril eine fantastische Bezeichnung für Daypack-Pilger aufgeschnappt. Einheimische nennen sie angeblich *turigrino*, ein Mischwort aus *turista* und *peregrino*. Passt.

Irgendwann äußert Avril den Wunsch, das Kathedralmuseum zu besichtigen. Die müde Lyn verspürt gerade überhaupt keine Lust auf Museen, sodass sie sich für ein paar Stunden hinlegen möchte. Ich dagegen fühle mich ausgezeichnet, und uralter Krempel hat mich schon immer interessiert. Also liefern wir Lyn und meinen Rucksack im Hostel ab, anschließend besuchen Avril und ich das Museum. Mehrere Stunden verbringen wir in den Ausstellungsräumen. In regelmäßigen Abständen wurde die Kathedrale von Kunst entrümpelt und mit einem Satz neuer Kunstgegenstände ausgestattet. Über die Jahrhunderte hat sich so ein beträchtlicher Schatz angesammelt, der nun chronologisch geordnet in diesem Museum ausgestellt wird. Besonders fasziniert bin ich davon, wie sich mit der Zeit die Art der Abbildung des Menschen verändert hat. Weniger fasziniert bin ich von einem älteren spanischen Paar, das mir gerade gehörig auf die Nerven geht. Beinahe jedes Ausstellungsstück betatschen sie mit ihren Fettfingern. Als ob das nicht schon eine Euphoriebremse mit der Handfläche wert wäre, unterhalten sie sich auch noch laut und pausenlos. Sie benehmen sich wie Homer Simpson in der Folge, in der sich Lisa in den jüdischen Aushilfslehrer Mr. Bergstrom verliebt. Homer, Lisa und Mr. Bergstrom gehen ins Museum. Während Lisa das Wissen von Mr. Bergstrom bewundert, benimmt sich Homer unentwegt wie ein Idiot, sodass Lisa beginnt, sich für ihren Vater zu schämen. Zwar schäme ich mich nicht für die beiden Spanier, mit ihnen verbindet mich ja auch glücklicherweise nichts, allerdings gebe ich ihnen deutlich zu verstehen, was ich von ihrem würdelosen Gehabe halte. Nix.

Mich stört aber noch etwas anderes. Galicien möchte sich vermarkten, mehr *turistas* in die Region locken, der Welt seine faszinierende Geschichte präsentieren. Aber sämtliche Erläuterungen auf den Schildern sind in spanischer Sprache gehalten. Man muss schon ein Castellano-Experte sein, um die zahlreichen Fachbegriffe zu verstehen. Aus Werbersicht sträuben sich mir die Nackenhaare, wenn mir solche gravierenden Marketingfehler auffallen. Wer sich der Welt präsentieren möchte, muss den Zugang zu sich und seiner Kultur erleichtern. Schließlich können nicht alle Menschen auf der Welt alle existierenden Sprachen erlernen, beim besten Willen, es geht einfach nicht.

Vom Museum aus kann man den Kreuzgang betreten und die berühmten Türme mal von der Rückseite aus bestaunen. Und, welch Überraschung, sie sind strahlend hell, im Sonnenlicht nahezu weiß. Früher muss die gesamte Kathedrale elfenbeinfarben aus dem Dächermeer geragt haben. Eine wunderbare Vorstellung. Hoffentlich putzen sie das Ding mal wie die Kathedrale von Burgos oder das Brandenburger Tor. In den letztgenannten Fällen hat es sich jedenfalls gelohnt. Nebenbei bemerkt sollte jedes Haus heutzutage einen Kreuzgang besitzen, einen ruhigen Ort zum Nachdenken und Herumgehen, ohne dass man über irgendwelche Couchtische stolpert.

Nach dem ausführlichen Rundgang treten wir auf den Kathedralvorplatz, wo wir uns telefonisch mit Lyn verabredet haben. Plötzlich höre ich ein hysterisches Gekreische. Die Ursache des Aufruhrs: Avril hat soeben eine weitere Pilgerbekanntschaft wiedergetroffen. Anni ist etwas älter als ich und etwas jünger als Avril, wie Lyn Berlinerin und gewillt, sich uns anzuschließen. Kurz darauf entdecken wir Lyn, und wir beschließen, den Nachmittag zu viert zu verbringen. Zielstrebig betreten wir das Luxushotel »Parador de Santiago de Compostela«, laufen einmal hindurch bis zum Restaurant und setzen uns draußen an einen Tisch. Noch heute bekommen täglich jeweils zehn Pilger Frühstück, Mittag- und Abendessen gratis serviert, falls sie eine Compostela vorweisen können, die nicht älter als drei Tage ist. Wir aber haben nicht vor zu betteln, ich persönlich finde es sogar etwas lächerlich, sich als Wohlstandskind für kostenloses Essen anzustellen. Einerseits finde ich es recht charmant, an solchen Traditionen festzuhalten, andererseits sollte man sich schon fragen, ob man pilgert, um am Ende ein kostenloses Luxusmahl abzustauben.

Sowieso gefällt mir der ganze Prunk nicht, diese Maßlosigkeit, was soll denn das? Und die Flachpfeifen, die hier arbeiten, sind allesamt heiße Kandidaten für den Baywatch-Zeitlupen-Gedächtnis-Award. Leider werden wir von dem Topfavoriten auf den Sieg bedient.

»Aber«, merkt Avril an, »jetzt können wir sagen: Wir waren im ›Parador‹ in Santiago de Compostela!«

Das finde ich natürlich großartig. Noch großartiger fände ich es, würde die Limo nicht über vier Euro kosten.

Abends möchte Avril noch zur Pilgerstunde in die Kathedrale. Währenddessen wird das Gotteshaus für Besucher geschlossen, und die Pilger können in aller Ruhe ihre Erfahrungen austauschen. Avril ist ein sehr gläubiger Mensch. Sofern möglich, besuchte sie am Etappenziel den abendlichen Gottesdienst. Sie zieht viel Kraft aus ihrem Glauben, er gibt ihr im Leben den nötigen Halt. Erwartungsvoll verabschiedet sie sich von uns und stapft Richtung Kathedrale. Da Anni langsam müde wird, verlässt sie uns ebenfalls und zieht sich in ihr Nachtlager zurück. Solange Avril bei der Pilgerstunde ist, plaudern Lyn und ich über den Camino und das Leben. Dabei erfahre ich, dass Lyn eigentlich das Laufen hasst wie die Pest. Bemerkenswert, trotzdem dem Ruf des Weges zu folgen und ihn zu beschreiten. Wenn ich ungern laufen würde, ich wüsste nicht, ob ich ausgerechnet den Camino angegangen wäre. Aber sie hat es geschafft und ist völlig zu Recht ein wenig stolz auf die vollbrachte Leistung.

Als Avril glücklich und zufrieden die südliche Kathedraltreppe heruntergelaufen kommt, haben wir noch exakt eine halbe Stunde zu dritt. Kurzentschlossen setzen wir uns in eine Bar und gönnen uns sagenhaft leckere Sardinen, dazu ein Gläschen Rotwein. Die Stimmung ist großartig, um uns herum tobt das Leben. Menschen aus aller Welt sitzen beisammen, plaudern und schreien, lachen und feiern. Was würde ich für eine weitere Woche in Santiago geben? Um zweiundzwanzig Uhr ist es soweit, und unsere Wege trennen sich. Wir verabschieden uns ohne Tränen, stattdessen mit viel Gelächter und Umarmungen.

Auf dem Weg zum Bahnhof lasse ich den heutigen Tag Revue passieren. Wie faszinierend und unglaublich ereignisreich er war. Um genau zu sein, der heutige Tag verlief wie mein gesamter Camino. Während des stundenlangen Suchens fühlte ich mich auf die Römerstraßen zurückversetzt. Hartnäckigkeit und Durchhaltevermögen waren gefordert. Die stillen Momente zwischendurch wie etwa meine Mittagspause auf dem Unigelände stehen für die grandiosen Augenblicke in Burgos, Manjarín oder auf dem *camino duro*. Die Wahl des richtigen Weges steht für das Weitergehen nach Fisterra und Muxía, das Wiedersehen mit Avril für die Belohnung, die sagenhaften Momente am Meer. So ist jeder Tag auf dem Camino. Und so ist der gesamte Camino. Ab und an wechselt die Reihenfolge, hier und da die Intensität, aber am Ende des Tages fragt man sich: Womit habe ich dieses Glück verdient? Vielleicht ist es nur Glück. Vielleicht aber auch das Leben, dem man sich einfach nur zuwenden muss.

Outro

Über vier Jahre liegt mein Camino nun zurück. Allerdings vergeht kein Tag, an dem ich nicht an die Reise durch Nordspanien denke. Sie markiert definitiv einen Wendepunkt in meinem Leben.

Durch die Erfahrung habe ich mich merklich verändert. Beispielsweise fällt es mir seither wesentlich leichter, schwierige Entscheidungen zu treffen. Die allererste betraf meine damalige Wohnung. Über zwei Jahre habe ich in diesem verschimmelten Loch gewohnt, nie bin ich glücklich geworden. Also habe ich mir unmittelbar nach der Reise eine neue Bleibe gesucht. Und um mich beruflich weiterentwickeln zu können, habe ich anschließend den Arbeitgeber gewechselt. So habe ich nach und nach die Störfaktoren aus meinem Leben verbannt.

Der Camino hat mir die Angst vor Veränderungen genommen. Er hat mich innerlich gefestigt, mir Selbstsicherheit gegeben. Daher konnte ich auch 2013 mit Gewissheit eine der schwierigsten Entscheidungen meines Lebens treffen. Acht Jahre lang habe ich in Hamburg gelebt, mir ein soziales wie berufliches Umfeld aufgebaut. Trotzdem war ich bereit, ein neues Kapitel aufzuschlagen und zu sagen: Tschüss, meine Perle, es war schön mit dir.

Ich denke, dass es vielen ehemaligen Pilgern ähnlich geht. Das Wissen, dass man es aus eigener Kraft über die Römerstraßen und Schotterpisten bis zum Meer geschafft hat, ist allgegenwärtig. Natürlich musste mir schon vor dem Camino niemand erzählen, dass das Leben immer weitergeht. Aber mit der Reise habe ich es mir dermaßen rabiat selbst bewiesen, dass mir sämtliche Ausreden abhanden gekommen sind.

Mit Chris und Marcos habe ich noch Kontakt, ebenso mit Michelle und Johanna. Chris schreibt zurzeit ihre Bachelorarbeit, Marcos ist inzwischen Architekt und betreibt mit einem Partner ein eigenes Büro. Und ich? Ich bin verheiratet, arbeite als freiberuflicher Texter und Konzepter und lebe wieder im Ruhrgebiet. Und das Wichtigste: Ich bin glücklich.

Im Grunde ist das die Moral der ganzen Geschichte. Ich kenne keinen einzigen Pilger, der die Reise bereut. Wer den Weg gehen will und kann, sollte es versuchen. Denn wahrscheinlicher ist es, später zu bereuen, sich nie auf den Weg gemacht zu haben.

Die Etappen

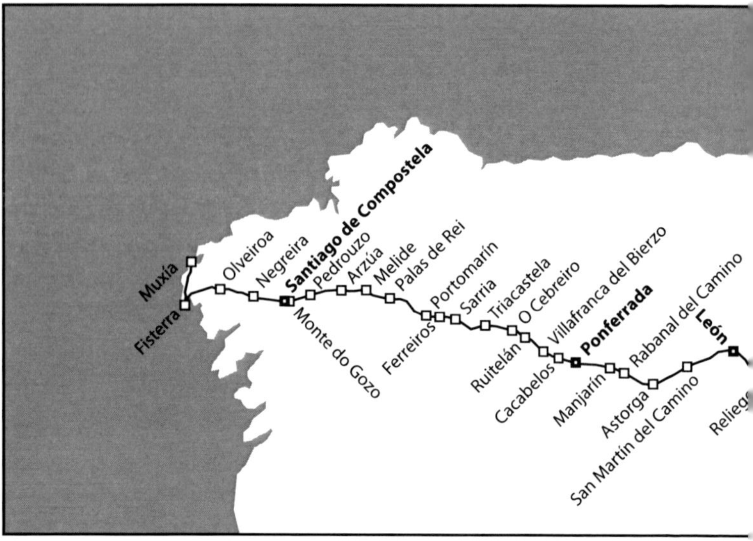

Logroño ⇨ Navarrete ⇨ Ventosa ⇨ **Nájera** ⇨ Azofra ⇨ Cirueña ⇨ **Santo Domingo de la Calzada** ⇨ Grañon ⇨ Villamayor del Río ⇨ **Belorado** ⇨ Villambistia ⇨ Villafranca Montes de Oca ⇨ San Juan de Ortega ⇨ **Agés** ⇨ Atapuerca ⇨ Villalval ⇨ Cardeñuela Riopico ⇨ Orbaneja Riopico ⇨ Castañares ⇨ **Burgos** ⇨ Tardajos ⇨ Rabé de las Calzadas ⇨ Hornillos del Camino ⇨ San Bol ⇨ **Hontanas** ⇨ Castrojeriz ⇨ Itero de la Vega ⇨ Boadilla del Camino ⇨ **Frómista** ⇨ Población de Campos ⇨ Carrión de los Condes ⇨ **Calzadilla de la Cueza** ⇨ Ledigos ⇨ Terradillos de los Templarios ⇨ Moratinos ⇨ San Nicolás del Real Camino ⇨ **Sahagún** ⇨ Calzadilla de los Hermanillos ⇨ **Reliegos** ⇨ Mansilla de las Mulas ⇨ Villamoros de Mansilla ⇨ **León** ⇨ La Virgen del Camino ⇨ San Miguel del Camino ⇨ Villadangos del Páramo ⇨ **San Martín del Camino** ⇨ Hospital de Órbigo ⇨ Villares de

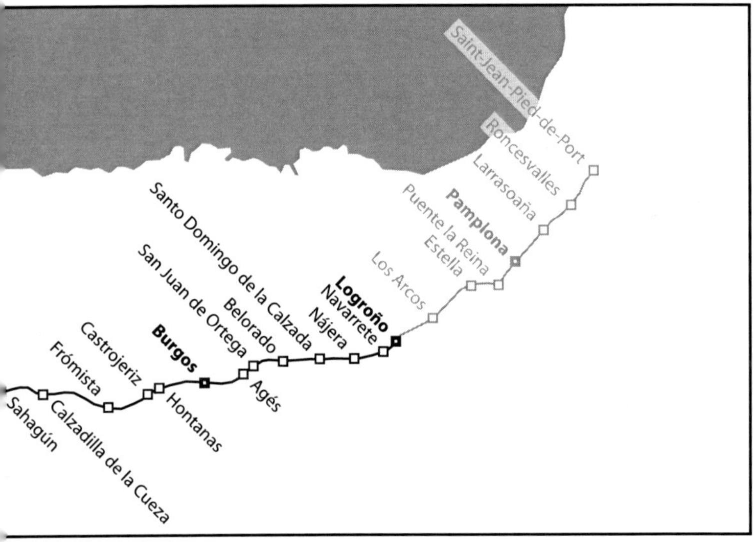

Órbigo ⇨ Santibañez de Valdeiglesias ⇨ San Justo de la Vega ⇨ **Astorga** ⇨ Murias de Rechivaldo ⇨ Santa Catalina de Somoza ⇨ El Ganso ⇨ Rabanal del Camino ⇨ Foncebadón ⇨ **Manjarín** ⇨ El Acebo ⇨ Riego de Ambrós ⇨ Molinaseca ⇨ Ponferrada ⇨ **Cacabelos** ⇨ Villafranca del Bierzo ⇨ Trabadelo ⇨ La Portela de Valcarce ⇨ Vega de Valcarce ⇨ **Ruitelán** ⇨ La Faba ⇨ O Cebreiro ⇨ Ramil ⇨ **Triacastela** ⇨ Sarria ⇨ **Ferreiros** ⇨ Portomarín ⇨ Hospital da Cruz ⇨ Ligonde ⇨ **Palas de Rei** ⇨ Leboreiro ⇨ Melide ⇨ Boente ⇨ **Arzúa** ⇨ O Outeiro ⇨ O Pedrouzo ⇨ Amenal ⇨ A Lavacolla ⇨ San Marcos ⇨ **Monte do Gozo** ⇨ **Santiago de Compostela** ⇨ Ventosa ⇨ **Negreira** ⇨ Zas ⇨ Rapote ⇨ A Pena ⇨ **Olveiroa** ⇨ Hospital ⇨ Os Camiños Chans ⇨ Cee ⇨ Corcubión ⇨ Vilar ⇨ Estorde ⇨ Sardiñero Debaixo ⇨ San Martín ⇨ **Fisterra** ⇨ Buxán ⇨ Lires ⇨ Morquitián ⇨ **Muxía**

Die Statistiken

Gelaufene Strecke

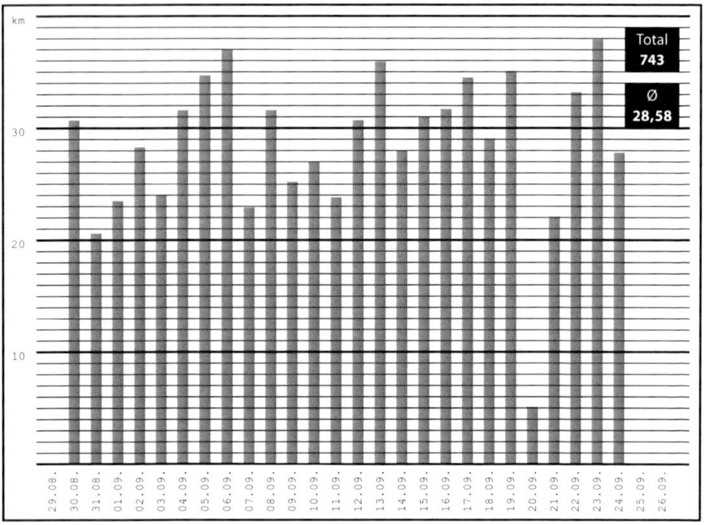

Wanderzeiten

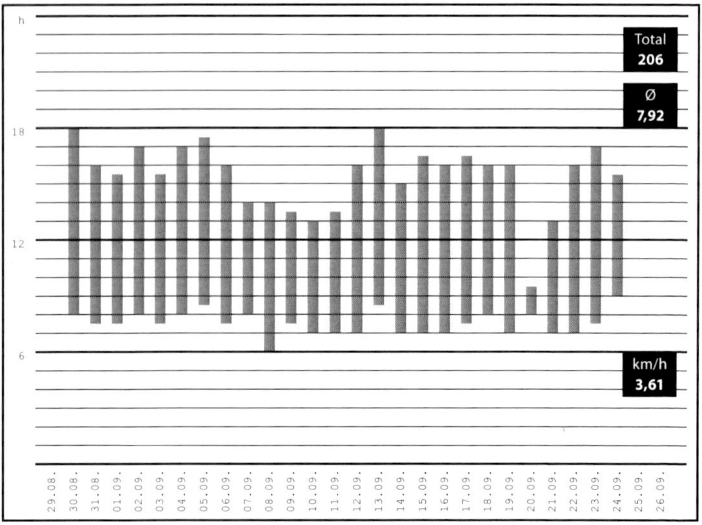

Ausgaben

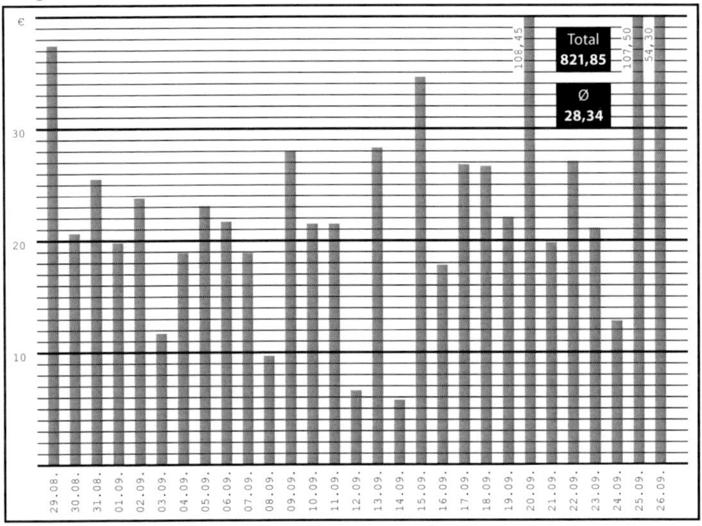

Aufgenommene Fotos

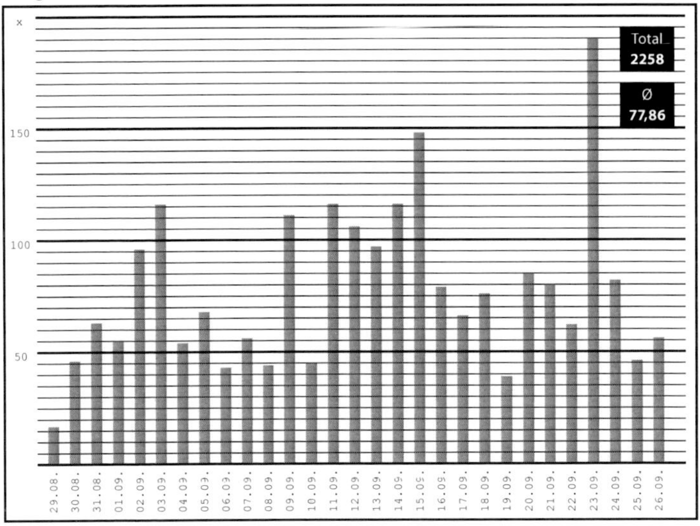

Ich danke …

Sebastian, Carina und meiner Familie. Meinen Pilgerfreunden und Pilgerbekanntschaften in alphabetischer Reihenfolge: Achim, Annemarie, Anni, Avril, Chris, Daisy, Eun Hee, Ewa, Ewelina, Gill, Ingo, Jasmin, Johanna, Karin, Lory, Lyn, Manfred, Marcos, Marie, Martin, Martina, Melanie, Michał, Michelle, Paulina, Philipp und Wolfgang.

Allen *hospitaleros*, die uns mit Hingabe aufgenommen und versorgt haben. Den unzähligen guten Seelen am Camino, die für unser leibliches und seelisches Wohl gesorgt haben. Den aufmerksamen und hilfsbereiten Menschen, die uns trotz diverser Orientierungsschwierigkeiten immer wieder in die richtige Richtung geschickt haben.

Joachim Burghardt für die Unterstützung und die Anregungen. Den auskunftsfreudigen Usern von Pilgerforum.de und den Betreibern der fantastischen Homepage A-Santiago.com. Und natürlich allen Menschen, ohne die es die Jakobswege nicht gäbe.